総合計画の新潮流

―自治体経営を支える
　トータル・システムの構築―

監修・著　玉村雅敏
編集　公益財団法人日本生産性本部

公人の友社

はじめに

― 「義務ではない総合計画」による地方政府づくり

　2011年5月の法改正により、市町村への「基本構想」策定義務付けが撤廃された。具体的には、地方自治法第2条第4項「市町村は、その事務を処理するに当たつては、議会の議決を経てその地域における総合的かつ計画的な行政の運営を図るための基本構想を定め、これに即して行うようにしなければならない」の規定が削除された。

　これはどういう意味を持つのであろうか？

　1969年9月に自治行政局長が通知した「市町村の基本構想策定要領」では、基本構想の性格を以下の通りとしていた。

　○「基本構想は、市町村の将来の振興発展を展望し、これに立脚した長期にわたる市町村の経営の根幹となる構想であり、(略) 各分野における行政に関する計画または具体的な諸施策がすべてこの構想に基づいて策定され及び実施されるものであること」

　○「基本構想は当該市町村の行政運営を総合的かつ計画的に行うことを目的として策定されるものであること」

　すなわち、各分野における行政に関する計画や、具体的な諸施策は、すべて「基本構想」に基づいて策定され及び実施されるものとされており、こういった「基本構想」をより具体化をする計画として「基本計画」や「実施計画」などが策定され、基本構想とこれらの計画の体系が「総合計画」と呼ばれてきた。

　だが、その実態としては、(策定要領のとおり) 行政に関する計画や諸施策は、この計画群に基づいて策定・実施するものとしてきたため、社会動向にあわせ

て行政の事務・事業が肥大化していく中で、その実施を裏支えする必要性から、計画の内容は自ずと総花的になりがちであった。また、行政の諸施策は、いったん実施するとやめるのは困難となりがちで、総合計画を作り直したとしても、その構成は硬直化しやすかった。結果として、多くの自治体で、総合計画は総花的となり、内容の硬直化も進んでいったのであった。

こういった自治体実務の現状をご存じの方は、地方自治法での義務づけの撤廃は、総合計画は、総花的であり、内容の硬直化も進んでいたため、実務上なくても困らないものとして不要になったから、撤廃されたと考えられたかもしれない。

だが、この法改正は「地方分権改革推進計画」（2009年12月）を法制化したものである。そこでは「市町村の基本構想の策定義務に係る規定（2条4項）は、廃止又は「できる」規定化若しくは努力義務化する」としていた。この推進計画の背景にある、地方分権改革推進委員会の勧告などを踏まえると、その意図は「義務付け・枠付けの見直しと条例制定権の拡大」にあり、「地方公共団体に対する事務の処理又はその方法の義務付け」を見直すことによって立法権の分権を行い、「地方政府」を確立することにあった。

すなわち、基本構想から連なる総合計画を、義務として「つくらなければならないもの」とするのではなく、自ら責任を持って行政経営や地域経営を行う「地方政府」として、どのような行政組織や地域の経営の仕組みを創るのかを念頭に、総合計画のあり方を自ら設定することが求められているのである。そこで、総合計画が不要であれば廃止すれば良いし、行政経営や地域経営を支える仕組みとして必要であれば、様々な経営システムを組み合わせて、トータルなシステムとして機能するものを設計した上で、総合計画を策定することになる。

さて、この地方政府を支える総合計画とは、法改正にあわせて、これから新たに追求するものなのだろうか？

実は、すでに、全国各地に進化したモデルは存在している。義務づけされてきた約40年の間に、各地での試行錯誤を通じて進化したものや、近年、総合計画のあり方やその実施主体の可能性を検証し、新たなモデルを構築したものなどである。端緒をつけはじめたものや、潜在的な可能性があるものなどもあるが、その実態や挑戦、問題意識等に着目することで、今後の総合計画や地方政府、トータル・システムのあり方に示唆を得ることができる。

　そこで、総合計画の実態把握と先導事例に対する調査研究を行い、今後の方向性や注目すべき論点を洗い出すために、(公財) 日本生産性本部のもとに「新たな総合計画策定モデルの開発に関する研究会」を発足させた。この研究会は、毎年、秋頃に参加自治体を募り、これまで4年間の活動をしてきているが、のべ28自治体の研究会への参加や、781自治体から総合計画の実態調査への回答を得るなど、全国各地の自治体の参画や協力を得ながら活動を推進してきた。また、その活動をもとに「地方自治体における総合計画ガイドライン」を作成し、提供している。

　全国の実態を見ると、総合計画の実質的な位置づけ（策定目的や運用目的）が、行政組織の活動を支えるものとなっている自治体もあれば、地域経営を支えるものとなっている自治体もある。また、総合計画に含まれる情報の範囲としては、行政が実施することを網羅的に含むもの、メリハリをつけているもの、住民やＮＰＯなど地域の主体が挑戦することも含むものなどがある。その実態を踏まえて、総合計画は以下の5つのタイプに分けることができる。

①総花型：実態として形骸化している総合計画。法令上の義務づけや過去の経緯から策定されているが、行政でも地域でも計画を実務上参照することはほとんどない。行政の事務・事業を根拠付けする観点から内容は総花的になっており、事務・事業の絞り込みや予算編成は別の観点で行われている。
②個別計画型：具体的な政策テーマの推進を重視して策定された総合計画。分

野別計画などで実質的な行政運営が行われている実態を踏まえて、観光や産業振興など、力点を置く特定の政策テーマを推進するために使われる。
③戦略計画型：行政経営の品質を向上させることをめざし、そのために計画が果たす役割を明確にし、計画活用の意図を持って策定された総合計画。
④地域計画型：地域の魅力や課題を明らかにし、その向上や改善を、地域の主体を巻き込んで推進するために策定された総合計画。
⑤地域経営計画型：行政経営の品質向上と、地域の魅力や課題の向上や改善の相乗効果を促すように策定された総合計画。

　今後の自治体経営の仕組みを創るときには、総合計画の位置づけや運用目的が問われることとなる。その際に示唆となるように、5つのタイプのうち、研究会では、特に「③戦略計画型」「④地域計画型」「⑤地域経営計画型」のあり方に着目をした。これらは、行政組織や地域の経営のあり方を考え、意図的に総合計画の位置づけを行っているものである。

　本書は、この研究会の活動や、全国の自治体を対象とした総合計画の実態調査、先導事例の詳細な調査研究、策定したガイドラインなどをもとに、今後の総合計画のあり方に示唆となる内容や事例を検討し、行政と地域の生産性向上に資する総合計画の新潮流を示すものとして、取りまとめたものである。
　具体的には、本書前半の第1章では総合計画が直面している課題や今後の展望、第2章では総合計画を巡る経緯と現状の解説を解説する。後半では先駆事例の挑戦として、第3章では多治見市（岐阜県）、第4章では東海市（愛知県）、第5章では滝沢市（岩手県）、第6章では三鷹市（東京都）、第7章では小諸市（長野県）の事例を解説する。それぞれ、自治体実務の現場で、試行錯誤の実践を行ってきた専門家・実務家に執筆をしていただいたものであり、行政経営、地域経営、市民参画による策定、地域計画と行政経営の融合、トータル・システム化など、様々な観点から示唆に富む事例である。そして、終章の第8章では、様々

はじめに

な事例も踏まえて、これからの総合計画について、そのあり方やポイント・条件について解説をする。

　本書を通じて、多くの自治体で、新たな自治体経営を支えるシステムのあり方や挑戦に何らかの示唆を得て頂けると幸いである。

　2014 年 7 月

玉村雅敏

[参考文献・出典]
　玉村雅敏「総合計画の現状と課題─「義務ではない総合計画」による地方政府づくり」『ガバナンス』ぎょうせい，No.133，2012/5
　玉村雅敏「総合計画のタイプと進化─総合計画を活用する先導事例の挑戦」『ガバナンス』ぎょうせい，2012/7

目　次

はじめに　―「義務ではない総合計画」による地方政府づくり ……… 3

第1章　総合計画の課題と展望 …………………………………… 15

1-1　なぜ、いま総合計画に注目するのか？ ……………………… 16
1-2　多治見市での取組み　―市長として総合計画策定に臨む― … 18
　1-2-1　総合計画がなぜ有効に働かなかったのか ……………… 18
　1-2-2　多治見方式の誕生 …………………………………………… 19
　1-2-3　マニフェスト選挙と総合計画 ……………………………… 22
1-3　これからの総合計画の方向性 ………………………………… 25
　1-3-1　高まる総合計画の必要性 …………………………………… 25
　1-3-2　これからの時代の総合計画 ………………………………… 28
　1-3-3　総合計画策定のキーワードは「参加」 …………………… 29
1-4　総合計画策定にかかる難題 …………………………………… 32
　1-4-1　実施計画の取扱い …………………………………………… 32
　1-4-2　財政計画と総合計画の関係 ………………………………… 33
1-5　最近の総合計画に関する重要な動き ………………………… 34
　1-5-1　総合計画を起点とした議会改革 …………………………… 34
　1-5-2　統合型マネジメントシステム ……………………………… 38
1-6　総合計画を自治体経営の軸に据える ………………………… 39

第2章　総合計画とは何か　―総合計画を巡る経緯と現状― …… 43

2-1　岐路に立つ総合計画 …………………………………………… 44
2-2　総合計画成立の背景 …………………………………………… 44

2-3	総合計画の"事実上の標準"―1966年の「研究報告」―	47
2-3-1	構成と内容	47
2-3-2	策定手続き	50
2-3-3	実効性の確保	51
2-4	総合計画の実態	54
2-4-1	構成と内容	54
2-4-2	策定手続き	57
2-4-3	実効性の確保	59
2-5	市区町村を取り巻く環境の変化と総合計画	61
2-5-1	構成と内容	61
2-5-2	策定手続き	61
2-5-3	実効性の確保	62
2-6	新たな総合計画の策定と運用モデルの探求	64

第3章　総合計画に基づく行政経営
　　　　　―多治見市における総合計画の運営―　　69

3-1	総合計画の変遷	72
3-2	総合計画に基づく行政運営のはじまり	73
3-2-1	財政緊急事態宣言	73
3-2-2	従来の総合計画の問題点	75
3-2-3	第5次総合計画の特徴	76
3-3	総合計画の運用と周辺制度	79
3-3-1	政策形成ヒアリング	79
3-3-2	評価のあり方	80
3-3-3	部課別課題一覧表	81
3-3-4	目標による管理制度	82
3-3-5	ローカルマニフェストとの調整	83

3-3-6　市政基本条例における総合計画の位置付け ……………… 85
　3-4　総合計画と財政運営との連携 ……………………………………… 89
　　3-4-1　健全な財政に関する条例の着想 …………………………… 89
　　3-4-2　健全な財政に関する条例の概要 …………………………… 91
　　3-4-3　財政健全化法との違い ……………………………………… 91
　　3-4-4　財政判断指標 ………………………………………………… 94
　　3-4-5　健全な財政に関する条例のねらい ………………………… 96
　3-5　民主主義に拘る姿勢 ……………………………………………… 97
　コラム …………………………………………………………………… 98

第4章　総合計画に基づく地域経営
　　　　　　―東海市における総合計画― ……………… 99

　4-1　総合計画の変遷 …………………………………………………… 102
　4-2　市民参画によるまちづくりのはじまり ………………………… 105
　　4-2-1　市民参画推進委員会の設置 ………………………………… 105
　　4-2-2　まちづくり基本条例及び市民参画条例の制定 …………… 108
　　4-2-3　生活課題、まちづくり指標の作成過程 …………………… 108
　　4-2-4　役割分担値の作成過程 ……………………………………… 110
　　4-2-5　市民の意思の反映 …………………………………………… 112
　4-3　第5次総合計画による市民と行政の活動サイクル …………… 114
　　4-3-1　市民による進行管理 ………………………………………… 114
　　4-3-2　まちづくり市民委員会の概要 ……………………………… 115
　　4-3-3　評価・提案・確認の「まちづくり大会」………………… 117
　　4-3-4　活動サイクルの成果 ………………………………………… 121
　　4-3-5　現実の変化 …………………………………………………… 122
　4-4　市民との協働のまちづくりの成果と課題 ……………………… 124
　　4-4-1　行政の視点 …………………………………………………… 125

4-4-2	市民（まちづくり市民委員会）の視点 …………	126
4-5	地域経営のステップアップへ－次期総合計画の取り組み …	129
コラム………………………………………………………		132

第5章　地域計画と行政経営の融合
－滝沢市における総合計画……………　135

5-1	総合計画の変遷 ……………………………………	138
5-2	地域と行政の基盤づくり …………………………	140
5-2-1	住民主体による地域ビジョンの策定 …………	140
5-2-2	行政経営品質向上活動の取り組み ……………	144
5-3	総合計画の転換 ……………………………………	148
5-3-1	地域ビジョン ……………………………………	149
5-3-2	行政戦略計画 ……………………………………	149
5-3-3	政策マーケティングの導入 ……………………	155
5-4	住民協働から住民主体へ－次期総合計画の取り組み－	159
コラム………………………………………………………		165

第6章　市民参画に基づく総合計画の策定
－三鷹市における総合計画－…………　167

6-1	三鷹市の計画行政と市民参加のはじまり ………	170
6-1-1	計画行政の取り組み ……………………………	170
6-1-2	市民参加と協働の取り組み ……………………	172
6-1-3	自治体経営マネジメントの仕組み ……………	175
6-2	第4次三鷹市基本計画策定に向けた取り組み …	177
6-2-1	三鷹まちづくり総合研究所の設置と市民参加手法の研究	177
6-2-2	多元的・多層的な市民参加手法の構築 ………	179

6-2-3　基本計画と個別計画のあり方 …………………………　180
　6-3　第4次三鷹市基本計画の策定 ………………………………　182
　　6-3-1　基本計画の前提 ……………………………………………　182
　　6-3-2　基本計画策定に向けた7つの潮流 ………………………　184
　　6-3-3　基本計画策定に向けた市民参加 …………………………　188
　　6-3-4　無作為抽出によるみたかまちづくりディスカッションの開催
　　　　　　…………………………………………………………………　194
　　6-3-5　プロジェクトによる横断的な施策展開 …………………　200
　　6-3-6　第4次三鷹市基本計画策定における「参加」…………　203
　6-4　民学産公の協働と持続可能な自治体経営による
　　　　　　　　　　　　　　　　　　　三鷹市政の推進 …　206
　　コラム ………………………………………………………………　208

第7章　トータル・システムへの挑戦
　　　　　　　　　－小諸市における総合計画－ …………… 211

　7-1　第9次基本計画に取り組む前の姿 …………………………　214
　　7-1-1　第4次基本構想・第8次基本計画 ………………………　215
　　7-1-2　小諸市自治基本条例 ………………………………………　218
　　7-1-3　基本構想策定の義務付け廃止 ……………………………　218
　7-2　総合計画をどうするか－第9次基本計画策定に向けて－ …　219
　　7-2-1　研究会への参加 ……………………………………………　219
　　7-2-2　トータル・システム診断の実施 …………………………　221
　　7-2-3　トータル・システム診断の結果 …………………………　223
　7-3　どんな総合計画が必要なのか？－運用目的を考える－ ……　230
　　7-3-1　企画課内での協議 …………………………………………　230
　　7-3-2　総合計画推進プロジェクトチーム ………………………　232
　　7-3-3　その他の取り組み …………………………………………　241

7-4　行政マネジメントの変革－運用目的を踏まえた策定作業－……… 241
　　7-4-1　職員の参画（オーナーシップ）……………………………… 242
　　7-4-2　職員の意識改革（マインドセット）………………………… 245
　　7-4-3　他のシステムの変革（トータル・システム）……………… 247
　7-5　継続した取り組みへ－運用を開始して－……………………… 251
　　7-5-1　運用開始後の取り組み ………………………………………… 252
　　7-5-2　残された課題 …………………………………………………… 254
　　7-5-3　本源は基本構想 ………………………………………………… 257
　コラム………………………………………………………………………… 258

第8章　これからの総合計画　－総合計画ver.2.0に向けて－　259

　8-1　自治体経営の生産性を上げる総合計画 …………………………… 260
　　8-1-1　自治体経営と総合計画 ………………………………………… 260
　　8-1-2　行政経営を機能させるための総合計画 ……………………… 262
　　8-1-3　地域経営を機能させるための総合計画 ……………………… 263
　　8-1-4　行政経営と地域経営の相乗効果を促す総合計画 …………… 263
　8-2　これからの総合計画の条件 ………………………………………… 264
　　8-2-1　システムの総合化（トータル・システム化）……………… 264
　　8-2-2　計画群の総合化 ………………………………………………… 267
　　8-2-3　価値前提の経営システムの構築 ……………………………… 268
　　8-2-4　予測データの活用 ……………………………………………… 270
　　8-2-5　進化プロセスの設計 …………………………………………… 272

あとがき……………………………………………………………………… 275

第1章　総合計画の課題と展望

1-1　なぜ、いま総合計画に注目するのか？

　現在、自治体の置かれている環境や地域社会が抱える課題を考えれば、その場しのぎの対応をしている余裕などはない。厳しい政策資源の制約の中で、それをどのように配分するかは自治体経営の「要」となっており、その失敗は将来の地域社会に大きなツケを回すことにつながりかねない。今こそ「総合的かつ計画的な」自治体経営が求められる。その核となるのが総合計画である。

　しかし、現実をみれば、これまで多くの自治体で策定されてきた総合計画が自治体経営上機能する計画であったのかどうかは、大いに疑問のあるところである。それは日本生産性本部が2011年、地方自治法改正による「基本構想」義務付け廃止直後に行った自治体に対するアンケート調査において、今後も総合計画を継続してつくるかどうかの問に、41％の自治体が「未定」と答えていることにも現れている（因みに「今後もつくり続ける」と答えた自治体は58％）。筆者はその数字にショックを受けた。4割を超える自治体が総合計画の意義を理解し、積極的にそれを活かして行こうとする意思がないことを示しているからだ。法による「義務付け」に従って、形式的に策定してきた自治体が数多く存在することを露呈した。しかも、すでに総合計画策定を放棄する自治体も出現している。

　「基本構想」が法定化された（1969年）直後、武蔵野市において総合計画（長期計画）について画期的な試みが行われた。武蔵野市の第一期長期計画の策定に参加した松下圭一（法政大学名誉教授）は「自治体計画は往々美文にとどまりますが、武蔵野市の第一期長期計画は、いかに実効性を確保するかという考え方で作り、そのためもあって、当時どの自治体でもカタチをなしていなかった市民参加、職員参加の手続のてさぐりからはじめました。しかも、計画期間に

実現すべき「施策一覧表」をその最後につけ、進行管理もできるよう配慮しました。つまり、ナイナイづくしの当時、経済の高度成長にともなう財源の伸びをいかして、武蔵野市は着実に計画の成果をつみあげ、今日の地域の構造あるいは市政の骨格を形づくったわけです」と回想している。(『自治体は変わるか』岩波新書 p.198、1999 年)

　徹底的に地域の「緊急課題」を洗い出し、それを「重点課題」として確実に実行しようする計画策定の方法、「職員の作文」を審議会等で審議するタイプの策定ではなく、市民策定委員会が自ら原案をつくったこと、その中で市民参加・職員参加・議会参加を徹底させたことなど、当時の自治体のレベルからは想像もできないものであった。総合計画について学ぼうと考えた自治体関係者は、武蔵野市の長期計画をバイブルと考えていた。まさに「あこがれの武蔵野市計画」であったのである。

　本章の筆者が多治見市長に就任した当時（1995 年）は、先駆的な武蔵野市の試みにもかかわらず、そうした試みに学ぶどころか、「立派な計画書はできるが、それは本棚の片隅に追いやられる」と揶揄されるほど形骸化は進み、総合計画不要論が自治体関係者から聞かれるようになっていた。実施計画の策定も蔑にされており、次の計画づくりに入る際にも前計画の総括も行わないといったことは当り前のことのように考えられていた。当然、進行管理もおろそかになる。策定時には市民参加も十分行われず、宛職の審議会に「役人の作文」である原案（職員が書けばまだしもコンサルタントに丸投げさえあった）を提出する。しかも、自治省の通達がマニュアル化し、そのマニュアル通りにつくることも常態化していた。減ってきたとはいえ、今日に至っても総合計画の取扱いの実態が当時と変わらない自治体は数多く存在する。

　そうした中でも 21 世紀を迎える頃から、総合計画を再生させていこうとする動きも登場するようになる。総合計画の機能を高め、自治体経営の核にしようとする試みである。その背景としてバブル経済崩壊後の経済の不安定さと経済対策としてとられた国の財政出動による財政状況の悪化など、政策資源の制

約が年を経るごとに厳しくなってきたことが誘因となったというべきか。そして、地方分権改革の動きの中で基礎自治体の「自立」を目指す動きなど、自治体を巡る環境の変化に敏感に反応したものと考えられる。

　ここでは、総合計画の意味をいま一度確認し、これからの自治体経営に必須のアイテムであることを示し、形式的に策定をしている自治体関係者に再考を促すとともに、今後、総合計画を継続してつくろうと考えている自治体とともに、総合計画が「実効性」を発揮するためにはどのような条件が満たされていることが必要であるかを考えてみたい。

1-2　多治見市での取組み　―市長として総合計画策定に臨む―

1-2-1　総合計画がなぜ有効に働かなかったのか

　多治見市が総合計画のあり方を抜本的に見直し、「実効性」あるものに変えたのは、2001年からの（計画期間10年間）第5次総合計画（以下、5次総）の策定からである。この5次総策定にあたっては充分な時間をかけ、慎重に取り組む方針であったためキックオフから議会の議決までに2年半を要した。その策定を進めるにあたって、市長であった筆者は次のような事柄について担当者に指示した。
　（1）政策の実現可能性にこだわること（夢物語や形だけの政策は掲げない）
　（2）市民、議員、職員の参加のもとに策定すること
　（3）その前提条件として、情報の共有化を図るため「討議課題集」（討議要綱）を作成すること
　（4）進行管理を徹底すること
　（5）市長の任期と計画期間の整合性を図ること

（6）4次総後期計画に掲げた「五つの視点」に基づいて政策体系を組み立てること
（7）総合計画に掲載されていない事業は予算化しないこと
（8）行政の「計画」ではなく、「市の計画」を目指すこと

筆者のもっとも強い問題意識は、それまでの総合計画のあり方を顧みて、「総合計画がなぜ有効に働かないのか」ということであった。市議会議員としての活動を通じて観察し、また、総合計画の策定・運用のあり方について、議会での質問や職員との議論の中で提言してきたことが容易に実現しない体験から、それを克服することにあった（それでも、多治見市議会の議員たちは総合計画の計画書や年度毎に作られる実施計画を携えて、議場で議論する程度の重要性は感じていた）。

さらに就任二年目の1996年秋、多治見市は「財政緊急事態宣言」を出さざるを得ない財政状況に陥っており、財政健全化を図ることが喫緊の課題であると認識していたことにある。財政の健全化は「場当たり」的な政策選択・決定では図れないため、総合計画による政策全体の管理を目指そうと考えた。それに加え、当時の予算編成の不自然さを改善しなければならないと考えたことによる。

従って、指示事項のほとんどが総合計画の策定、運用について筆者が長い間疑問と感じ、課題として取り組む必要性の高いことばかりであった。抜本的に変えていかなければ、総合計画の実効性は担保できないと考えていた点である。

1-2-2 多治見方式の誕生

策定については、市民・学識経験者を委員とする市民委員会と職員を委員とする庁内の委員会を同時に立上げ、この二つの委員会が「討議課題集」作成作業から討議の場を設け、共同で原案づくりを行う形式をとった。

それぞれのアクターが総合計画策定のために幾重にも参加する場を設定されるよう配慮した。市民に対しては策定委員としての参加を求めた。また、（4次総後期計画に掲げた）五つの視点毎に学識経験者や関係者、市民活動を行う市民などの参加で検討する「策定懇話会」（総員50名）を設けた。他にも、市民シンポジウムの開催や、小学校校区単位で開催する「地区懇談会」における素案の説明と議論の場を設けた。そのため、情報公開制度（条例施行は98年1月）もなく、本格的な市民参加もない状態で首長に就任してから、3年余しか経過していない時期での作業であったが、一挙にそれを多治見市政の中に定着させることにも寄与することになった。

　議会に対しては、「討議課題集」作成から原案決定に至るまでの、節目の時期に全員協議会での説明と議論を行い、それを策定委員会にフィードバックすることにし、議員からの意見を反映することとした。議案として提出後も特別委員会が8回開催されている。

　職員参加は徹底していた。職員提案を実施したほか、企画会議（庁議メンバー）、6つの課長級のメンバーによる専門部会（委員149名）、その下にそれぞれワーキンググループを配置した。ワーキンググループには職務上の委員も当然いたが、自ら応募した職員たちの参加が多くみられた。6つのワーキンググループの会議開催は119回に及んだ。

　なお、「討議課題集」は自治体に関わる多くの市民が議論を行う際、情報を共有し、参加者が共通の立場に立って議論することができるようにするためにあらかじめ問題整理をすることを目的として作成された。前計画の総括や地域課題の洗い出し、市民意識調査結果の分析などに基づき、二つの策定委員会が共同で作成したものである。

　多治見市の5次総の計画書を見れば明らかなように、形式上は基本構想－基本計画－実施計画（多治見市では実行計画と呼ぶ）の三段階で計画は構成されている。しかし、基本計画－実施計画は一体的に策定されており、実行計画を行政内部のみで作る形式とはなっていない。首長・行政の恣意的な政策選択を

許さないことを前提として策定されている。

　総合計画は上記のような作業を経て、審議会の審議に付され、原案が確定され、「基本構想」は 2000 年 12 月議会で議決された。総合計画策定と並行して、予算編成方法の変更、すなわち総務部財務課が予算編成過程において「政策選択」してきたそれまでの方法から脱し、総合計画関連経費の枠を確定した上で、企画部企画課を事務局とし、予算化する総合計画に位置付けられた事業の選択（しばしば、計画事業の総額が経費の枠を超える事態が生じるため）を庁議メンバー全員の参加、討論の上で決定することとした。すなわち、優先順位付けをメンバーの合意のもとに行ってきた。その結果、財政主導の予算編成を総合計画（政策）主導へと転換させることに成功したのである。

　また、進行管理の方式も、実行計画の事業毎に「実行計画シート」と名付けた事業別政策調書を公表し、HP にも掲載した。その上で、毎年度第一四半期中に全部課に対する財政、企画、人事、環境の担当者によるヒアリング（政策形成ヒアリングと呼んだ）を実施し、それぞれの視点から進捗状況のチェック、問題点の洗い出し、翌年度以降の展望等について議論する。その結果を各部課は持ち帰り、8 月に行っていた市長ヒアリングに備え、問題を整理した上で調書を作成する。その調書に基づき、市長ヒアリングは行われる。その後、総合計画全体について必要であれば見直しを行う。

　総合計画を見直す際には、庁議メンバーによる政策会議での合意が必要であることはもちろんであるが、その後、変更案は総合計画市民懇談会に諮問され、了承を取り付けなければならないようルール化した（後に基本計画が議会の議決事件とされたため、実行計画も含めて議会での議決が必要となった）。

　こうしたシステムを構築することで、「総合計画に載せたことは確実に実行する。載っていない政策には決して予算化しない」原則を確立し、首長・行政による恣意的な政策選択を排除する基盤が成立した。ただし、財源が計画上位置付けられていなかったため、「確実に実行する」ことを担保することができていなかったといえる。それを変えるのには 5 次総後期計画の策定を待たな

ければならない。

　ここで強調しておかなければならないことは、筆者の「指示事項」は極めて抽象的なものであり、それが具体的にどのような形をとることになるのかは、自身判然としていなかった。しかし、後に「多治見市方式」と呼ばれるようになった総合計画のシステム全体を構築し、かつそれを行政のあり方全体に及ぼし、総合計画こそが自治体経営の「要」であることを示したのは、職員たちの能力と努力の賜物である。

1-2-3　マニフェスト選挙と総合計画

　2003年の統一地方選挙からローカル・マニフェストによる選挙が開始された。筆者も最初にマニフェスト選挙を行った候補者の一人である。昨今、首長のマニフェストと自治体政策（総合計画）はさまざまな自治体で緊張をはらんだものになっているが、その関係性についてそれぞれの自治体でいまだにルール化されているわけではない。その点について論点を整理しておきたい。

　2001年から2ヶ年をかけて、多治見市は「多治見市高齢化に伴う需要予測調査」を実施した。その中で独自に人口推計の作業も行った。名古屋都市圏の周縁部に位置する多治見市では70年代後半から急速に住宅団地の開発が進み、名古屋のベッド・タウンとしての色合いを増していたが、バブル経済の崩壊とともに名古屋都市圏が収縮をはじめ、開発行為そのものが終息したかのような状況となった。人口の増加率は低下し、ほぼ横ばい状態になっていた。そのため近い将来、それもそれほど遠くない時期に人口は減少に転ずるだろうと考えた。そのために独自に人口推計を行う必要があった。人口推計の結果は2010年をピークに人口減少に転じるとする予測が出された（実際にはさらに早く2005年の国勢調査で減少した）。

　一方、5年間継続した「財政緊急事態宣言」を解除した2001年、改めて今後財政は構造的に悪化するであろうとの予測から「財政改革指針」を作成し

て、財政規律を確立しようとしたのも、人口減少時代の到来や高齢化による財政縮小の時代に備えようとする問題意識が職員たちとの間にも共有される状況にあったからである。

このような問題意識の上に立って、2003年の選挙のスローガンは「持続可能な地域社会づくり」を目指すとした。そして、時代のキーワードは「人口減少、少子高齢化、財政縮小」とした。そうした視点からマニフェストを作成し、選挙勝利後直ちにこれまでの「拡大」を目指す総合計画から「縮小」の時代の自治体のあり方を希求する5次総後期計画の策定に取り掛かった。

その際、指示した事項は次のようなものである（一部略）。

（1）拡大主義的な計画は作らないこと
（2）「行財政改革計画」とすること
（3）「持続可能な地域社会づくり」を目指す計画とすること
（4）行政、市民の役割をできる限り明らかにすること
（5）行政が目指すのは「シビルミニマム」であってマキシマムではないことを確認すること
（6）財政推計を計画中に入れ、事務量全体を推定した計画とすること
（7）施策の優先順位付けを行うこと
（8）「事業仕分け」（2004年実施）の結果を参考にすること
（9）建設計画ではなく、維持修繕計画（調整計画）とすること

「拡大から縮小へ」と変化する自治体経営をどのように行うかを、「要」としての総合計画策定を通して探る試みであった。そして、初めてのマニフェストに基づき、総合計画を見直すことでもあった。しかも、近い将来の人口減少、財政規模の縮小をにらみ、状況の変化を踏まえた総合計画策定であった。

上述したように5次総策定時に「首長の任期と総合計画の計画期間を整合させる」ことを指示しているが、計画期間10年（前期5年＝実施計画、後期5年＝展望計画）で策定された計画であるが、当初から半期5年を待たず、1年前倒しして計画を見直す形で整合性を保つこととしていたため、「マニフェス

トに基づく総合計画づくり」に問題が生じることはなかった。首長の立候補時に提示した政策を、市の政策とする手続として総合計画見直しが位置付けられる。後に多治見市市政基本条例20条5号において「総合計画は、計画期間を定めて策定され、市長の任期ごとに見直されます。」と定められた。

ただし、現職首長のマニフェストは基本的に在職中に策定した総合計画そのものであるはずで、時代の変化や自治体を巡る環境の変化などを読み込み、政策化することで、マニフェストは成り立つ。多治見市の場合「持続可能な地域社会」を目指すという観点を導入したため、5次総後期計画は基本構想の変更も余儀なくされた。

5次総後期計画の基本構想中に多治見市を巡る環境の変化を
（1）人口減少の時代を迎えたこと
（2）少子高齢化の影響が市民生活にとって切実な問題になってきていること
（3）財政状況が予想を上回って厳しくなっていること
（4）市民活動が活発化していること

と記し、それに加え、「拡大主義になりがちな計画ではなく、行財政改革を重視した計画とした」ことを強調した。

なお、2006年に成立した多治見市市政基本条例には、次のような総合計画に関する概括的な条項を設けている。

（総合計画）
第20条　市は、総合的かつ計画的に市政を運営するため、総合計画を策定しなけれなりません。
2　総合計画は、目指すべき将来像を定める基本構想、これを実現するための事業を定める基本計画と事業の進め方を明らかにする実行計画により構成されます。
3　総合計画は、市の政策を定める最上位の計画であり、市が行う政策は、緊

急を要するもののほかは、これに基づかなければなりません。
4　総合計画は、市民の参加を経て案が作成され、基本構想と基本計画について議会の議決を経て、策定されます。
5　総合計画は、計画期間を定めて策定され、市長の任期ごとに見直されます。
6　市は、基本計画に基づく事業の進行を管理し、その状況を公表しなければなりません。
7　市は、各政策分野における基本となる計画を策定する場合は、総合計画との関係を明らかにし、策定後は、総合計画との調整のもとで進行を管理しなければなりません。

1-3　これからの総合計画の方向性

1-3-1　高まる総合計画の必要性

　総合計画が一層重要視されなければならない背景には、自治体・地域社会を巡る環境の変化がある。高度経済成長期に見られたように、財政規模が大きくなることが期待しえた時代には、量的にも質的にも貧弱であった自治体政策を充実させるため、さまざまなニーズに対応した政策を採用することは可能であった。市民の要求に応えて政策を拡大することもできた。その増加する財源を巡って首長、議員（この中には国・県の議員も絡んでくる）がいわば争奪戦を繰り広げることが政治家たちの「しごと」でもあった。「自治体にいえば、なんでもやってくれる」幸せな時代が続いてきたのである。力のある議員とはむりやりであっても、予算を獲得してくることのできる議員を指していた。
　しかし、バブル経済崩壊後の自治体財政は地域経済が低迷する地方都市を中心に悪化の一途をたどることになる。国の不況対策としての経済政策に基づ

く地方への公共事業の押し付け、三位一体改革による大幅な地方交付税の減額などが追い打ちをかける。後に残るのは莫大な起債残高であり、過剰な施設とその維持管理費である。

　地域経済が低迷する自治体では税収は減少する。そして、人口の高齢化が進行することにより、定年退職者の増加による税収の減少、制度改革等を行わなくても自然増となる社会保障・福祉関連費は二重に財政を収縮させる。「構造的」に財政危機が忍び寄る。しかし、すべての自治体が自覚的にそうした状況下の「財政」に対する方策を考えてきたわけではない。ことに市町村合併を行った市町村においては、合併前の駆け込みの起債や財政調整基金の取り崩しといったモラルハザードが起こり、合併自治体が財政危機に陥るケースも多々見受けられる。

　国や県に対する依存体質は依然として強く、「国が何とかしてくれる」とどこかで期待している。補助事業待ちの自治体も多く存在する。高度経済成長、財政規模の拡大を期待する過去からの惰性から抜け出そうとする努力も決定的に不足している。そうした自治体ほど市民に分かる形での財政情報を公表することもない。職員たちに危機感はない。議員も市民も従前通りの要求型から変わらない。

　このような状況から抜け出すためには「意識改革」が必要となる。そして、状況を変えるシステムが必要となる。それが総合計画を核とするシステムである。拡大の時代から縮小の時代へと変わる。人口減少、少子高齢化、生産年齢人口の減少、そして財政縮小である。自治体のダウンサイジングは避けて通ることのできない課題となる。

　政策資源の制約が重い足枷となり、自治体は政策を縮減せざるを得ない状況におかれる。しかし、基礎自治体では政策についての利害関係者が「目の前」にいる中で政策を廃止したり、縮小することを行わざるを得ず、困難を伴う。行政改革の取組みなどでそれを経験した職員も多いはずである。粘り強く関係者との議論を経て実行することが不可欠であり、この困難を乗り越えることが

できなければ、自治体政治は混乱する。

　逆に、市民から見て将来にわたり自治体の能力を超えて過大であったり、不要であったり、過剰であると考えるような投資を行えば、反発を招き、首長交代といった事態に立ち至るといったことも発生する。80年代までであれば、「標準装備」と思われていたような施設建設を巡り、自治体政治が紛糾するという事態が現実にいくつかの自治体で起きている。市民が自らの自治体の財政の将来について首長・行政、議会以上に危機感を持っており、施設建設等が放漫財政の象徴として映るのである。

　これからの時代、政策を巡り市民、議会、首長・行政間に緊張をはらむことは充分予測される。ことに人口減少時代に突入したことを考えれば、ますます、政策資源の制約は厳しさを増し、「地域社会にとって今何を優先させるべきか」という命題は次第に重みを増すことになる。しかも、「総合的かつ計画的に」政策実行を迫られることは必至であり、思い付きの政策を行っている余裕などなくなるはずである。こうした時代こそ「総合計画」の役割が重要となり、自治体経営にとって不可欠なツールとなるといえる。総合計画の持つ機能を考えればそれは明らかである。

　総合計画は次のような意味を持ち、それにより機能を発揮する。
（1）総合計画が自治体における最上位の計画として位置付けられること
　　　個別分野の計画をコントロールする機能を持っていること
（2）自治体として「政策選択」した結果としての計画であること
（3）政策間での優先度を明らかにすることができること（個別分野の計画と異なり、政策体系全体の中での判断が可能である）
（4）政策を総合化する機能を持ち合わせていること
（5）自治体の政策全体を体系化し、明示したものであること（「約束」として行政が実行しなければならない責任を持つ）
（6）行政内部に限っていれば、組織横断的に策定され、政策実行が全庁的な取組みとして位置付けられること

といったことを想起すればよい。

1-3-2　これからの時代の総合計画

　それでは総合計画にはどのようなことを書きこむのか。まず、将来の地域社会を経営するための戦略が必要となる。いわば、地域の「持続可能性」をどこに、何に求めるかを明確にすることである。特に人口減少の影響をどのように捉えるかが重要な課題となる。市街地の空き家化、空地化に伴う人口密度の稀薄化、極端な場合はゴーストタウン化する（すでに商店街などでそうした減少は起きている）。住宅団地の荒廃、郊外・中山間地の集落崩壊などの顕在化にどのように対応するか、長期の展望をもって準備しなければならない。

　当然、自治体によって状況の現れ方は異なる。しかも、同じ自治体内部でも現れ方は地区ごとで異なる。それを視野にいれておくことも重要である。それは高齢化に伴う地域の活力の低下や生産年齢人口の減少による地域経済への影響にもつながる課題でもある。すでに起きている持続可能性を脅かすような課題がいずれも解決困難なものであることから、持続可能な地域社会づくりは一筋縄ではいかない、難しい課題でもある。だからこそ、試行錯誤的であっても、さまざまな試みを積み重ねることが大切になってくる。総合計画はそうした取組みのための指針としなければならない。

　「まだ、地域はなんとかなる」といった楽観的な言説は、将来発生が予測される課題への取組みを遅らせ、政策選択の誤りを生み、膨大な予算や時間の無駄を生じることになりかねない。だからこそこれからの時代に踏み込んでいくメッセージを発信するものとして総合計画は策定されなければならない。

　また、インフラの老朽化、過剰化、非効率化（人口の稀薄化により、施設の税による費用負担が増大し、公共サービスとして提供不能にさえなる）といった課題が問題化していることを考えれば、これらにどのように対処するのかが、これからの自治体経営のカギを握るといっても過言ではない。すでに「建設から維持

管理」の時代に入っているにもかかわらず、「ハコモノ」をはじめとする公共施設を作り続けてきた自治体は、政策の転換が求められる。

　しかも、現在まで続いてきた会計制度では公営企業を除けば、インフラの更新に対する内部留保をまったく持っていないため、税で費用を捻出しなければならない重荷を背負っている。市民からの反発について先に記したが、必要不可欠なもの以外、新たな施設等を作り続けるという選択肢はほとんど残されていない。これも総合計画に記載する重要な事項の一つである。

　今一つ重要なことは自然災害に対する防災・減災、感染症の流行への防疫体制の整備などの危機管理体制を整備することも喫緊の課題として突き付けられていることであり、危機管理のあり方について、どのように自治体が対応するのかを明らかにしていかなければならないことである。

　これまでの総合計画は往々にして実現不可能な構想を掲げ、将来を「夢」として描いてきた。予測不可能な将来について「物語」を作成してきた。しかし、これからの計画は現実を直視し、将来を見据えることによって地域社会のあり方を追求する方向に転換すべき時に来たというべきである。人口問題については予測可能な課題であり、それについての方向性を出さない自治体は怠惰の誹りを免れないといわざるを得ない。

1-3-3　総合計画策定のキーワードは「参加」

　「政策選択」に関する困難さについてはすでに述べたが、総合計画策定の過程をこの「政策選択」を巡る議論の場と位置づけ、実行することの重要性が一層増してきている。政策全体を管理するものとしての総合計画を策定することとなれば、政策選択は総合計画策定時にそれが行われることとなる。こうした議論を成り立たせるためには、情報共有に基づいた「参加」のしくみを構築するが大前提となる。

　住民、議会、首長・行政、自治体政治に関わる主体による「参加」なしには、

総合計画は成り立たない。最近では議会も策定作業と並行して、特別委員会を設置し、審議を行う方式が一般化しつつある。行政内部でも職員参加を多様に行う自治体も増している。問題は住民との議論がどこまで行えるかである。

　形式的な、形骸化した「参加」ではなく、どこか遠くで決められた計画に従うのではなく、多くの人たちが「自ら決めた」と実感できる計画づくりをすることが大切となる。そのためには多様で、重層的な参加の機会をつくることはもちろん、先駆的な自治体や市民の間で行われている討議デモクラシーの方法やワークショップなど新たな方法を身に付け、駆使することが望まれる。これからの時代は、自治体の政策が一人ひとりの生活全体に及ぶことも予想され、「声の大きな人」の言い分を聞く「参加」から、「普段は声を出さない」人に意思表示の場を設ける必要が増してくる。そのための方策を準備することが求められるようになる。

　「参加」を通して、さまざまな利害の対立を調整したり、政策の取捨選択をする、またどの政策を優先させるかを検討し、合意形成を図ることによって、はじめて総合計画が総合計画としての機能を発揮する。この過程を粗末にすれば、個別の政策展開の場でのトラブルが生じることにもなりかねない。

　ましてや、最近のように行政の行う政策のみではなく、地域やNPOなど市民活動との協働について位置づけを行う計画が登場していることを考えれば、こうした過程を抜きにした総合計画などあり得ない。

　付けくわえれば、「参加」は策定時に限ったことではないことはいうまでもない。総合計画を回す過程、策定⇒事業選択⇒予算化⇒決定⇒実施⇒評価⇒見直しの各段階において、住民や議会の関与が必要であることを当然のこととしてルール化することも必要である。

　上の過程に「事業選択」という段階を設けたのは、たとえ「計画に載せた政策は必ず実行する」としても、単年度で考えれば、財源が不足したり、環境が整わないといったことも考えられる。そのため当該年度に計画通り行い得るとは限らない。従って、予算編成の過程で「優先度」を勘案し、実行するもの

と翌年度以降にローリングせざるを得ない政策を選択することになる。

　行政内部でなさなければならないのは、総合計画に位置付けられた事業を他に優先して予算化するしくみを作ることである。それがなければ、総合計画による政策実行は不可能である。総合計画関連経費の枠を確保し、その枠の中で「優先度」を決定し、それに基づいて予算化をする作業が必要となる。もちろん、総合計画といえども実現に充分な財源が確保できるとは限らない。そのとき、財政担当者による事業選択ではなく、自治体全体を視野に入れた事業選択が不可欠（方向性を誤れば、将来に大きなツケを回すことや取返しのつかない遅れを生じることになる）であることから、「優先すべき事業」の選択は庁議メンバー全員（政策会議と名付けておく）の議論を経て、合意を調達することである。財政担当者の関心は収支のバランスをとることであって、「政策」そのものにあるのではない。いいかえれば、財政担当者に「政策選択」の権限などもともとないのである。

　時代状況からいって、政策の優先度については現場の状況を知る部署の職員であることを考えれば、それぞれの部課に優先順位づけの権限を一義的に与えることが適当であろう。行政改革などが喫緊の問題として取り組まれた時代は、多くが首長から管理系の部署へ、そして、事業系の部署へとトップダウン型の流れであったと言える。そうしたとき管理系の職員が「エリート」視される傾向は強かった。しかし、これからの時代は現場の課題に日々接している事業系の職場の職員でなければ、分からないことが増してくる。そのため、事業系の職員たちの政策形成能力やコミュニケーション力などに期待せざるを得なくなる。いわば、ボトムアップ型の体制が機能する行政に変える必要がある。そのため政策選択の権限の一部を分権化し、その結果に基づいて政策会議の議題とし、最終的には政策会議において決定するようにしなければならない。（ただし、日常から政策会議が有効に機能しているかどうかが重要となる。自由な議論が可能であり、議論を通じて決定に至ったことについて共同で責任を果たすという「文化」が成り立っているかどうかが問われる。）

1-4　総合計画策定にかかる難題

1-4-1　実施計画の取扱い

　総合計画策定について二つの難題がある。その一つは実施計画の取扱いである。基本構想－基本計画のレベルまでは市民参加や議会の審議を経て策定することは一般化している。しかし、多くの自治体では実施計画は行政内部のみで作成される。実施計画については、以下のような状況が続いている。実施計画を作らない。実施計画を作っても公表しない。進行管理を行わない。実施計画を毎年度策定していても、それが予算編成のために帳尻合わせの計画になっている。施策レベルの基本計画と実施計画が体系化されていない。最近では基本計画中の施策に数値目標が掲げられ、事業レベルの実施計画にも数値目標が載せられているタイプの総合計画が増えてきた。しかし、その間の関係についてはなんの配慮もされていない「二重帳簿」状態にあるなどである（事務事業評価を行っていれば、職員の関心は目の前の事務事業の数値目標クリアに向かい、施策に対する関心は遠のいてしまう）。

　いずれにせよ、実施計画は首長・行政の恣意的な判断に委ねられている現状である。しかし、実施計画を的確に作る、むしろこれまでの基本構想－基本計画、実施計画という構成から、基本構想、基本計画－実施計画へと変えることこそ、いま求められている。それは政策全体を体系化する意味でも、進行管理、政策評価をする上でも、実施計画の的確な策定と進行管理が重要性を増してくるからである。さらに、政策縮減の時代といえども、施策のレベルの事項全体を廃止するなどということはほとんど起こらない。廃止、制度変更による縮小などは事業レベルで起きることになるため、実施計画が政策を巡る選択の

主戦場になることは明らかである。従って、実施計画策定を行政に委ねることは事業選択の権限を行政に与えることを意味する。それでは上述したような総合計画策定過程の努力や政策全体を管理するツールとしての総合計画が意味をなさなくなってくる。予算編成過程においても首長・行政の恣意的な意向に委ねてしまうことになる。

「実施計画を誰が作るか」は、重要な課題であるにもかかわらず、これまでほとんど問題とされてこなかった。上に示したように基本計画－実施計画は一体のものとして作成されて意味を持つものであり、総合計画による政策実行、自治体経営がようやく現実化することをそれぞれの主体が気付くべきである。首長・行政も議会（議員）も自らの裁量が利く余地を残しておこうとする意向が働くため、この課題が極めて政治的なものであることが思考停止を生んでいる原因なのかもしれない。

1-4-2　財政計画と総合計画の関係

課題の二つ目は「財政計画と総合計画の関係をどうするのか」である。よく市民から「財源の裏付けのない総合計画は絵に描いた餅ではないか」と批判される。しかも、財源の減少が予測される今日のような状況の中では「どの事業を優先させるか」が問われるため、財源と事業費総額との整合性を求めることは一層重要なこととなる。財政推計を総合計画に導入した後、そうした作業を行った経験からいえば、この作業は決して容易ではない。実際、計画期間中に減少すると考えられる財源に見合った廃止や縮小する事業を選び出す作業は数カ月に及んだが、それでもようやく半分ほどにしかならなかった。残りの半分については翌年度「行政改革大綱」見直し作業の中の「事務事業の見直し」として再びチャレンジしたほどである。

一般には「総合計画に載せなければ予算化できない」ことだけがルール化している自治体では各部課は目いっぱい事業を総合計画に位置づけようとす

る。その時点で「事業選択」の過程を踏まなければ、策定当初から「過大な計画」になっていることになる。そうなれば、財源と総合計画との整合性は望むべくもないことになる。

この問題については、栗山町議会が作成した「総合計画の策定と運用に関する条例（案）」を後ほど紹介する中で考え方を示すが、総合計画が財政計画の制約の中で策定されざるを得ないことは言うまでもなく、逆に、その総合計画による政策実行をすることによって、財政計画の期待する財政の健全性を確保することができることに留意しておこう。

1-5　最近の総合計画に関する重要な動き

1-5-1　総合計画を起点とした議会改革

これからの総合計画のあり方を考える上で、質の高い事例を二つ紹介したい。ここで紹介する事例はいまだ達成されているわけではないが、新たなチャレンジとして注目に値するものである。その一つは栗山町議会の動きである。

北海道栗山町議会が作成した「栗山町総合計画の策定と運用に関する条例」（案）（以下条例案）である。この条例案は2013年4月1日施行された同名の条例に先だって議会側が提起した条例案である（施行された条例ではかなりの部分が変更されている）。

条例案では第4条に
総合性の確保するためとして
①基本構想、基本計画及び進行管理計画等を体系化し一つの計画に総合化
②職員定数、組織編成、業務遂行、職員配置等、行政体制の適正化の方策（以下「行政適正化プログラム」という）及び歳入の確保、債務負担の軽減、歳出の重点

化等による財政健全化の方策（以下「財政健全化プログラム」という）等、行財政改革の計画的実施を含めた総合化
③前号をふまえ、かつ公開と参加の所定の手続のもとで実施することを決定した諸政策及び将来を展望した政策構想の総合化
④総合計画の策定及び運用に欠くことのできない関連諸制度の総合的な整備
を挙げている。

①に掲げられた総合化について、神原勝（北海道大学名誉教授）は北海道福島町議会での講演で次のように述べている。

「私は総合計画の「総合」は、ただ単にやりたい政策を全部集めた総合という意味ではなくてもっと自治体運営を健全にするために必要な要素も全部盛り込んだ「総合」でなければならないという意味なんです。…基本構想、基本計画、実施計画と計画を3つに分けてやるやり方というのは、もうほとんど意味がないから止めてしまう。計画は一本でよろしいということなんです。…基本構想というのは別に作らないで、一つの計画の中の最初の第1章が基本構想だと考えれば良いわけであって、…全部初めから一本で作っていく形にだんだん切り替わってきている。だから、三重層計画を一本化するという意味での総合化です。」(www.gikai-fukushima-hokkaido.jp/kaigiroku/24nendo/sougoukeikaku-kouen-240515.pdf)

ただし、実施計画（栗山町の条例では「進行管理計画」と呼ばれている）は通常行政内部の作業として作られる。そのため、行政による恣意的な政策選択が行われることによって、一体性が壊れてしまう危険性をはらんでいる。そうしたことを排除するため、栗山町議会は議会基本条例第6条（町長による政策等の形成過程の説明）、第7条（予算・決算における政策説明資料の作成）によって、政策過程全般のチェックを行うことによって一体性を確保する体制をとる方策を講じようとした。

さらに重要であるのは②において総合計画と行政適正化プログラム、財政健全化プログラムの関係性を明確にしていることである。総合計画は財政計画

（財源）に制約を受け、その制約の中で策定されなければ、「財源の裏付けのない画餅」と化す危険性をはらんでいる。多くの自治体の総合計画がこうした考え方を当初から放棄してつくられてきたことを考えれば、画期的なことといえよう。一方、財源の裏付けを持つ総合計画策定、それによる政策実行が確実に行われるならば、財政の健全化を図ることが可能となる。

　また、政策資源の再配分を図る「行政適正化プログラム」と総合計画を関連付けることはむしろ当然であるといえるが、これを適切に行ってきた自治体がどれだけあったかを考えれば、この点も重要な規定と呼ぶことができる。政策資源の厳しい制約の中で政策実行しなければならない時代の総合計画を行政のあり方を見据えた上で策定することが求められることはいうまでもない。その総合計画を着実に実行することによって、行政の改革は実をあげることになる。

　総合計画、行政適正化プログラム、財政健全化プログラムの三位一体的な枠組みを構築することによって、自治体経営の「要」としての総合計画が機能することになる。さらに総合計画の策定、運用に関わる関連規定を設け、行政適正化プログラム、財政健全化プログラムについての策定規定をはじめ、政策過程における情報開示や議会・町民による政策評価などを徹底することを求め、特に財政健全化プログラムには厳しい規定を設けている。財政の健全度を判断するための指標を定め、それに基づき目標指数を記すこととされている（第16条）。

　総合計画の策定手順として、公募を含めた町民の委員と専門的知識をもつアドバイザー委員で構成される策定委員会を設置し、その委員会に事務局を置き、職員がサポートする体制を進めることが定められている。最近では三鷹市が市民に策定を委託する方式も採用されているが、多くの自治体において、職員の手で計画を作成していくことが当然視されている中で、第三者で構成する委員会にそれを委ねることを目指した点は評価に値する。

　付け加えるならば、この条例が議会側から提起されたものであることは、

まさに画期的な事件といえよう。その背景には長年にわたる議会改革の営みの蓄積があることである。特に、議会基本条例制定に先だって取組まれた中長期財政問題等特別委員会の活動がキーとなっている。それについて議会基本条例制定直後、札幌で開かれたシンポジウムで同席した当時の橋場議長は「栗山町は夕張市と隣接しており、夕張市の財政破綻は他人ごとではないと考えていたため、栗山町自身も財政状況を把握し、健全化に真剣に取り組まなければならないと思い、特別委員会を立ち上げた」「この特別委員会の活動を通じて、議会改革を一層進めなければならないと考えた」と述べている。

議会側は財政問題の検討、議会改革を通じて総合計画の重要性にたどり着いた。もし、この条例案が成立していれば、総合計画のあり方を定式化することができたであろう。

しかし、栗山町議会の取組みはむしろ例外である。議会は総合計画によって政策管理が行われることを嫌い、首長・行政側は実施計画（栗山町では進行管理計画）策定の行政側の裁量、イニシアティブを手放さない、総合計画を巡って緊張関係が発生する。議会と首長・行政間の合意の調達は容易ではない。

いわゆる「口利き」があいかわらず議員活動の主たるものであると考えている議員が多数を占める議会では、総合計画によって政策が管理されることは「口利き」を極めて限定的なものにしてしまうことを警戒する。

最近の議会改革の成果として「議会報告会」を開催して双方向の議論を通して、課題発見につとめたり、請願・要望を「市民の提案・提言」として受け止めて、議会活動に活かす実践が行われるようになった。あるいは議員個人としても日常的な議員活動を通じ、多くの地域や住民からの情報から新たな課題を発見する機会を持つことも多い。公式には議員に与えられた質問権、提案権を使って、行政側に対応を迫ることは可能であり、非公式にも職員に対して働きかけることによって、政策の新設、変更などは可能である。逆に首長・行政側も総合計画の見直し、変更を柔軟に行いうる姿勢を持つべきである。ただし、計画変更のルールを明確化することによって、誰かの恣意的な判断や圧力で計

画がぶれてしまうといったことを避けなければならない。

1-5-2　統合型マネジメントシステム

　二つ目の事例は個別分野の計画を通して、総合計画の重要性に気づき新たなシステムの構築を目指そうとする試みについてである。
　総合計画と個別分野の計画の関係性についてはさまざま議論があるが、個別分野の計画（この場合、環境基本計画である）に関わり、その計画をマネジメントシステムによって動かそうとすればするほど、総合計画を根幹に据えた統合型のシステムを構築せざるを得ないとの結論を得た事例を紹介したい。
　多くの自治体が参加し、環境政策の質を飛躍的に高める役割を果たしている環境自治体会議の事務局長を勤める中口毅博（芝浦工大教授）は「行政内部で多数のマネジメントシステムが並立し、職員が本業だけでなく、日々帳票への記入に忙殺されている状況では、これらの統合化抜きには持続可能性の視点からの政策点検・評価は考えられない。そこで別表に示すような組織の目標管理、総合計画、環境基本計画などの進捗管理を一枚のシートで行い、データベース化することを考えたい。」とし、統合型マネジメントシステムを具体的に提案している。(『環境自治体白書 2013-2014 年版』p.37 ～ p.42 生活社)
　中口は単に「職員が忙殺されている」状況を変えるために、スリム化の提案をしているわけではなく、よりよいマネジメントシステムを構築するためにこそ、総合計画を基軸においた統合化の必要性について提案しているのである。これは中口が現場（環境政策において日本でもっとも先進的な取組みをしている小規模自治体）に足を運び、職員とともに取り組んだ経験からでた発想である。上の引用中力点が置かれているのは「統合化抜きには持続可能性の視点からの政策点検・評価は考えられない」である。
　この自治体では環境基本計画による政策展開はNPO法人環境自治体会議環境政策研究所が独自に開発したLAS-E（環境自治体スタンダード、Local Authority's

Standard in Environment）と呼ばれる環境マネジメントシステムによって行われている。このシステムでは数値目標の達成などをチェックする行政内部での監査は当然であるが、住民と専門的知識を持つ研究者等からなる監査員による監査を義務付けている。徹底した管理により環境政策の成果をあげている。

　当然、基本計画はエコオフィスの取組みを要求することをはじめ、一つひとつの事務事業において環境問題にかかわらざるを得ないことや環境面からの配慮が政策実行の上で行われているかどうかが問われてくる。環境基本計画に記載されていることを実行するためにも、担当部署が行えばそれで済むわけではなく、さまざまな部署が協力し、住民や団体と協働することが求められる。環境基本計画が事務事業全体を網羅しているわけではなく、記載されていない事柄の中にも、環境の視点からの取組みが必要なものも多い。基本計画の進行管理（これについても住民参加の委員会で行う）を的確に行っていくためには総合計画に位置付けられた事務事業すべてについてのチェックが不可欠となる。

　こうしたことが分かってくると、総合計画の進行管理の中で環境基本計画のそれも行うことができないかという発想が生まれてくる。そこで上述の統合型マネジメントシステムの構築が志向されることになる。統合型マネジメントシステムが構築されれば、逆に環境基本計画で行われている、市民参加のもとで行われる進行管理・監査を総合計画全体に及ぼすといった効果も期待できる。全体会議と部会といった構成をとった委員会を立ち上げることによって、特に小規模自治体においては「身近にみえる自治体」の実現に寄与することが大いに期待できるのではなかろうか。

1-6　総合計画を自治体経営の軸に据える

　筆者の経験からいうならば、総合計画による自治体経営のシステムを構築

したことにより、行政内部の仕事は「説明責任を果たす」という意味で極めてクリアなものになり、業務自体が楽になり、互いに政策についての議論が活発になるといったことがいえる。職員の仕事は「総合計画」に裏付けられ、支えられることにもなる。しかも、さまざまな人たちからの要望・要求に対応する際の基準も「総合計画」となる。これは「相手の顔を見て、判断する」といった政治的な配慮を排除し、公平・公正に政策実行できることを意味する。「がんじがらめの総合計画を忌避する」とは似ても似つかぬ状況を必ずや生み出す。さらに予算編成の過程で2年、3年先の状況を読むことが出来るようになる。事業の前倒し、後年度に変更するなど予算そのものを平準化することも可能となる。

　総合計画を自治体経営の軸に据え、政策展開をすることによってはじめて「総合的なかつ計画的な」行政が成り立つ。「計画に載った政策は必ず実行する。計画にないことは決して予算化しない」という市民からみれば、当然と思われることが、至難の業としか受け取られない今日の状況を打開しなければならない。基本計画を議決案件とする議会が増えることによって、総合計画は行政にとって確実に実行しなければならない責任を負うようになった。また、市民に対しても「約束」としての総合計画の全過程についての説明責任を問われるようになった。

　そして、自治体政治にかかわる政治家たちの「恣意」による政策管理から、政治家を統制するものとしての総合計画へと変えることが求められるようになってきた。「利益の分配」の政治から「負担の分かち合い」の政治へと変化してきた今日、思い付きではなく、長いスパンを通じて、地域社会の現在を凝視し、将来を予測する想像力を培うことが政治家の資質として求められる。市民を置いてきぼりにする強権的な政治ではなく、じっくりとものを考え、行動する政治が今こそ不可欠になってきた。

　そして、国・県に依存することなく、地域社会の課題に立ち向かう政治家、そして職員たちの努力と能力が要求される時代に向かっている。地域社会のそ

の現場に最も近いところにいる基礎自治体には特にそれが求められ、独自政策の開発や地域間の連携など積極的な取組みを行うことによって、「現場の分からない」国・県に対して発言していくことこそ大切なこととなってきている。

　自治体経営も市民との信頼関係を構築する努力を継続して行うことの上にしか存在しえない。そのためにも自治体経営のあり方について、いま一度振り返り、変えるべき点は変え、構築しなければならないシステムは大胆に取り入れなければならない。その「要」となる総合計画のあり方についても、それぞれの自治体が実効性のあるものへと変えることが必要である。「実効性」を担保する方策はその自治体なりの創意工夫によってなされ、さまざまな形の総合計画やそれを動かすシステムが創り上げられれば、互いに刺激し合い、さらによりよい総合計画の形が見えるようになってくることが期待される。

　総合計画を巡る課題はただ単に総合計画そのものにかかわることにとどまるものではなく、自治体、自治体政治、そして行政内部にもかかわる重要課題である。そのことを踏まえ、この論考が何らかの示唆を与えるものとなっていれば幸いである。

第2章　総合計画とは何か
―総合計画を巡る経緯と現状―

2-1　岐路に立つ総合計画

　本書が対象としているのは、主として市区町村の「総合計画」である。この総合計画は長い間、全国のほぼ全ての市区町村で策定されてきた。最近、この総合計画に大きな変化があった。2011年5月に地方自治法が改正され、総合計画を策定するかしないかは各市区町村の判断に委ねられるようになったのである。

　現在、総合計画はまさに岐路に立たされている。これまでは国が総合計画を策定する根拠を与えていた。しかし、これからは市区町村が策定の要否も含めて自ら総合計画のあり方を考えなければならない時代に入ったのである。

　これまでそれほど総合計画を意識してこなかった"普通の"市区町村がこのような時代に対応した総合計画を策定し運用するにはどうしたら良いのだろうか。それを考えるためには、まず総合計画がこれまでどのような計画だったのかを確認する必要があるだろう。そこで、本章では総合計画とは一体どのような計画だったのか、総合計画を巡る経緯と現状について明らかにしていきたい。

2-2　総合計画成立の背景

　総合計画は、いつ、どのような経緯で成立したのだろうか。まず、その成立から確認することにしたい[1]。

①市町村建設計画

　現在の総合計画の起源は「新町村建設計画」にあるようである。

　「総合計画」と呼ばれるようになる市町村計画の起源について、のちに"事実上の標準"となる「市町村計画策定方法研究報告」では、町村合併推進法に基づく「新町村建設計画に始まる」としている（（財）国土計画協会（1966））[2]。行政学者である西尾勝氏も、戦後の市町村計画は「新町村建設計画」に端を発したとしている（西尾（2007））[3]。その後、1956年には「新市町村建設促進法」に基づく「新市町村建設計画」が続いている。

　しかし、これらの計画は「もっぱら町村合併に伴う施設の統合整備のための計画」であり、計画の中心は「施設の統合整備を新市町村建設補助金という誘導手段で促進することにあった」（西尾（2007））という。それを裏付けるように、1960年に補助金支給が打ち切られると計画は「ともすれば忘れられる」（（財）国土計画協会（1966））ようになったという。

②府県による指導

　その後、各府県が「総合的な行政計画」としての性格を持った県勢振興計画を市町村単位に具体化するために行政指導をはじめ、市町村では府県と同じように県勢振興計画の「ミニ版」の計画が策定されるようになった（西尾（2007））[4]。

　しかし、この計画は、①市町村計画の性格について理解が不十分、②現実の経済の動きや当該市町村をめぐる社会的、経済的諸条件を無視し計画の目標に妥当性を欠いている、③市町村の任務についての認識が不十分、④計画策定の手法が適当でない、⑤計画策定にあたって広域的配慮が不十分、⑥市町村計画が生きた計画として現実の行政に役立っているか疑問、という問題点があったという（（財）国土計画協会（1966））。

③市町村計画策定方法研究報告

　そこで、自治省から（財）国土協会への委託調査が行われ、1966年に「市町村計画策定方法研究報告」（以下、「研究報告」）」がまとめられた。実は「総合計画」という名称はこれまでも法制度上、どこにも書かれていない。一般に、基本構想－基本計画－実施計画から構成される計画が「総合計画」とされているのである。この基本構想－基本計画－実施計画の体系を提案したのが、この「研究報告」なのである。

④基本構想の策定義務付け

　その後、1969年の地方自治法の改正により、基本構想の策定が義務付けられた。すなわち、第2条5項に「市町村は、その事務を処理するに当たっては、議会の議決を経てその地域における総合的かつ計画的な行政の運営を図るための基本構想を定め、これに即して行うようにしなければならない」と定められたのである。

　注目すべきことは、自治法の改正で義務付けられたのが基本構想の策定のみだった点である。基本計画や実施計画の策定については何ら義務付けられていないのである。地方自治法の改正後、1969年には自治省行政局長から「基本構想の策定要領について」が通達されている。この策定要領も基本構想についてのみを対象にしており、基本計画および実施計画については一切言及していない。

⑤現行の総合計画の"事実上の標準"

　大半の市町村の総合計画は現在に至るまで「研究報告」が示したモデルに基づいている。行政学者で総合計画に関する研究も多い新川達郎氏は、「研究報告」によって「事実上、現行の市町村総合計画の枠組みができあがり、総合計画のモデルとしては、3計画体系の完成をみた」としている（新川（1995））。

これは最近の総合計画に関する調査結果でも裏付けられている。(公財)日本生産性本部の調査によれば、2011年3月時点で76.4%の市区町の総合計画が基本構想—基本計画—実施計画の3層構造になっている[5]。

策定が義務付けられたのは基本構想だけであり、策定要領も基本構想のみを対象にしていた。しかし、現実にはほとんどの団体の総合計画は基本構想—基本計画—実施計画の3層構造で策定されているのである。

このように、「研究報告」が示した内容は、市区町村の総合計画において、"事実上の標準"として存在してきたと言える。

図表Ⅱ-1 総合計画の構成（単一回答）

(1) 3層構造	575	76.4%
(2) 2層構造	141	18.7%
(3) 策定していない	4	0.5%
(4) その他	14	1.9%
未回答	19	2.5%
合　計	753	100.0%

2-3　総合計画の"事実上の標準"　—1966年の「研究報告」—

それでは、事実上の標準となっていた「研究報告」では、総合計画をどのような計画として考えていたのだろうか。「研究報告」に基づき、構成と内容、策定手続き、実効性の確保について確認したい。

2-3-1　構成と内容

「研究報告」が示している基本構想、基本計画、実施計画の構成と内容は**図表Ⅱ-2**のように整理できる。

①性格と内容

　基本構想の性格は、「市町村又は市町村の存する地域社会の将来の目標及び目標達成のための基本的施策を明らかに」し、「基本計画および実施計画の基礎となるべきもの」としている。また、内容としては「計画の目標」と「基本的施策」としている。すなわち、市町村や地域社会の目標と、その目標達成のための施策の大綱（市町村だけでなく国、都道府県、民間の施策を含む）が示されるものとなっている。

　基本計画の性格は、基本構想の「将来の目標及び施策、手段の方針のうち、原則的に、市町村が直接に実現手段を有する施策、手段及びこれらの施策を合理的に推進するための内部管理合理化方策の大綱を定めるべきもの」、「実施計画の基本となるもの」としている。すなわち、基本計画の対象は市町村とし、その内容も、基礎的条件や施設などの整備計画、産業開発、行財政計画など、市町村が実施する内容になっている。

　実施計画については「基本計画で定められた市町村の施策の大綱を、市町村が現実の市町村の行財政の中において、どのように実施していくかを明らかにするための計画」、基本計画で定められた「施策大綱を具体化し、詳細事項について補足するもの」、「毎年度の予算編成についての指針となるもの」としている。

　注目すべきことに、実施計画には複数年度予算の機能が期待されていた。事業計画に挙げた事業を予算化する仕組みにすることで、実施計画を構成する事業計画が「その計画期間を通ずる重要な事業に関する長期的な予算」として位置づけられているのである。

　「研究報告」は、予算制度について「現在の地方自治体の予算制度では、着手してから完成するまで数年を要する事業についても、継続費の設定が行われることは少なく、毎年度の予算編成においての配慮にたよっていることが多い」「ある事業の執行または完成と関連して当然行なうことが、必要または適当と

される事業についても、予算制度上は実施の保障がないのが通常である」と指摘している。つまり、複数年度にまたがる事業について予算制度が対応できていないことを指摘しているのである。そこで、実施計画にはこの予算制度の問題を解消する機能を持たせようとしている。

　複数年度にまたがる事業について予算制度が対応できていないのは現在も変わっていない。この点について、近年では、予算制度改革からのアプローチで解決を図ろうとする議論がある。紙幅の都合上、予算制度までを取り上げることはできないが、実施計画で予算単年度主義の問題を解決しようとしていたことは予算制度を考える上で非常に興味深い[6]。

②計画期間

　計画期間は基本構想で10年、基本計画で5年、実施計画で3年が適当としている。実施計画は毎年度の改定が適当としている。

　注目すべきことに、これらの計画期間でなければならない理由は特段、示されていない。

　基本構想を10年とした理由は、①国や都道府県の計画が長くても一般的に10年であること、②市町村は国や都道府県に比べて社会的経済的変動が大きく10年以上は見通しがたたないこと、③基本構想は基本計画と実施計画の指針となるものであり長すぎても短すぎてもならない、としている。いずれの理由も、市町村の総合計画が（例えば8年や12年ではなく）10年でなければならない合理的な理由にはなっていない。

　また、基本計画を5年とした理由は、①基本計画には構想的なものが含まれないこと、②社会的経済的変動の要因の多いときに10年もの将来を見通して計画を立てることは困難である、としている。実施計画を3年とした理由は、基本計画の計画期間が5年であること、事業計画が3ヶ年を想定していることを挙げている。やはり、いずれの理由も基本計画が5年、実施計画が3年でなければならない合理的な理由にはなっていないのである。

総合計画を上記の計画期間にしている団体は少なくない。しかし、実は基本構想が10年、基本計画が5年、実施計画が3年でなければならない根拠は存在しないのである。

2-3-2　策定手続き

「研究報告」では「計画策定手続き上の配慮」として、「計画策定のための体制」、「行政委員会との関係」、「議会との関係」、「住民参加」を示している。このうち、計画策定のための体制、議会との関係、住民参加については**図表Ⅱ-3**のように整理できる[7]。

①計画策定のための体制

計画策定のための体制については、独立の部課として企画調整部門を設置している場合は当該部課、していない場合には担当を明確にすべきとしている。企画調整部門に集中する場合には、各部課の行政を停滞させたり、企画調整部門と各部門のあつれきを生じないように、各部課に分散する場合には計画の総合性が不十分になることがないように留意すべきとしている。これは、「計画への参加の意欲と認識を持たせるため」には集中は望ましくないが、他方で「各部門の精粗の均衡、各事業の均衡と総合的な調整」のためには集中が必要だという考えに基づくものである。

②議会との関係

議会との関係については、計画策定に当たってその意見を十分反映しうる体制をとりつつ計画の実施について協力を求める必要があるとしている。具体的には、①計画の策定に際し議会の代表を審議会委員として計画作成に積極的に参加せしめる、②策定した計画について議会に報告し了解を求める、としている。ただし、計画を策定する責任は市町村長にあり、議会が計画策定主体の

ように全面的に関与すべきではないとしている。

③住民参加

　住民参加については、「あらゆる機会と手段、方法を活用して住民の参加を求めるべきである」としている。その理由として、①住民にとって納得のいく計画を樹立して計画の円滑な実現を図ること、②住民に市町村振興について参加の意欲を持たせること、としている。

　具体的な方策としては、①審議会、②公聴会を挙げている。審議会の構成メンバーとしては、①各階層、各地域、各団体、議会の代表（住民参加に重点をおいたもの）、②知識経験を有するもの（計画の客観性、技術面に重点をおいたもの）、③①と②を折衷したもの、の3つに分類し、③が望ましいとしている。また、委員数が多い場合は専門委員会を設置することが適当としている。

　公聴会については単に「各階層、各地域あるいは各団体などを対象」として開催されれば「住民の意思、要望を誤びゅうなく計画に反映できる」とするに留まっており、具合的な言及はない。

2-3-3　実効性の確保

　「研究報告」では「市町村計画の実効性の確保」として、「計画の再評価と改訂」、「国及び都道府県のとるべき措置」を示している。このうち、計画の再評価と改訂については、計画の実行性を確保するために、①計画を尊重し、これに基づいて行政を執行するという姿勢と体制を整備すること、②実績を明らかにし、具体的に再評価し、その効果測定を行い、必要に応じて改訂すること、の2つの要件が示されている（図表Ⅱ-3）[8]。

　①については、「計画が形式的かつ実質的にいかに立派であっても計画に基づいて行政を執行するという基本的態度に欠けるならば、市町村計画策定の意味は、計画策定の手法を学んだにすぎず市町村行政としてそれほど重要な意味

を持たないばかりか、住民をいたずらに惑わすことにもなりかねない」と指摘している。つまり、総合計画の策定には住民参加が必要となるが、計画に実効性がなければむしろ住民に対して逆効果さえ生じるおそれがあるとしているのである。

②については、「計画の与件の変化をきたしやすい現在の市町村にあっては、

図表Ⅱ-2　構成と内容

構成と内容		基本構想	基本計画	実施計画
	性格	・市町村又は市町村の存する地域社会の将来の目標及び目標達成のための基本的施策を明らかにする ・基本計画および実施計画の基礎となるべきもの	・基本構想の将来の目標及び施策、手段の方針のうち、原則的に、市町村が直接に実現手段を有する施策、手段及びこれらの施策を合理的に推進するための内部管理合理化方策の大綱を定めるもの ・後につづく実施計画の基本となるもの	・基本計画の施策の大綱を、現実の市町村の行財政の中において、どのように実施していくかを明らかにするための計画 ・基本計画で定められた施策大綱を具体化し、詳細事項を補足するもの ・毎年度の予算編成の指針となるもの
	内容	ア　計画の目標 -将来の市町村又は市町村を含む地域のビジョン -規模などの性格目標、人口構成などの構成目標 イ　基本的施策 -問題を解決するための手段 -市町村だけでなく国、都道府県、民間の施策を含む	ア　基礎的条件の整備計画 -土地利用計画 -水利用計画 -防災計画 イ　施設計画：公共施設の整備計画 ウ　非施設計画 -産業開発（商工業の振興など） -社会開発（社会福祉など） エ　行財政計画 -行財政合理化計画 -財政基本計画	ア　事業計画：市町村が実施の主体となる施策又は事業で計画期間内に実施するもの イ　財政計画：事業計画に掲げた事業の財政的裏付けの検討 ウ　財政と事業の調整：財政の健全性を確保すること、事業は総花的に計画することなく重点主義とすることなど
	期間	10年	5年	3年 毎年度改定

出所：（財）国土計画協会「市町村計画策定方法研究報告」（1966）

計画と現実がマッチしなくなることが計画策定後しばしばおきることが想定される」としている。その上で、「計画と現実との間にいちじるしい乖離が生じているにもかかわらず、その改訂を怠るならば、いきおい計画は現実と乖離したものになり、計画に対する信頼が損なわれ、計画に沿って行政を運営するという計画本来の目的も果たし得なくなる」としている。つまり、総合計画は常に現実に合わせて改訂しなければ、次第に計画に対する信頼が失われ、計画に実効性がなくなるとしているのである。

　ここで注目すべきは、基本構想と基本計画の計画期間中の改訂を想定している点である。「研究報告」では計画の改訂については、基本計画のみの場合もあれば基本構想まで含んで大改訂がなされなければならない場合もあるとしている。一般に、現行の総合計画では基本構想と基本計画は計画期間中に改訂しないもの、というイメージが強いのではないだろうか。しかし、「研究報告」では、計画が現実と乖離したら、基本構想であろうが基本計画であろうが改訂すべきという立場であったのである。

図表Ⅱ-3　策定手続きと実効性の確保

策定手続き	体制	・独立の部課として企画調整部門を設置している場合には当該部課 ・独立の部課として企画調整部門を設置していない場合には担当を明らかにする ・企画調整部門に集中する場合には、各部課の行政を停滞させたり、企画調整部門と各部門の軋轢を生じないように留意 ・各部課に分散させる場合には、計画の総合性が不十分にならないように留意
	議会との関係	・議会の代表が審議会委員として計画作成に積極的に参加 ・策定した計画については議会に報告し了解を求める ・計画策定主体のように全面的な関与はしない
	住民参加	・審議会（各階層、各地域、各団体、議会の代表、知識経験を有するもの） ・公聴会
実効性の確保		・計画を尊重し、これに基づいて行政を執行するという姿勢と体制の整備 ・計画の実績を明らかにし、具体的に再評価し、その効果測定を行い必要に応じて改訂 ・必要に応じて基本構想、基本計画まで改訂

出所：(財)国土計画協会「市町村計画策定方法研究報告」(1966)

2-4 総合計画の実態

これまで、1966年の「研究報告」において示されていた、構成と内容、策定手続き、実効性の確保について確認をした。それでは、現行の総合計画の実態はどのようになっているのであろうか。前出の（公財）日本生産性本部の調査から、可能な限りその実態を明らかにしたい。

2-4-1 構成と内容

①性格と内容

基本構想の内容を「地域の方向性（ビジョン）を示すもの」とする市区町は57.1％となっており、大半の市区町の基本構想は地域を対象とした計画となっていた（図表Ⅱ-4）。また、次に多いのが「組織の方向性（ビジョン）」の22.4％であり、基本的施策・方針を示すものを位置づけている市区町もみられた。

基本計画の内容としては、「地域の方向性（ビジョン）を示すもの」とする市区町はわずか2.0％であり、最も多いのが「中長期的な組織の方向性（戦略）」42.6％、続いて「組織の役割（ミッション）」15.5％となっており、行政組織としての市区町のあり方を対象としているものが多く見られた（図表Ⅱ-4）。

実施計画については、「短期的な事業の方向性（目的）」とする市区町が42.2％と最も多く、事業を対象とするものが多く見られた（図表Ⅱ-4）。また、「事業別の予算額」が含まれる実施計画は35.2％となっていた（図表Ⅱ-5）。

また、マニフェストと総合計画の関係を整理するようになってきている。マニフェストとは「事後検証可能な公約、「政権公約」」（早稲田大学マニフェスト

第2章 総合計画とは何か－総合計画を巡る経緯と現状－

図表Ⅱ-4 総合計画の内容（複数回答）

	基本構想		基本計画		実施計画	
(1) 地域の方向性（ビジョン）	430	57.1%	15	2.0%	0	0.0%
(2) 組織の方向性（ビジョン）	169	22.4%	75	10.0%	1	0.1%
(3) 組織の役割（ミッション）	67	8.9%	117	15.5%	5	0.7%
(4) 中期的な組織の方向性（戦略）	25	3.3%	321	42.6%	7	0.9%
(5) 短期的な部局・課の方向性（目標）	0	0.0%	47	6.2%	113	15.0%
(6) 短期的な事業の方向性（目的）	1	0.1%	56	7.4%	318	42.2%
(7) その他	-	-	-	-	-	-
未回答	-	-	-	-	-	-

図表Ⅱ-5 実施計画に含まれる財務情報（複数回答）

(1) 計画期間の財政フレーム	87	11.6%
(2) 政策単位の予算額	94	12.5%
(3) 事業別の予算額	265	35.2%
(4) 財務情報は含まれていない	1	0.1%
(5) その他	-	-
未回答	-	-

図表Ⅱ-6 総合計画とマニフェストの関係（単一回答）

(1) 計画期間が一致している	33	4.4%
(2) 計画期間は一致していないが関係は整理している	409	54.3%
(3) 特に意識していない	133	17.7%
(4) ローカル・マニュフェストがない	116	15.4%
(5) その他	54	7.2%
未回答	8	1.1%
合　計	753	100.0%

研究所）である。近年の首長選挙においては「マニフェスト」を掲げるトレンドとなっている。このマニフェストと総合計画との関係について、「計画期間が一致している」「計画期間は一致していないが関係は整理している」とした市区町は合わせて58.7％となっていた（**図表Ⅱ-6**）。

②計画期間

　基本構想の計画期間は「15年未満10年以上」とする市区町が76.1％と、最も多くなっていた（図表Ⅱ-7）。基本計画の計画期間は「8年未満4年以上」とする市区町が64.9％（図表Ⅱ-8）、実施計画の計画期間は「3年以上」とする市区町が80.9％（図表Ⅱ-9）、実施計画のローリングは「1年」のサイクル市区町が61.2％（図表Ⅱ-10）となっていた。

図表Ⅱ-7　基本構想の計画期間（単一回答）

(1) 15年以上	57	7.6％
(2) 15年未満10年以上	573	76.1％
(3) 10年未満5年以上	112	14.9％
(4) 5年未満1年以上	2	0.3％
(5) 策定していない	3	0.4％
未回答	6	0.8％
合　計	753	100.0％

図表Ⅱ-8　基本計画の計画期間（単一回答）

(1) 8年以上	230	30.5％
(2) 8年未満4年以上	489	64.9％
(3) 4年未満1年以上	11	1.5％
(4) 策定していない	16	2.1％
未回答	7	0.9％
合　計	753	100.0％

図表Ⅱ-9　実施計画の計画期間（単一回答）

(1) 3年以上	609	80.9％
(2) 2年	17	2.3％
(3) 1年	29	3.9％
(4) 策定していない	86	11.4％
未回答	12	1.6％
合　計	753	100.0％

図表Ⅱ-10　実施計画のローリング（単一回答）

(1) 3年以上	130	17.3%
(2) 2年	20	2.7%
(3) 1年	461	61.2%
(4) ローリングしていない	46	6.1%
未回答	96	12.7%
合計	753	100.0%

2-4-2　策定手続き

①計画策定のための体制

　総合計画を「部門横断的なプロジェクト・チーム」で策定する市区町は71.7％となっていた（**図表Ⅱ-11**）。「研究報告」にあった「集中」と「分散」のバランスをとった体制を作ることが浸透している。

図表Ⅱ-11　策定体制（複数回答）

(1) 部門横断的なプロジェクト・チーム	540	71.7%
(2) 企画、財政などの官房系の部課	129	17.1%
(3) 企画所管の部課	252	33.5%
(4) 企画担当の職員	379	50.3%
(6) その他	86	11.4%
未回答	6	0.8%

②議会との関係

　議会の総合計画への関わりについて、「議員が審議会の委員となっている」とする市区町が47.8％と最も多かった（**図表Ⅱ-12**）。また、「全員協議会で公式に意見を提示する」とする市区町も39.8％と次いで多くなっていた。
　また、議会が基本計画まで議決する市区町は18.5％となっていた（**図表Ⅱ-13**）。地方自治法で議決されることになっていたのは基本構想のみであり、「研

究報告」でも単に「了解を求める」とされていた。しかし、基本計画まで議決する市区町も一定数存在するようになっているのである。

図表Ⅱ-12　議会の関与（複数回答）

(1) 議会が修正案を提出している・過去に提出したことがある	18	2.4%
(2) 全員協議会で公式に意見を提示する	300	39.8%
(3) 特別委員会で審議する	186	24.7%
(4) 議員が審議会の委員となっている	360	47.8%
(5) 関わっていない	40	5.3%
(6) その他	121	16.1%
未回答	11	1.5%

図表Ⅱ-13　総合計画の議決（複数回答）

(1) 基本構想	733	97.3%
(2) 基本計画	139	18.5%
(3) 実施計画	24	3.2%
(4) 議決していない	10	1.3%
(5) その他	6	0.8%
未回答	3	0.4%

③住民参加

　住民が「審議会の委員」として関わっている市区町は90.3％、「アンケート調査」は85.9％、「パブリック・コメント」は73.7％、「行政が運営する会議」は58.0％、「住民が運営する会議」は18.1％となっていた（**図表Ⅱ-14**）。計画への理解や参加の意欲を持ってもらうために様々な取り組みが行われている。

　また、参加する住民の選定方法も工夫されるようになっている。選定方法によっては一部の団体の意見しか聴取できず、特定の団体の利益が優先されてしまう可能性がある。総合計画の策定に関わる住民について、現在では「公募で選んだ市民」とする市区町が65.6％と多数派になっていた（**図表Ⅱ-15**）。さらに、「無作為に抽出した市民」とする市区町も38.0％となっていた。このように、単に住民参加をするだけでなく、なるべく多くの、多様な住民が参加で

きるようにしていることがわかる。

図表Ⅱ-14　住民の関与（複数回答）

(1) 住民が運営する会議	136	18.1%
(2) 行政が運営する会議	437	58.0%
(3) 審議会の委員	680	90.3%
(4) アンケート調査	647	85.9%
(5) パブリック・コメント	555	73.7%
(6) 関わっていない	1	0.1%
(7) その他	163	21.6%
未回答	3	0.4%

図表Ⅱ-15　参加する住民（複数回答）

(1) 無作為に抽出した市民	286	38.0%
(2) 公募で選んだ市民	494	65.6%
(3) 町会など特定の地域の代表者	503	66.8%
(4) 商工会議所など特定の団体の代表者	632	83.9%
(5) 関わっていない	5	0.7%
(6) その他	162	21.5%
未回答	4	0.5%

2-4-3　実効性の確保

「研究報告」では、計画の実行性を確保するために、①計画を尊重し、これに基づいて行政を執行するという姿勢と体制を整備すること、②実績を明らかにし、具体的に再評価し、その効果測定を行い、必要に応じて改訂すること、が必要だとしていた。

日本生産性本部の調査は、地方自治法の改正の直前（約1ヶ月前）に実施されたため、「基本構想の策定義務付けが撤廃された場合、今後も総合計画を策定しますか」という設問が設けられている。この設問に対して、41.3％の市区町が「未定」と回答していた（**図表Ⅱ-16**）。

総合計画が尊重され、総合計画に基づいて行政を執行する姿勢と体制が整備されている市区町であれば、総合計画は不可欠なものとなっているだろう。そのような市区町であれば、策定義務の有無に関わらず「策定する」と回答するであろう。

　ここで、総合計画は「計画期間内は更新しない」とする市区町が50.9%と過半数になっていた（**図表Ⅱ-17**）。前述のとおり、基本構想は10年以上、基本計画は4年以上とする市区町がほとんどである。計画期間内は更新しないということは、一度策定したら基本構想は少なくとも10年、基本計画は少なくとも4年はそのままということである。

　現在は人口減少、低成長という過去の延長線上にはない不確実性の高い時代に突入しており、社会経済環境の変化が激しくなっている[9]。このような時代では、10年、4年が経過すれば、状況は変化し、記載されている情報は陳腐化していく。そのため、改訂されない総合計画では、現実と乖離する可能性が高い。その結果、次第に計画に対する信頼は失われ、総合計画の実効性が失われてしまうこととなる。

図表Ⅱ-16　策定義務撤廃に伴う総合計画の策定予定（単一回答）

(1) 策定する	436	57.9%
(2) 策定しない	5	0.7%
(3) 未定	311	41.3%
未回答	1	0.1%
合　計	753	100.0%

図表Ⅱ-17　計画期間内における総合計画の更新（複数回答）

(1) 冊子を更新している	135	17.9%
(2) 印刷物を更新している	96	12.7%
(3) 事務文書レベルで更新している	80	10.6%
(4) 計画期間内は更新しない	383	50.9%
(5) その他	140	18.6%
未回答	18	2.4%

2-5　市区町村を取り巻く環境の変化と総合計画

　以上、現行の総合計画の実態を確認した。その結果、性格と内容、計画期間といった総合計画の構成と内容など「研究報告」とはそれほど乖離していない部分や、体制、議会との関係、住民参加といった策定手続きなどより発展している部分、また、実効性の確保など課題に直面している部分があった。
　それでは、なぜ現行の総合計画はこのような姿になったのだろうか。「研究報告」がまとめられた 1966 年と現在では、市区町村を取り巻く環境が変化している。そこで、市区町村を取り巻く環境の変化に注目し、総合計画に与えた影響を考えてみたい。

2-5-1　構成と内容

　「研究報告」がまとめられた 1966 年当時には、マニフェストを掲げた首長選挙はほぼ皆無だったと考えられる。しかし、現在の首長選挙ではマニフェストを掲げるケースが一般化しつつある。
　マニフェストは、首長の任期という比較的長期で全ての分野を対象にできるという点では総合計画に類似した側面がある。そのため、総合計画とマニフェストの関係が整理される必要が出てきたと考えられる。

2-5-2　策定手続き

　「研究報告」が示された 1966 年に比べ、我が国ではいわゆる「新しい公共」を担う主体の活動が意識されるようになっていると考えられる。新しい公共と

は、「「官」だけでなく、市民の参加と選択のもとで、NPOや企業等が積極的に公共的な財、サービスの提案及び提供主体となり、医療、福祉、教育、子育て、まちづくり、学術、文化、環境、雇用、国際協力等の身近な分野において共助の精神で行う仕組み、体制、活動など」(内閣府 (2011)) のことである。2010年には「新しい公共円卓会議」によって「新しい公共」宣言が示され、現在では、各府省が公共の担い手を把握し、担い手ごとにその数や役割、支援等を検討している(内閣府 (2012年a))。内閣府の調査によれば、特定非営利活動法人(NPO)の認証数と認定数についても年々増加傾向にある(内閣府(2012年b))。

他方、市町村は新しい公共の担い手との協働を期待するようになってきていると考えられる。1966年当時とは異なり、我が国は既に人口減少・高齢化時代に突入し、この傾向が一層強まることは確実になっている[10]。第1章で指摘しているように、これは「構造的」な財政危機を引き起こし、市区町村はこれまでどおりのやり方で事業を実施することが困難になると考えられる。

この「新しい公共」への意識の高まりとその主体との協働の期待が策定手続きにおける住民参加の発展に影響していると考えられる。つまり、なるべく多くの、多様な住民が総合計画の策定に参加することで、総合計画への理解や参加の意欲が高まる。そうすることで、総合計画に基づいて市区町村と担い手が具体的に協働していくことを企図するようになっていると考えられる。

2-5-3 実効性の確保

「研究報告」が示された当時と比べると、市区町村のマネジメントやガバナンスには大きな変化が起きていると考えられる。「ニュー・パブリック・マネジメント」(NewPublicManagement:NPM)理論の導入である。ＮＰＭの核心は「民間企業における経営理念・手法、さらには成功事例などを可能な限り行政現場に導入することを通じて行政部門の効率化・活性化を図る」ことにある(大住 (2000))。具体的には、経営資源の使用に関する裁量を広げるかわりに業績／

成果による統制を行う（ManagementbyResults:MBR）ことである（大住（2000））。

1990年代の後半から、我が国の地方自治体では、成果による統制の実現をめざす取り組みが行われている。1996年に我が国ではじめて三重県が事務事業評価制度を導入した。事務事業評価や施策評価、政策評価なども含めた行政評価は、現在では多くの市区町村が導入するようになっている[11]。行政評価は、「政策、施策及び事務事業について、成果指標等を用いて有効性又は効率性を評価すること」（自治省（2000））とされており、この点でまさに成果による統制を企図したシステムであるといえる。

また、最近では、人事評価制度に「目標による管理」を導入している市区町村も少なくない[12]。目標による管理は、期首に個人あるいは組織の目標を設定し、期末にその達成度を評価するものである。評価結果は業績考課に反映され、市区町村によっては昇格・昇給や処遇に反映されることになる。この点で、目標による管理も成果による統制を企図したシステムであることがわかる。

このような、新たな行政システムの導入は、総合計画の実効性の確保に資するものとなっている。「研究報告」では、実効性の確保として、①計画を尊重し、これに基づいて行政を執行するという姿勢と体制を整備すること、②実績を明らかにし、具体的に再評価し、その効果測定を行い、必要に応じて改訂すること、を示していた。目標による管理は目標を組織に展開するものであり、計画に基づいて行政を執行する体制を整備するシステムである。また、行政評価は政策、施策及び事務事業の結果を評価するものであり、実績を明らかにし、具体的に再評価し、その効果測定を行うシステムである。

しかし、未だ実効性の確保は課題に直面していた。それではなぜ実効性の確保が未だ課題となっているのであろうか。その原因はシステムがトータルでデザインされていない点にあると考えられる。システムがトータルでデザインされていない場合、実績が明らかになり、具体的に再評価され、その効果測定が行われても、総合計画が改訂されなければ結局は評価結果が反映されない。つまり、通常、総合計画を実行するには予算が必要となり、予算は毎年度編成

される。また、市区町村は総合計画以外にも分野ごとにたくさんの個別計画を持っており、多くの市区町村では基本構想や基本計画の計画期間中でも個別計画を改定している。しかし、先ほど確認したとおり、過半数の市区町では総合計画が計画期間内に更新されていない。その結果、計画に基づいて行政を執行する体制が整備されていても、その計画は総合計画ではなく予算や個別計画になっている可能性がある。

2-6　新たな総合計画の策定と運用モデルの探求

　1966年に示された「研究報告」は、これまで、総合計画のあり方を支えてきたものであった。しかし、その後市区町村を取り巻く環境は変化し、マニフェストの登場や「新しい公共」への意識の高まりとその主体との協働への期待、新たなシステムの導入が総合計画に影響を与えていた。
　それでは、マニフェストが一般化した現在の市区町村において、総合計画とマニフェストとの関係をどのように整理すべきなのか。また、市区町村における協働が促進されていく状況において、どのような策定手続きが適当なのか。さらに、行政評価や目標による管理など新たなシステムが導入される市区町村において、どのように総合計画の実効性を確保したらよいのか。これらの疑問に対する答えは明確にはなっていない。これらの疑問は市区町村にほぼ共通するものであるため、その答えが明らかになれば"普通の"団体であっても、現在の環境に適応した総合計画を策定し運用できるようになるのではないだろうか。
　ここで、個別の市区町村に注目すると、これらの課題への対応以外にも、様々な挑戦が行われ、新たなモデルともいうべき取り組みも現れてきている。そこで、次章からは、市区町村の具体的な実践に注目し、その取り組みを解説する

第2章　総合計画とは何か―総合計画を巡る経緯と現状―

ことで、新たな総合計画の策定と運用のモデルを探っていくことにしたい。

［参考文献］

「新しい公共」円卓会議「「新しい公共」宣言」2010年
石田頼房「地方自治体の長期総合計画について」『都市問題』第63巻7号、1972年
石原俊彦『地方自治体のパブリック・ガバナンス』中央経済社、2010年
上山信一・伊関友伸『自治体再生戦略』日本評論社、2003年
遠藤文夫「計画の機能」『自治研究』第53巻9号、1977年
大住荘四郎『ニュー・パブリック・マネジメント』日本評論社、1999年
大住壮四朗「総合計画から戦略計画へ」『都市問題』第94巻第10号、2003年
大住壮四朗「自治体への戦略マネジメントモデルの適用SWOT分析を中心に」ESRIDiscussionPaperSeriesNo.157、内閣府経済社会総合研究所、2006年
金井利之「総合計画制度の展望―基本構想義務付け制度の廃止を受けて」『都市問題』2010年6月号、2010年
金井利之『実践自治体行政学』第一法規、2010年
斎藤達三「自治体における総合計画の策定の実態について（第1回）」『地方財務』第577号、2002年
（財）国土計画協会「市町村計画策定方法研究報告」1966年
斎藤達三「自治体における総合計画の策定の実態について（第2回・終）」『地方財務』第578号、2002年
自治省「地方公共団体に行政評価を円滑に導入するための進め方」2000年
佐藤亨「総合計画の現状と課題―実態調査から見えてきた総合計画の姿」『ガバナンス』ぎょうせい、2012年6月
佐藤亨「トータルシステムの構築へ」『ガバナンス』ぎょうせい、2013年3月
田中秀明『日本の財政』中公新書，2013年
財団法人地方自治協会『基本構想の課題と展望』1976年
内閣府「新しい公共支援事業の実施に関するガイドライン」2011年
内閣府「各行政分野における「新しい公共」の担い手の活動状況等について」2012年
内閣府「「新しい公共」に係る最近の状況等について」2012年
新川達郎「自治体計画行政の現状と課題」『都市問題』第94巻第10号、2003年
新川達郎「参加と計画の再構築」『都市問題研究』第55巻第4号、2003年

新川達郎「これからの行政と計画」『都市問題研究』第61巻第5号、2009年
西尾隆「行政のコミュニケーションを担う総合計画」『都市問題』第94巻第10号、2003年
新川達郎『公的ガバナンスの動態研究』ミネルヴァ書房、2011年
西尾勝『行政学の基礎概念』東京大学出版会、2007年
西尾勝・村松岐夫編『講座行政学　第4巻政策と管理』有斐閣、1995年
西寺雅也『自律自治体の形成』公人の友社、2008年
財団法人日本都市センター『自治体と総合計画』2002年
日本会計研究学会課題研究委員会「公共経営の変容と会計学の機能（中間報告）」2013年
（公財）日本生産性本部「地方自治体における総合計画ガイドライン」2012年
（公財）日本生産性本部「地方自治体における総合計画の実態に関するアンケート調査」調査結果報告書」2012年
財団法人日本都市センター『自治体と計画行政』2003年
松井望「総合計画制度の原型・変容・課題」『都市問題』第94巻第10号、2003年
松下圭一『自治体は変わるか』岩波新書、1999年
山本清『アカウンタビリティを考える』NTT出版、2013年

注

1　本章では、市区町村と市町村が混在しているが、これは特別区が2000年の地方自治法の改正から「基礎的な地方公共団体」として位置づけられたためである。
2　戦前においては、町是、村是のようなものを定めて行政運営が行われた例もあるが、総じて「今日我々が考えるような総合的な市町村計画は存しなかった」としている。
3　この他にも新川達郎氏は、「新町村建設計画」によって総合計画の「体系の整備がはじまった」としている（新川（1995））。（財）日本都市センターの調査研究も、市町村総合計画の起源を辿ると、「新町村建設計画」に「その萌芽をみることができる」としている（（財）日本都市センター（2002））。
4　西尾勝氏によれば、県勢振興計画は、「国民所得倍増計画と全国総合開発計画との府県版」ともいうべきもので、「府県の公共施設整備を中心にした「総合計画な行政計画」とでもいうべき性格」をもっていた（西尾（2007））。
5　調査の方法は以下のとおりである。村は対象となっていないが団体数が少ないため（184団体/1,750団体）、全体の傾向を見るデータとして使用している。

調査名：「地方自治体における総合計画の実態に関するアンケート調査」
調査対象：全国の都道府県 47 団体、市区 809 団体及び町 757 団体（総合計画担当責任者宛）（平成 23 年 2 月末日現在）
調査方法：郵送にて配布、郵便または電子メールにて回収
調査期間：平成 23 年 3 月 11 日（金）〜 31 日（木）
回収状況
有効回答数：781 団体（都道府県 28 団体、市区 472 団体、町 281 団体）
回収率：都道府県 59.6％、市区 58.3％、町 37.1％

6　総務省「地方自治法抜本改正についての考え方（平成 22 年）」（2011 年）では予算制度の課題が提示され、「地方公共団体の財務制度に関する研究会」では予算単年度主義の弊害を是正するための具体的な議論が行われている。また、国レベルでは、民主党政権時代に「予算編成のあり方に関する検討会」が設置され、「論点整理」（2009 年）において複数年度予算の考え方を示している。

7　行政委員会との関係については、「行政委員会の権限に属する分野の計画も市町村計画の一部門としてとりこむこととするのが適当」とされている。また、都道府県との関係については「上位計画である都道府県計画や広域の地域計画などとある程度の斉合性を持つことが要求される」としている。これらの事項は現行の総合計画では既に一般的になっていると考えられるため、ここでは特に取り上げないこととする。

8　国及び都道府県のとるべき措置については、「「良い計画には自然に資金が集まる」という空気を醸成してゆくことに努力を傾斜することが適当」、「市町村計画に基づく合理的な市町村経営を行いうるような制度を整備することも国又は都道府県の責務である」としている。本書は市区町村の視点から見た総合計画を主たる対象としているため、ここでは特に取り上げない。

9　たとえば、日本の総人口は戦後一貫して増加していたが、2010 年をピークに減少に転じている。生産年齢人口（15 〜 64 歳）も戦後一貫して増加していたが、1995 年をピークに減少に転じている（総務省統計局『平成 22 年国勢調査』）。国内総生産も、比較可能な昭和 55 年から平成 9 年度まではほぼ一貫して増加していたが、それ以降は減少と微増を繰り返している（内閣府『2009 年度国民経済計算（2000 年基準・93SNA）』）。

10　国立社会保障人口問題研究「日本の将来推計人口（平成 24 年 1 月推計）」によれば、我が国の人口は 2010 年に 1 億 2,806 万人でピークを迎え、平成 2048 年に 1 億人を割って 9,913 万人になると推計されている。他方、老年人口割合（65 歳以上）は、2010 年の 23.0％から一貫して上昇し、2035 年に 33.4％となり 3 人に 1 人を上回る。

11　2014 年 3 月の総務省の調査によれば、2013 年 10 月 1 日現在で 57.7％の市区町村が既に導入済となっている。
12　例えば、豊田市（愛知県）では「組織目標管理制度」として、各年度当初に部門ごとに重点目標を設定し、それを組織目標としてその進捗を管理している。

第３章　総合計画に基づく行政経営

―多治見市における総合計画の運営―

プロフィール

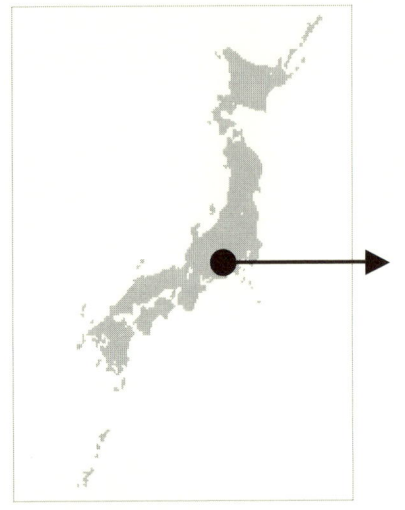

都道府県名	岐阜県
団体名	多治見市
人口	115,178人
職員数	708人
面積	91.24k㎡
人口密度	1,234人
産業構造	第1次：0.5% 第2次：31.4% 第3次：68.1%
標準財政規模	212億円
財政力指数	0.73

※平成24年度決算状況（カード）より

総合計画の特徴

・市民の政策選択を反映…首長任期との整合、市民参加の充実
・進行管理の徹底…各年度の取組みを記載した実行計画を作成し、進捗把握
・財政計画との連携…健全な財政に関する条例に基づく財政運営

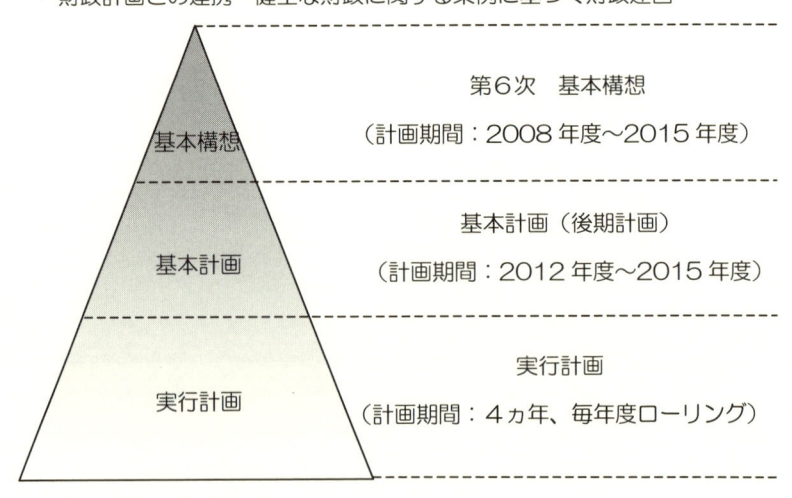

基本構想　第6次　基本構想
（計画期間：2008年度〜2015年度）

基本計画　基本計画（後期計画）
（計画期間：2012年度〜2015年度）

実行計画　実行計画
（計画期間：4ヵ年、毎年度ローリング）

まちの特徴

　多治見市は、標高94.96メートル、東経137度8分6秒、北緯35度19分46秒、岐阜県東濃地域の西部に位置し、市の中央部を土岐川が流れる盆地のまちです。

　岐阜市から東南東へ45キロメートル、名古屋市から北東へ36キロメートルに位置しています。

　多治見市は、1940年に誕生しました。古くから陶磁器やタイルなど美濃焼の産地として発展し、昭和40年代の丘陵部の宅地開発や平成18年の土岐郡笠原町との合併などにより、現在では人口11万7千人を超える東濃地方の中核都市となっています。

　愛知県とは、瀬戸市、犬山市、小牧市、春日井市に接しており、名古屋市のベッドタウンとしての側面も持っています。

　開山700年の虎渓山永保寺、設立80年の神言修道院、美濃陶芸の人間国宝を4人輩出するなど、長い歴史に裏打ちされた人を育てる文化を礎に、企業誘致や岐阜県No.1の教育環境、地域医療の充実など、「人が元気！まちが元気！多治見」を目標として、まちづくりを進めています。

　また、2007年8月16日に、40.9度（観測史上最高気温：当時）を記録したことなども踏まえ、「おもてなしも厚く」の心で観光にも積極的に取り組んでいます。

3-1　総合計画の変遷

　多治見市は、岐阜県東濃地域の西部に位置する地方都市である。岐阜県東濃地域の玄関口、交通の要衝であり、愛知県とは瀬戸市、春日井市、犬山市と隣接している。古くは陶磁器の生産地・産地卸のまちとして発展し、昭和40年代からは名古屋圏のベッドタウンとして発展してきた。2006年1月には土岐郡笠原町と合併し、人口11万7千人、面積91.24km²となり、2011年に市制70周年を迎えたところである。

　この地方の陶磁器産業は、日用品を主としており、かつては近隣産地で国内シェアの7割を占めていた時期もあったと言われている。現在、陶磁器は輸入品に圧迫され、産業としては低迷しているが、「陶磁器のまち」というアイデンティティとしての重要性に変わることはない。

　ベッドタウンとしては、名古屋市の北東36kmに位置し、JRで名古屋から35分程度という交通の利便性を背景に、郊外の丘陵部が造成され、住宅団地が形成されてきた。急激に人口を伸ばし、5万人程度であった人口が10万人を超えるようになったが、同世代の市民が同時期に転入してきたことから、少子高齢化に伴う中長期的な課題を象徴的に抱えている。

　ベッドタウンとして発展してきたこと、陶磁器産業の保護も背景として、企業誘致に積極的でなかった経緯もあり、多治見市の歳入構造は個人市民税に大きく依存しているという問題も抱えている。このため、現市長は、企業誘致を政策の中心に据えて、積極的に展開しており、成果を挙げつつある。

　ところで、夏は極めて暑く、2007年8月に40.9℃を記録し、埼玉県熊谷市と並んで最高気温（当時）を記録した。このため、最近では"暑いまち"として知られつつあるが、猛暑日が多い一方で夜間は気温が下がるため、熱帯夜

になることは少ない。

多治見市は典型的な地方都市であり、市行政（市役所）も、どこにでもあるような行政（役所）である。地方都市の行政が改革を進めるとき、その取組みは財政悪化からのリカバリ過程であることが多いが、多治見市においても同様である。多治見市では、『行政「の」改革』として短期間に多くの改革を進めてきたが、その端緒は1996年の財政緊急事態宣言であり、その要諦は総合計画に基づく行政運営である。

本章では、まず、多治見市における総合計画の転換点となった第5次総合計画の策定前後における状況や課題認識について紹介する。引き続き、総合計画の実行を支える仕組みについて説明し、最後に財務規範としての多治見市健全な財政に関する条例について説明する。

なお、多治見市における取組みを踏まえてはいるが、本稿は、市行政や筆者の所属する部局の見解ではなく、あくまで筆者の私見であることをお断りしておく。

3-2　総合計画に基づく行政運営のはじまり

3-2-1　財政緊急事態宣言

多治見市では、平成に入って以降、バブル経済の崩壊による税収減、公共施設の建設や箱物の維持管理費等により財政状況が悪化していった。箱物中心の旧来の行政運営からくる財政悪化の典型と言える。

第1章を執筆されている西寺市長（当時）は、1995年の統一地方選挙で就任し、3期12年を務め、2007年に勇退されたが、その1期目から財政悪化への対処に取り組むこととなった。

西寺氏は、財政悪化への対処だけでなく、多治見市が『行政「の」改革』と呼称する多くの取組みを実現し、市行政のあり様を大きく変えている。

　当時の財政状況は、1996年度決算において経常収支比率が89.8%であり、県下14市（当時）で最悪の状態となっていた。昨今は、全国的に経常収支比率が高く、90%台も珍しくはない。しかし、当時、一般的に健全とされるのは70%台（80%未満）であり、90%に近づくのは、極めて危機的である。そこで、1997年度の予算編成にあたり、財政当局から市長に対して財政の窮状につき進言がなされ、市長がこれに応じて1996年10月に財政緊急事態を宣言した。

　財政緊急事態宣言下では、経常収支比率を70%台とすることを目標に様々な取組みを進めてきた。

　この中で取り組まれた事項のうち、補助金の見直しや、使用料・手数料等の見直し、歳入金収納比率の向上などは、現在でも取組みとして、引き継がれている。

　また、フローベースの改善だけでなく、ストックベースの改善にも努めた。特に、公債費の縮減については、単にフローベースでの縮減を求めれば（目先の予算編成を優先すれば）、負担の先送りとなる。1997年度決算では、実質公債費比率が18%を超え、公債費負担適正化計画を策定しているが、これは中長期的な財政の健全性に努めるため、ストックベースの改善を優先した結果であり、意図的なものである。

　これらの実施事項は、現時点から評価すると、一般的な取組みが並んでおり、特に厳しい事項という程ではない。しかし、それまで行財政改革に真摯に取り組んでこなかった自治体としては、庁内の調整や意思決定、利害関係者への説明等は、大変な労力を要したものである。

　これらの取組みの結果、2000年度決算において経常収支比率が78.3%となったことを踏まえ、2001年に財政緊急事態宣言を解除した。この後は、財政の健全性を維持し、再び悪化することのないよう財政改革指針を策定し、計画的な財政運営を進めることとなった。

この財政緊急事態宣言と、その下で実施された取組みは、後に述べる健全な財政に関する条例の設計にも引き継がれている。

第5次総合計画は、このような状況下で、これらの行財政改革の取組みの中で構築されてきた進行管理の経験を踏まえて策定された。

3-2-2 従来の総合計画の問題点

多治見市における総合計画に基づく行政運営は、第5次総合計画から始まっている。多治見市では、第5次総合計画の策定にあたり、従来の総合計画の問題点を整理しているが、ここでは大きく3点に分けて説明したい。

①計画の策定自体が自己目的化している

1点目は、従来、基本構想が法定計画であったことも背景として、計画の策定自体が自己目的化していることである。策定してしまえば終わりであり、実行を念頭において作成されていない。「夢を描く」という言葉に象徴されるように、実現性を考慮していない"夢"と要望に過ぎない"wish list"が並ぶ。理念を謳い、曖昧な見込みや事業が並ぶ計画は、多大な労力を費やして策定され、綺麗に製本された計画書は、使われることのない「積んどく計画」となる。

※第5次総合計画は、A5判の極めて簡素な冊子である。

②計画と予算が整合していない

2点目は、計画と予算が整合していないことである。このことは、表層的には計数管理の問題として多方面に現れる。各事業の予算化の状況を把握できず、進捗管理の手法に不足する。また、決算の状況を把握できないことから成果の総括も不可能である。また、そもそも実行を念頭においていない計画は事業費を積み上げていないか、極めて曖昧に計上してあるに過ぎず、財政計画との整合など望むべくもない。

しかし、計画と予算とが不整合であることから来る問題の本質は、計数管理ではない。総合計画を予算編成のなかに反映させていくプロセスがないことである。端的に言えば、政策形成のプロセスがなく、予算編成のプロセスにおいて時々の都合で事務事業が決まっていく行政運営である。分かり易い例を挙げれば、実施すべき事業に対して有利な補助を探すのではなく、有利な補助メニューを受けて該当する事業が提案される。整備すべきインフラのために必要な用地を取得することに留まらず、好条件の土地があれば取得し、その後に利用方法の検討を始める。無計画な行政運営が財政悪化を招く所以であり、バブル期とその後において多くの自治体が財政悪化に陥った経路である。

③進捗管理のシステムがない

3点目は、進捗管理のシステムがないことから、計画期間中の進捗、経年経過が見えず、先送りや停滞が常態化することである。このため、着実な実行はおぼつかない。

3-2-3　第5次総合計画の特徴

これらの課題認識を踏まえ、多治見市では、第5次総合計画の策定にあたって、実行可能な総合計画を目指した。その特徴は、次のとおりである。

①首長任期と計画期間との整合

1点目は、首長任期と計画期間との整合である。第5次総合計画は、旧自治省の通達を背景として、基本構想は10年、基本計画は前期5年、後期（展望）5年として策定された。しかし、首長の任期は4年であり、計画期間と首長の任期は整合しない。選挙を経て就任した首長は、当然に自らの政策（公約）を行政運営に反映させようとする。自らの政策より、前政権の策定した総合計画を優先し、これに従うことを潔しとする首長はいないし、また、それが民主

第3章　総合計画に基づく行政経営－多治見市における総合計画の運営－

主義に照らして正しいあり様とも言えない。結果、首長の政策と総合計画は乖離し、総合計画は使われなくなる。

　このため、第5次総合計画では、首長任期と併せて見直しを行うこととされた。

　具体的には、首長選挙を踏まえて見直し作業を行い、後期計画を1年前倒しで開始するものである。

　この前期の最後の1年を上書きする（後期計画を1年前倒しする）仕組みが分かりにくいこともあり、第6次総合計画では、基本構想の期間を8年間とし、基本計画については前期4年・後期4年としている。なお、第6次総合計画は、首長任期4年のうち、計画策定に2年を要すると実行に2年しか残らないことから、1年で策定することとされたため、2008年度から第6次総合計画が開始している。

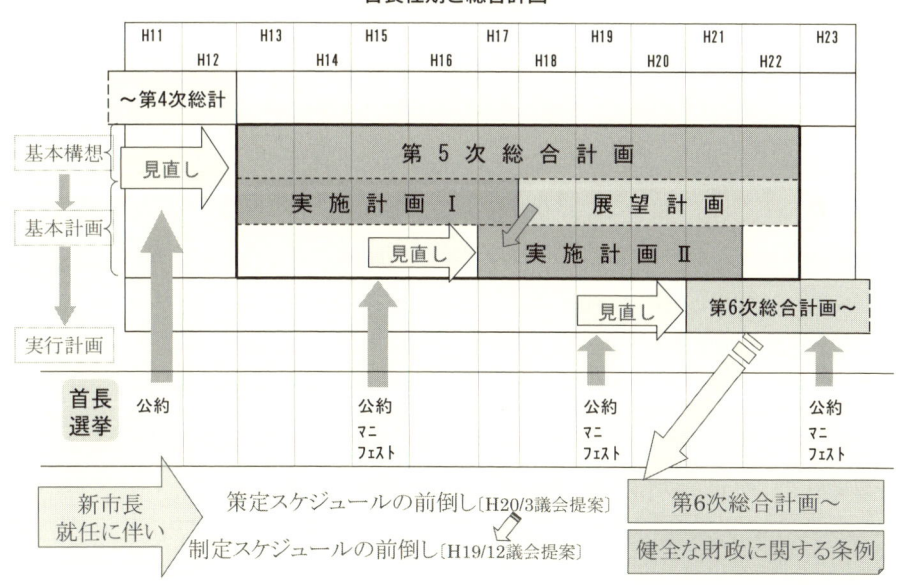

首長任期と総合計画

	H11	H12	H13	H14	H15	H16	H17	H18	H19	H20	H21	H22	H23
基本構想	〜第4次総計	見直し	第5次総合計画								第6次総合計画〜	
基本計画			実施計画Ⅰ			見直し	展望計画					
							実施計画Ⅱ			見直し		
実行計画													
首長選挙		公約		公約マニフェスト		公約マニフェスト		公約マニフェスト	

新市長就任に伴い
策定スケジュールの前倒し〔H20/3議会提案〕
制定スケジュールの前倒し〔H19/12議会提案〕

第6次総合計画〜
健全な財政に関する条例

77

②計画期間内の事業を明確化

　2点目の特徴として、着実に実行していくことを念頭におき、曖昧さを排除し、計画期間内の事業を明確化している。具体的な事業は、政策の柱ごとに整理され、基本計画に記載される。

　政策の柱は、行政組織や予算科目ではなく、まちづくりの視点から区分されている。組織や予算から政策を区分していけば、管理はやり易いが、政策の目的や課題認識との関係を意識すること、事業を政策のパッケージとして有機的に捉える観点からすると、望ましくない。このため、政策課題の組織への配分、政策と予算との連携は、ある程度、力技になる部分もある。

③実行計画の策定

　3点目の特徴として、基本計画に掲げられた個々の事業ごとに、実行計画を策定し「事業の進め方を明らかに」している。

　進捗管理の側面から見ると、実行計画は、事業の完了年度を示すことを目的としているものではなく、各年度の取組み内容を規定することを目的としている。単に、完了年度を示すだけでは、各年度の進捗管理はできない。最終年度になって、「前年度までに準備ができていない」、「間に合わない」という言い訳が噴出することとなる。このため、計画期間中の各年度において、その事業の実行につき、どのような段取りで進めていくのかを定め、進捗管理をすることとしている。

　財政計画との関連から見ると、実行計画は、各事業の事業費と財源内訳を、年度ごとに明らかにしていることから、財政計画との整合を図るとともに、予算編成プロセスにつなげることができることとなっている。

3-3　総合計画の運用と周辺制度

3-3-1　政策形成ヒアリング

　第5次総合計画の体制下では、概ね5月頃に「政策形成ヒアリング」を実施していた。第6次総合計画の前期では、このヒアリングを概算要求のヒアリングに含めていたが、後期では、再度、別のヒアリングとする方向もある。
　総合計画の実行計画では、事業費と財源の内訳を把握していることから、翌年度の総合計画事業の事業費合計の見込みを立てることができる。
　ところで、多治見市の総合計画は、全ての事務事業を網羅しているものではない。政策的に判断の余地がある事業のみを規定している。このため、法定の事務事業は、総合計画に位置付けられないことが多い（勿論、これも必ずということではなく、政策的位置付けをどのように与えるかによる。）。このため、実行計画に掲げられた事業費を単純に集計するだけでは、翌年度の歳出合計が見込めるものではない。一方、財政当局が翌年度の歳入の推計を行うとともに、経常的事務事業について歳出の見込みを各課に照会し、把握を行うことから、概ね、翌年度の予算編成に向けて、全体像（財源不足額）が把握できる。
　「政策形成ヒアリング」は、企画部局（総合計画担当）から全部課に対するヒアリングであるが、財政部局もヒアリング側で参加する。このヒアリングを通して、事業の予算化や事業費の粗々の調整について、見込みを立てることとなる。多治見市では、予算編成にあたり、枠配分を採用しているが、各部の枠は、政策形成ヒアリングを経て、企画部局と財政部局との協議により案が作成され、設定される。
　ところで、枠配分であるため、予算編成については基本的に各部局の裁量

となるが、フリーハンドになる訳ではなく、総合計画との整合性の確認や事業費の精査は実施される。

また、政策形成ヒアリングは、単に予算編成のスタートラインという側面だけではなく、幅広い政策形成という側面がある。

政策形成ヒアリングでは、総合計画の事業について、前年度までの取組み状況を把握するとともに、当年度の状況、翌年度以降の予定等を確認し、議論、検討していく。

また、総合計画以外の観点からの議論も行う。政策形成ヒアリングは、企画部局（総合計画担当）が主となるが、他に企画部局では、行政改革の担当者、また、人事部局、財政部局等も参加しており、行政改革の進捗についても確認するとともに、翌年度の人員配置の必要性なども議論される。

このように政策形成ヒアリングから始まり、予算編成へと繋がっていく基礎となる資料が実行計画である。このため、（法改正によるものなどは別として）総合計画に位置付けのない事業が予算編成の過程で、何の議論もなく現れることはない。事業の実施にあたっては、先ず、総合計画に事業を掲げることが前提となる。

総合計画に掲げた事業は着実に実行され、総合計画に書かれていない事業は予算化されない。このことを予算編成プロセスとの連携において実現しているものである。

このような運営を続けてきたことにより、多治見市においては、市議会においても、市行政内部においても、総合計画が行政運営・政策の基礎として認識されているものである。

3-3-2 評価のあり方

多治見市では、政策評価や事務事業評価を別個の制度としては実施していない。総合計画が政策を示すものであり、政策や事業の評価は、総合計画の運

用において行われる。

　多治見市では、総合計画の進行管理において、毎年度、前年度の進捗状況等の記載や翌年度以降の事業内容の精査のため、実行計画シートの時点修正が行われる。この実績の把握は、市民委員会に報告され、時点修正後の実行計画は、全てが公表される。

　第6次総合計画では、特に実績の把握について、評価用のシートを用いて整理をしているが、これらの実績の把握は、事務事業評価というイベントではなく、進行管理の一環として実施される。

　政策、事務事業の本格的な評価は、次期総合計画の策定（見直し）作業における現計画の評価として実施される。また、現職首長のマニフェストの評価、さらには、首長選を通しての市民の選択として具体化されるものである。

　総合計画の策定にあたっては、主権者たる市民の政策選択を十分に反映するため、マニフェストを踏まえつつ、市民参加を充実し、議会での議論と議決を踏まえて策定する。計画期間内においては、その着実な実行に努め、計画の見直しにおいて評価を行う。総合計画そのものによる政策のPDCAサイクルを採用しているものである。

3-3-3　部課別課題一覧表

　多治見市では、計画的な行政運営として、総合計画や行政改革大綱に基づく行政運営を進めてきた。しかし、どのような取組みも、これを担っているのは行政機構であり、職員である。このため、職員機構が環境認識と課題認識を共有して取り組む必要がある。ここで課題と組織の結節点となっているのが、各部課の施策体系及び懸案事項一覧〔部課別課題一覧表〕である。

　当然ではあるが、総合計画や行政改革大綱などの全庁横断的な計画は、政策別、視点別に編成されている。また、どちらも、担当課や関連課を明確にし、進行管理を行うこととしている。これらの行政全体を横断的に捉えている計画

において掲げられた課題を、組織別（縦割り）に整理したものが部課別課題一覧表である。部課別課題一覧表には、総合計画や行政改革大綱に掲げられた事項のみでなく、議会における一般質問や、市長ヒアリングにおける提案事項、その他の課題などが掲げられる。

この部課別課題一覧表は、各種の課題の進行管理の基礎的ツールとなるとともに、各部課が自組織の課題を確認するツールともなる。

3-3-4　目標による管理制度

多治見市では、目標による管理制度を導入し、これに基づく勤務評定制度を実施している。部課別課題一覧表は、この運用の基礎となる。

目標による管理制度においては、部課別課題一覧表から部及び課の組織目標を起こすこととなる。組織目標は、各部課において５つの目標を掲げ、目標ごとに難易度とウェイトを付す。各部課において設定された組織目標は、市長、副市長、教育長、部長級の職員（会計管理者、消防長を含む。）から構成される会議において内容の確認と全体を通してのレベル合わせが行われる。

この調整を経て組織目標が確定すると、組織目標をベースとして各職員が個人目標を設定することとなる。個人目標においては、３つの課題と"通常の担当業務の遂行／通常の組織運営等"の計４つの目標を掲げ、組織目標と同様に目標ごとに難易度とウェイトを付す。なお、管理職（部課長）については、組織目標が個人目標とされる。

また、部の組織目標については、市の広報において、その概要が掲載される。他の自治体で「部のマニフェスト」として実施されることと概ね同じことであるが、部長は、市民から直接の信託を受けた者ではなく、また、部の組織目標を提案して、その職に就くものでもないことから、これを「部のマニフェスト」と呼ぶことは適切ではないであろう。

個人目標の設定にあたっては、所属長と職員が面接を行う。また、評価は、

9月と2月の2回あるが、この評価の際も所属長と職員とで面接を行うため、年3回面接を行うこととなる。

　勤務評定の結果は、勤勉手当の成績率に反映される。また、昇任試験において、筆記試験などと合わせて選考基準とされているほか、成績降格の基準資料ともされている。

　ところで、目標による管理制度、勤務評定の運用において誤解され易いことであるが、目標による管理制度における「目標」と、勤務評定における「目標」は、その意義が異なる。目標による管理制度は、市の政策を統べる総合計画等に掲げられた目標を実現していくため、部課別課題一覧表を結節点とし、組織目標として政策課題を各部課に委ねていくもので、「政策のマネジメント」から「組織のマネジメント」に繋げるものである。対して、勤務評定における目標の意義は、「チャレンジ主義（加点主義）」を採用していることにも現れているように、目標を持って業務に取り組む姿勢を促すことであり、「人のマネジメント」を行うものでもある。

　このため、市全体の目標から各部課の組織目標、個人目標へと役割・分担が委ねられていき、勤務評定に基づく処遇への反映がこれを下支えしているものではあるが、各職員が自らの発意や課題認識に基づいて個人目標を掲げることも排除されるものではない。

3-3-5　ローカルマニフェストとの調整

　先に述べたように第5次総合計画は、首長任期との整合を図っているが、2000年度以前に策定されており、ローカルマニフェストの動きが広がる以前に策定されている。しかし、選挙による政策選択を公約や施政方針と呼ぶかローカルマニフェストと呼ぶか、また、その実現性や具体性の違いはあるものの、首長の政策を行政に繋げていく意味では方向性を同じくしている。そこで、2003年の統一地方選挙における市長の再選を経て、第5次総合計画の見直し

（後期計画の策定）にあたり、ローカルマニフェストと総合計画との関係を再度整理している。

　選挙による政策選択を行政運営に反映させる点でマニフェストには大きな意義がある。このため、ローカルマニフェストの広がりを受け、総合計画の不要論も出てくる。しかし、マニフェストには限界もある。

　マニフェストが有権者に提案されることで、選挙は属人的な人気投票ではなく、有権者による政策選択として機能することとなる。そのうえで、選挙による有権者からの政策選択を経て、マニフェストは、立候補者の政策提案から首長の機関意思へと権威付けされることとなる。しかしながら、マニフェストによる政策選択は、相互に関連する2つの点で限界がある。

　1点目は、複数の立候補者から提案された政策集を、その総体として相互に比較したうえ選択するものであり、個々の政策が選択されたものではない、という限界であり、

　2点目は、マニフェストは機関意思であり団体意思ではない、という限界である。

　選挙を経たマニフェストは、明らかに機関意思となり、首長部局を拘束する。マニフェストは政治家のものであり、行政を拘束しないという考え方は誤りである。

　しかし、法の規定による権限配分の視点のみならず、本来、法人たる団体の意思をもって決定すべき事項とは何かという観点に鑑みたとき、団体意思とは言えない。

　首長が単独で意思決定できるもの（機関意思で十分とされるもの）は、本来、長期的、不可逆的な影響を持つべきではない。例えば、インフラ整備による財政負担のような事項は、団体の意思として決定する必要がある。

　そこで、先に掲げた限界に対し、次の解決策が必要となる。

　先ず、1点目については、マニフェストに掲げられた個々の政策について、有権者の参加を得て、再度、議論し、市民の選択を受ける必要がある（市民参

加の必要性)。

　また、2点目については、二元代表制に基づく市民の代表機構としての議会の議決により、団体意思として決定していくプロセスが必要となる(議会議決の必要性)。

　マニフェストを素案とし、市民参加により十分な合意形成を図りながら立案し、議会の議決を経て、市全体の計画として総合計画が策定される、というプロセスとして整理しているものである。

3-3-6　市政基本条例における総合計画の位置付け

　多治見市では、1996年の財政緊急事態宣言以降の『行政「の」改革』を踏まえ、市政の水準を確保し、継続的な改善につなげていくため、多治見市市政基本条例(いわゆる自治基本条例)を制定している。

　市政基本条例の制定に向けた取組みは、2002年度に庁内において職員私案の検討を行ったことが始まりであり、制定までに5年を要している。

　長期にわたる市民参加を経て立案され、議会においては、2度の継続審議と審議未了廃案、その後の再提案を経て、2006年9月に多治見市市政基本条例が可決成立し、2007年1月に施行された。

　なお、『成長する』「まちの憲法」として制定された市政基本条例は、既に4個所の改正が行われている。最初の2つの一部改正は、2007年12月に行われた。1つは健全な財政に関する条例の制定のための根拠規定の追加(首長提案)であり、もう1つは総合計画の基本計画(事務事業)を議決事件とする旨の議員提案による改正である。

　さらに、2009年12月には、懸案事項であったオンブズマン制度の整備にあたり、その根拠規定につき、若干の趣旨の拡大のため、一部改正を行っている。また、2010年3月には、議会基本条例の制定に伴い、その根拠規定の追加(議員提案)が行われたところである。

市政基本条例は、不断の拡充を旨とする規定を持って制定され、確かに「成長」しつつある。

　多治見市市政基本条例は、「市政の基本的な原則と制度やその運用の指針や市民と市の役割を定めることにより、多治見市の市民自治の確立を図ることを目的とし」ている。このため、市政の枠組みを定めるものとして各種の制度を規定している。

　その一つとして、総合計画を位置付けているものである。

　市政基本条例では、まちづくりの主体を市民としたうえで、まちづくりの一部を信託するために、地域政府たる多治見市を設置するとしている。このため、市民は主権者として市の政策を定める権利があり、政策の利益は市民が享受するとしている。この市に信託されたまちづくりの一部、すなわち、市の政策を定めるものが総合計画である。

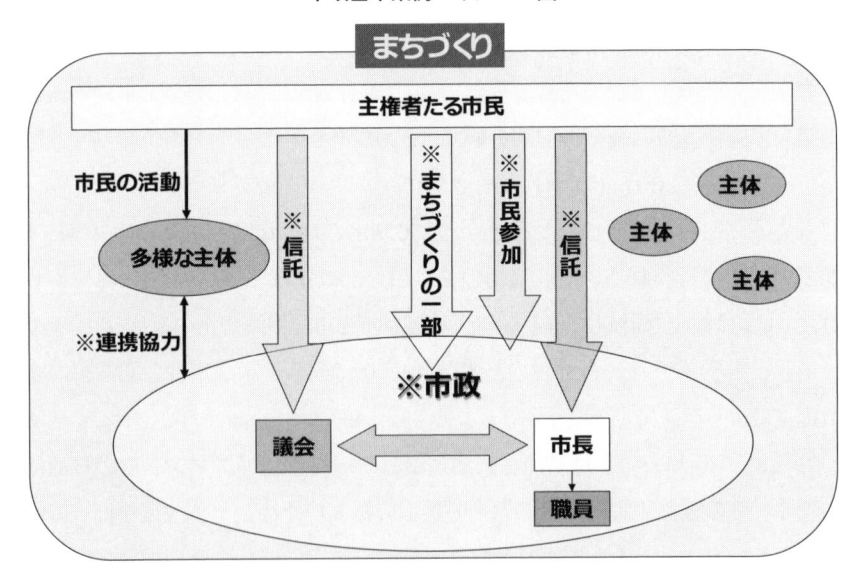

市政基本条例　イメージ図

この理解が多治見市における総合計画の大きな特徴と言える。

　他団体においては、市民や事業者も事業の実施主体（プレイヤー）に含め、区域内に存在する全ての主体によって"まちづくり"を進めていく計画として、総合計画を位置付けている場合がある。

　これに対し、多治見市では、主権者である市民が地域政府である多治見市に実施を委ねた（求めた）"まちづくり"の一部を定めたものが総合計画であるとしている。このため、市民（NPOなど）や事業者は、総合計画のプレイヤーではなく、支援や連携という位置付けとなる。

　多治見市の総合計画は、市行政が実施する事務事業のみ（市民セクターへの支援や連携協力を含む。）を定めており、また、着実な実行を念頭においていることから、一見して行政のアクションプランと映る。これは、市行政が市民と乖離し、行政のみで"まちづくり"を行っているものではなく、市の政策を民主主義によって統制し、市民の政府であろうとすることが理由である。

　市政基本条例における総合計画に関する具体的な規定は、概ね、次のようになっている。

　先ず、総合計画は、市の政策を定める最上位の計画であるとして、各政策分野における個別計画は総合計画と調整を図ることとしている。総合計画は市の政策を定める規範であり、市政に対して拘束力を持つ。このため、市の政策は、すべて総合計画に基づくとしている。このことには、2つの意味があり、1つは総合計画に掲げた事業は着実に実施するというということであり、もう1つは総合計画に掲げられていない事業は実施しないということである。

　その時々の状況によって事業を実施してきたことが、過去の財政悪化を招いている。事業は、都合で定まるものではなく、必要で定まるべきものである。このため、総合計画に掲げられていない事業は、予算化しないというルールを定めているものである。

　また、総合計画は、計画期間を定めて策定され、市長の任期ごとに見直されることとしている。これは、総合計画とマニフェストとの関係として整理さ

れている。総合計画の構成としては、目指すべき将来像を定める基本構想、これを実現するための事業を定める基本計画と事業の進め方を明らかにする実行計画の3層構造により策定されるものとしている。

ここで、基本構想については、将来像を定めることのほか、環境認識を共有する意義もあり、後で述べる健全な財政に関する条例の規定により、財政状況の見込みを明らかにすることとしている。

また、総合計画に基づく事業を明確化するために、基本計画に事業を明記することとしており、事業の加除訂正には、基本計画の修正が必要となっている。また、事業を着実に進めていくためには、事業の終了年度のみを管理するのではなく、各年度の取組みを把握し、進捗管理を行う必要がある。このため、実行計画において、各年度の実施内容を明らかにすることとしている。また、各年度について、事業費と財源内訳を明らかにしており、これにより、各年度における財政状況の見込みを把握し、財政計画との連携を図ることができるようにしている。

また、議会の議決については、基本構想と基本計画について議会の議決を経ることとされている。

なお、総合計画の議決要件については、2006年9月の制定時においては、基本構想のみについて、議決事件とされていたところである。これは、2005年9月に提案した自治体基本条例〔原案〕において、基本計画を議決事件とするよう提案していたところであるが、議会側から多くの反対意見があり、条例〔原案〕は審議未了廃案となったものの、2006年1月の土岐郡笠原町との合併に伴う第5次総合計画基本構想の改定における議案について、基本計画を議決事件とするとの記載を削除のうえ、修正可決するとの経緯があったところである。

この後、2007年12月議会において、議員提案により、市政基本条例が一部改正され、基本計画を議決事件とすることとなっている。

なお、この2007年12月議会では、次に説明する健全な財政に関する条例

も制定されている。

3-4 総合計画と財政運営との連携

3-4-1 健全な財政に関する条例の着想

　多治見市では、第6次総合計画の策定に合わせ、2007年12月に多治見市健全な財政に関する条例を制定している。

　健全な財政に関する条例の策定に向けた取組みは、2006年の第5次行政改革大綱策定における職員提案募集から始まっている。

　健全な財政に関する条例は、その第3編が「地方公共団体の財政の健全化に関する法律」（以下「健全化法」という）に類似しており、また、制定、施行された時期が健全化法と近く、夕張ショックの直後であったこともあり、夕張市の破綻や健全化法との関係で紹介されることがある。しかし、健全な財政に関する条例は、独自の制定背景を持っており、夕張市の破綻や健全化法とは、何ら関係ない。

　総合計画は市民の信託を受けた市政の役割を示すものであり、総合計画に掲げた事業は着実に進めていく必要がある。このためには、総合計画は、財源に裏打ちされた実行可能なものとして策定されることが必要となる。ところで、先にも説明したように、多治見市では第5次総合計画から、計画期間と首長任期とを整合させ、選挙による政策選択を反映させる仕組みを構築している。

　選挙を踏まえた総合計画の見直しは、市民の政策選択を反映させる優れた仕組みである一方で、事業規模が発散するおそれがあることは、想像に難くない。分かり易いケースは、首長候補者が、いわゆる「ばら撒き」政策を掲げて当選した場合である。

　しかし、首長が政治的な圧力にさらされるのは、選挙のときだけではない。選挙を経て、当選、就任した首長は、日々、事業要望の圧力を受ける。どのよ

うな事務事業も全く価値のないものではなく、これらの事業要望に応えていけば、本来、自らがマニフェスト（公約）で掲げた事業に充てる財源を失ってしまう。このため、首長が「あれかこれか」の選択を進めていけるだけの基礎資料や制度を整備し、首長にその政策を実現していくための制度的仕掛けを提供していく必要がある。

　総合計画は、首長のマニフェストを基礎に策定されるものであり、その意味でも、総合計画の実現可能性を護ることは、首長の政策を支持していくことと同じである。

　総合計画の事業規模が発散すれば、財政を悪化させ、将来に負担を残す。このことは、将来時点における受益と負担のバランスを壊すだけではなく、将来における政策選択の余地を狭めることとなる。

　また、市政基本条例では、政策を定める権利は、主権者たる市民が有するとしている。このことが、現実に維持されていくためには、総合計画が十分な市民参加と議会議論を経て策定されるとともに、総合計画の市政に対する規範性が維持されている必要がある。

　総合計画に掲げた事業の実施が困難となれば、総合計画が画餅と化し、政策規範としての位置付けが失われることとなる。その結果、充分な合意形成過程を経て決定された政策選択でなく恣意による行政運営が行われることとなる。総合計画の実現可能性を護ることは、政策選択における民主主義を護ることでもある。

　健全な財政に関する条例は、財政状況の健全性を確保することにとどまらず、総合計画を財政面から規律することで、総合計画の実行可能性を担保するとともに、総合計画の政策規範としての位置付けを擁護するために取り組まれたものである。

3-4-2 健全な財政に関する条例の概要

　この条例は、全4編37条附則2項からなる。第1編・第2編では、これまでの多治見市行政の取組みを踏まえた財政運営に対する考え方や原則が規定されているが、本章では、総合計画との関係から第3編についてのみ紹介したい。
　※第1編では、総則として、目的、財政運営の指針、責務を定めている。
　※第2編では、財政運営の原則を定めており、財政情報の共有を定めた第1章、資産と負債（ストック）について定めた第2章、執行（フロー）について定めた第3章、2009年度の改正で追加されたリスク・マネジメントについて定めた第4章で構成されている。
　第3編では、計画的な財政運営を定めている。先に述べたように第3編は健全化法と一見して類似しているが、制定目的を異としており、指標、その算定時期、措置の仕組みなどが異なっている。
　簡単に俯瞰すると、第3編第1章では、情報共有のための財政判断指標、総合計画などの計画と中期財政計画との整合、予算・決算における財政状況の明示などを規定している。第2章では、財政状況の維持及び向上を定めており、第1節で財政向上目標の設定を、第2節で財政向上目標の達成のための財政向上指針の策定を規定している。第3章では、財政の健全性の確保を定めており、第1節で財政健全基準の設定を、第2節で財政健全基準への抵触が見込まれたときの財政正常化計画の策定を、第3節で現に財政健全基準に抵触したときの財政再建計画の策定を規定している。

3-4-3　財政健全化法との違い

　これらの制度を健全化法との比較を踏まえつつ、説明したい。

健全化法においては、決算において健全化判断比率の数値を算定し、実績に基づいた時々の財政状況を示すこととなっている。
　一方、健全な財政に関する条例は、総合計画における事業規模の発散を防ぎ、総合計画の実行可能性を担保することに課題認識がある。このため、財政判断指標の算定タイミングは、決算では時期を失することとなる。よって、健全な財政に関する条例における財政判断指標は、主に計画ベースで算定することに重点を置いている。
　具体的には、先ず、総合計画の基本構想に財政判断指標の予測値を記載することとしている。総合計画の策定又は見直しにおいて、基本構想に、実行計画の期間（4年間）内における各年度の財政判断指数の見込みを記載することとしているものである。
　このことは、総合計画が財政に責任を負うことを目的としている。
　さらに、基本構想への予測値の記載については、事業の加除訂正や事業費の精査などで補正する必要が発生する。このため、毎年度、中期財政計画（4年間）を策定し、その補正状況を明らかにすることとしている（第1章）。
　次に健全化へ向けた措置である。健全化法と健全な財政に関する条例は、どちらも2段階の措置を規定しているが、そのあり方が全く異なっている。
　健全化法では、健全化判断比率について、財政状況の悪化の程度に応じて早期健全化段階と財政再生段階の2段階の基準値を設定している。そのうえで、早期健全化段階では警鐘をならして健全化への取組みを促し、財政再生段階では規制により財政の破綻を回避していく仕組みとなっている。これに対し、健全な財政に関する条例では、財政の健全性の確保という観点からは、1段階の基準値しか設けていない（第3章第1節）。
　計画ベースで指標値を算定するという仕組みを取っていることから、時間軸に沿って、計画ベースでの悪化見込みに対する回避措置と、現実の悪化に対する是正措置との2段階に分けているものである。
　具体的には、中期財政計画における将来見込みが基準値に抵触したときは、

第3章　総合計画に基づく行政経営－多治見市における総合計画の運営－

財政判断指標 ← 基準値を定める
（議会に報告／市民に公表）

	① 財政健全基準を満たしている場合	② 中期財政計画が基準を満たさなくなった場合	③ 予算・決算が基準を満たさなくなった場合
	・財政向上目標 ・財政向上指針	・財政警戒事態宣言 ・財政正常化計画	・財政非常事態宣言 ・財政再建計画
市民参加	○	○	○
議会	報告	報告	議決
市民公表	○	○	○
	市長任期ごとに策定	宣言を解除する場合は、実施結果を議会に報告、市民に公表し、財政向上指針を策定	

※常に①、②、③いずれかの状態にある

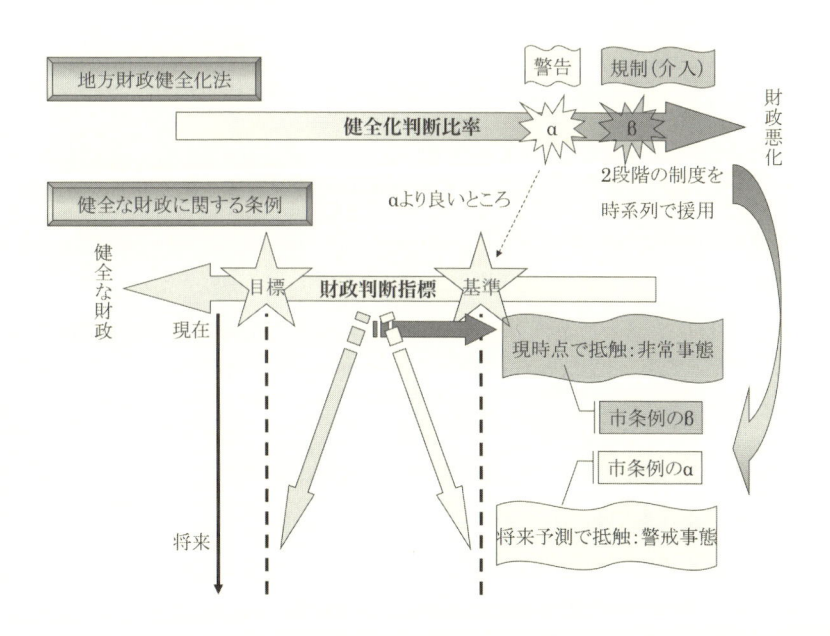

地方財政健全化法
　健全化判断比率　警告 α　規制（介入）β　→財政悪化
　2段階の制度を時系列で援用

健全な財政に関する条例
　健全な財政　←　目標　財政判断指標　基準
　現在　αより良いところ
　将来
　現時点で抵触：非常事態
　市条例のβ
　市条例のα
　将来予測で抵触：警戒事態

財政警戒事態を宣言したうえ、財政正常化計画を策定することとしており（第3章第2節）、予算・決算で基準値に抵触したときは、財政非常事態を宣言したうえ、財政再建計画を策定することとしている（第3章第3節）。

　健全な財政に関する条例では、計画ベースでの基準値への抵触が行動を起こす契機となるため、財政の健全性を確保するための取組みについては、事業計画の見直しによることが可能である。

　なお、これらの宣言は、1996年における財政緊急事態宣言の経験を活かしたものである。宣言自体には、財政的な意義はない。しかし、宣言することにより、行政に自覚を促すとともに、市民をはじめとした利害関係者との間に共通認識を醸成する意義がある。

　また、健全な財政に関する条例は、財政状況の健全性を確保することだけではなく、不断に改善に改善していくという目的も持っている。このため、財政判断指標について、さらなる改善に向けた目標値を設定（第2章第1節）し、これに向けた取組みも進めることとしている（第2章第2節）。

3-4-4　財政判断指標

　第3編においては、財政状況を示す指標を設けており、健全化法と同じく、この数値を市民、議会に示すこととしているが、指標についても、一部、独自のものを設定している。

　健全な財政に関する条例では、財政判断指標として4つの指標を設けているが、ストックベースでの健全性に着眼し、将来世代への責任にも目を向けたうえ、健全性の程度を把握するものとしている。4つの指標のうち、3つ（償還可能年数、経費硬直率、財政調整基金充足率）は独自に設定したものであり、1つは経常収支比率である。

　償還可能年数は、健全化法の将来負担比率に相当するものである。主な相違点としては、将来負担比率が負債を財政規模で除していることに対し、償還

可能年数は多治見市のストックベースでの健全性をより端的に示すものとするため、負債を償還可能財源で除している。

このため、償還可能年数は、"通常の行政サービスを提供しつつ、何年で償還できるか"を意味している。なお、負債を償還能力の観点から適切な水準とし、逓減に努めると規定しており、この指標の意義を明らかにしている。

経費硬直率は、経常収支比率の分子から公債費を除いた比率である。ところで、償還可能財源と経費硬直率の分子は、概ね対応関係にある。償還可能年数はストックベースの硬直性（過去に形成された公共施設から受ける受益に対応する負担としての公債費を含む。）を示し、経費硬直率は、フローベースでの行政サービスにかかる経費の硬直性を示すものと言える。

財政調整基金充足率については、経常経費充当一般財源に対する残高の割合であるが、災害復旧のための経費及び債務保証に対するリスク引当金を留保することとしており、これらを除いた可処分額で算定することとしている。

最後に経常収支比率であるが、経費の硬直性ではなく、資金の安定性を示すものと位置付けている。経費の硬直性については、ストックベースとフローベースで区分したうえ、償還可能年数と経費硬直率で把握しているため、公債費を分子に含む経費硬直率については、支払わなければならない経費の比率を見るものとしているものである。

なお、健全な財政に関する条例も既に2回の改正を経ているが、この際、指標の改正や追加をしており、現在では指標は5つとなっている。

5つめの指標（実態収支）は、財政調整基金との出し入れを全て考慮した実態としての単年度の収支を表すものとして設定しており、基準値の設定などは行わず、情報共有（公表）のみのものとしている。

財政判断指標の考え方と相互関係

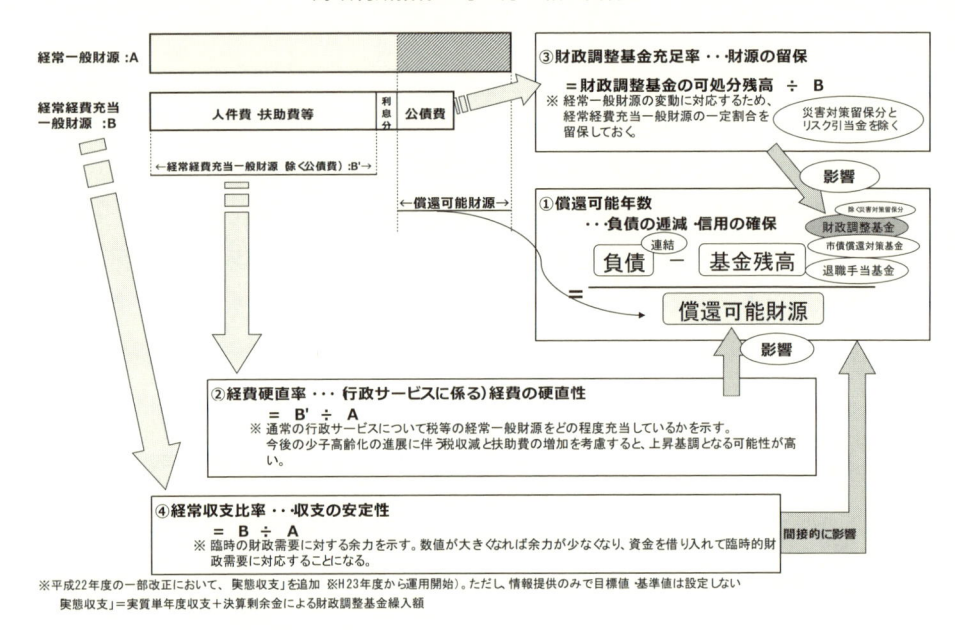

図中のテキスト：

- 経常一般財源：A
- 経常経費充当一般財源：B
- 人件費 扶助費等 ／ 利息分 ／ 公債費
- ←経常経費充当一般財源 除く公債費：B'→
- ←償還可能財源→

③ 財政調整基金充足率・・・財源の留保
　＝ 財政調整基金の可処分残高 ÷ B
　※ 経常一般財源の変動に対応するため、経常経費充当一般財源の一定割合を留保しておく。（災害対策留保分とリスク引当金を除く）

① 償還可能年数
　・・・負債の逓減・信用の確保
　負債 － 基金残高 ＝
　（連結）
　除く災害対策留保分　財政調整基金／市債償還対策基金／退職手当基金
　償還可能財源

② 経費硬直率・・・（行政サービスに係る）経費の硬直性
　＝ B' ÷ A
　※ 通常の行政サービスについて税等の経常一般財源をどの程度充当しているかを示す。今後の少子高齢化の進展に伴う税収減と扶助費の増加を考慮すると、上昇基調となる可能性が高い。

④ 経常収支比率・・・収支の安定性
　＝ B ÷ A
　※ 臨時の財政需要に対する余力を示す。数値が大きくなれば余力が少なくなり、資金を借り入れて臨時的財政需要に対応することになる。

影響／影響／間接的に影響

※平成22年度の一部改正において、「実態収支」を追加　※H23年度から運用開始）。ただし、情報提供のみで目標値・基準値は設定しない
　実態収支＝実質単年度収支＋決算剰余金による財政調整基金繰入額

3-4-5　健全な財政に関する条例のねらい

　財政状況の健全性を維持するためには、数値規制を行うことを考えるのが一般的であろう。しかし、健全な財政に関する条例では、意図的に数値規制等の規制を行っていない。これは、首長の予算編成権という法制度上の壁を問題としたものではない。

　健全な財政に関する条例では、徹底した情報共有を進め、説明責任を課すことで、財政民主主義を機能させ、これのみをもって、財政の健全性を維持することとしている。

　健全な財政に関する条例では、どのような政策分野に注力するかという政策選択を阻害しないことは当然だが、政策選択の結果として必要であれば財政

の悪化さえ許容している。財政健全基準は、確保すべき財政の健全性として定めるが、これに抵触する予算編成を否定してはいない。

　総合計画や中期財政計画の策定、予算編成に当たって、財政状況の見込みを示し、その見込みが政策の必要性や政策選択の合理性との対比において許容できるか否かを、議会、延いては市民が判断する仕組みとしているものである。

3-5　民主主義に拘る姿勢

　市政基本条例、総合計画、健全な財政に関する条例は、全て、民主主義を基本的な精神とし、その実現を究極的な目的としている。

　市政基本条例は市政の枠組みを定め、総合計画は政策の規範を定め、健全な財政に関する条例は財政の規範を定める。

　この民主主義に拘る姿勢が、多治見市における総合計画の最大の特徴であるとも言える。

コラム

　多治見市の進めてきた『行政「の」改革』は、その多くが制度化され、条例や計画で担保されている。多治見市行政は、極めてシステマティックな行政であるとも言える。これらの制度化は、取組みが継続していくよう、また、後退することがないように進められたものであるが、その反面、弊害もあるように感じている。

　「制度」は、設けた途端、実に容易く形骸化する。

　多治見市における『行政「の」改革』は、最初に到達点が描かれ、戦略的に構築されてきたものではない。日々の行政運営において課題を認識し、解決していくことで、結果として構築されてきたものである。先進自治体と言われることもあるが、これまで改革を積み上げてきたのは、現状に満足せず"挑戦し続け"てきた問題意識に原動力がある。

　後退することのないように設けられた制度は、問題意識がなくても"転がって"いく。しかし、正しく運用されるとは限らない。当初の問題意識が維持されなければ、何が正しい運用なのかの理解も覚束ない。反面、"転がって"さえいれば、正しく運用されているように見える。

　先進的と言われた自治体で改革が持続しなかった例は枚挙に暇がない。問題意識を引き継いでいくことは難しく、ありふれた地方都市において、改革が続くのか、構築された制度が維持されるのか、後退するのか、困難な時期を迎えていると考えている。

第4章　総合計画に基づく地域経営

―東海市における総合計画―

プロフィール

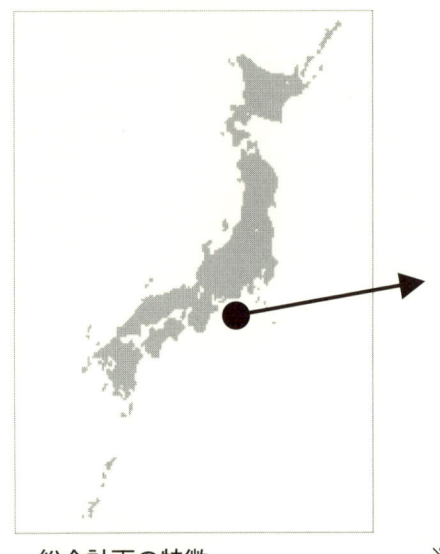

都道府県名	愛知県
団体名	東海市
人　口	111,256人
職員数	７９８人
面　積	43.36 k㎡
人口密度	2,484人/k㎡
産業構造	第１次：2.5% 第２次：39.4% 第３次：58.1.%
標準財政規模	268 億円
財政力指数	1.26

※2012度決算状況（カード）より

総合計画の特徴

・計画策定から運用に至るまで、積極的な市民参画を展開

・市民の意思である生活課題、まちづくり指標を尊重して構成

・生活課題の改善に向けて、市、市民、地域などの役割分担を設定

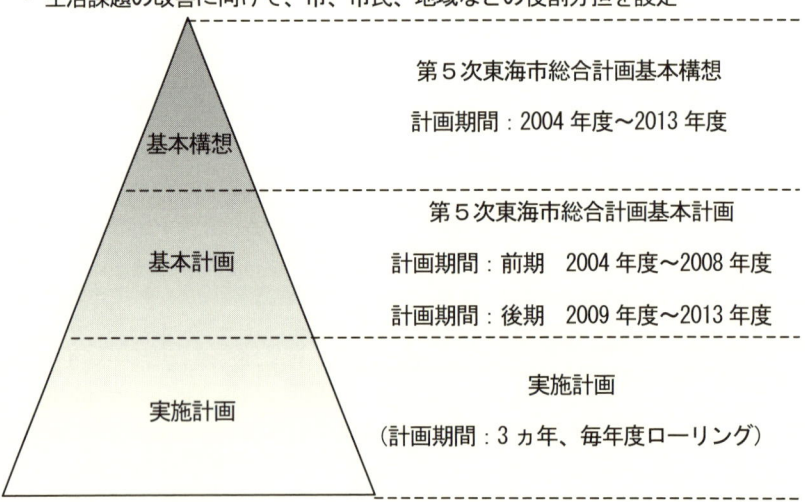

基本構想
第５次東海市総合計画基本構想
計画期間：2004年度〜2013年度

基本計画
第５次東海市総合計画基本計画
計画期間：前期　2004年度〜2008年度
計画期間：後期　2009年度〜2013年度

実施計画
実施計画
（計画期間：３ヵ年、毎年度ローリング）

まちの特徴

　東海市は、東経136度54分09秒 北緯35度01分23秒、知多半島の西北端に位置し、その範囲は東西8.06キロメートル、南北10.97キロメートル、面積43.45平方キロメートルになります。
　西は伊勢湾に面し、北は名古屋市、東は大府市、東浦町、南は知多市に接しており、名古屋市の中心地区まで約15キロメートルに位置しています。また、愛知県の主要な工業地域である名古屋南部臨海工業地帯の一角を形成しており、産業上の拠点都市としての役割を果たしています。
　1969年4月1日、上野・横須賀2町の合併により東海市が誕生し、新しいまちづくりが始まりました。以来、臨海部の工業従業者を中心とした全国各地からの急激な人口流入に対応するため、学校、保育園、公民館など地域施設の充実と共に、市民病院、文化センター、勤労センター、農業センター、商工センター、市民体育館などの整備を図ってきました。1997年には、高齢社会に対応するため、健康と福祉の活動拠点としてのしあわせ村をオープン。介護保険に対しては、東海市・大府市・知多市・東浦町の知多北部3市1町で広域連合を設立し、事業に取り組んでいます。さらに、下水道の整備を始め土地区画整理事業の推進など、10万都市にふさわしい都市機能も整いつつあり、現在は、市の表玄関としての太田川駅周辺整備の完成に向けて取り組んでいます。
　2004年度には、市民が一層安全で快適に暮らしていけるよう「元気あふれる 快適都市」をテーマに第5次総合計画を策定。市民、企業、団体など東海市に関わるすべての方々と共に、協働と共創の理念によって、それぞれが役割を担いながら、まちづくりを進めて、次世代につないでいます。

4-1　総合計画の変遷

　東海市は、知多半島の西北端に位置し、西は伊勢湾に面し、名古屋市の中心地区まで約 15 キロメートルに位置する都市で、愛知県の主要な工業地域である名古屋南部臨海工業地帯の一角を形成しており、産業上の拠点都市としての役割を果たしている。

　東海市は、1969 年 4 月 1 日に上野町と横須賀町という 2 つの町が合併して市政施行し、まちづくりをスタートさせた。特に市が誕生した直後は西側にある臨海部の企業立地が進展し、人口が急激に増加するとともに中部圏最大の鉄鋼基地となるなど工業都市として発展した。

　総合計画については、市政施行の 2 年後となる 1971 年に、「緑に囲まれた明るい東海市」をテーマにし、目標年次を 1980 年までとした総合計画を初めて策定し、それ以降、「心のふれあう生活と緑ゆたかなまちづくり（第 2 次）」、「活力・ぬくもり　そしてロマンあふれるまちづくり（第 3 次）」をテーマにまちづくりを進めてきた。第 2 次、第 3 次と総合計画を策定してきたが、臨海部に鉄鋼関連の大企業が集積したことによって、財政的に豊かな状況が長く続き、市民の様々な要望に対してもある程度こたえることができた。そのため、市民は市に対する期待を持つこととなり、市民が自主的・主体的に地域づくりを進めることや、市民が市とともに地域づくりに取り組んでいこうという動きはそれほど見られなかった。その結果、新旧住民の融和や、行政と住民との間にある距離をできる限り縮めていくことが、常に行政運営のテーマとして掲げられていた。

　第 4 次総合計画（1996 年～ 2005 年）では、「心ゆたかな快適都市をめざして」をテーマに、目標人口を 110,000 人と設定し、分野別計画には、「第 1 章　都

市基盤」から「第6章　市民参加・行財政」までの内容が網羅的に体系化されている。部門別計画（分野別計画）には、現状と課題、方針と施策、主要事業の名称及び事業期間等を文章中心で整理しており、「何を」、「いつまでに」、「どの程度まで」行うかということが不明確で、計画の達成度も評価しにくい計画であったと言える。

　しかしながら、経済不況の長期化、地方分権の進展をはじめ、2005年に第4次総合計画を策定した後の社会経済情勢が急速に変化していること、東海地震対策などの市民生活に直結して影響するような多くの重要な課題への対応が必要となっていること、ボランティア・NPO活動など、まちづくりに対する市民の参画意識が高まっていること、ライフスタイルの多様化など、時代にあったまちづくりが必要であることなどの背景から、計画を2年前倒しして、第5次総合計画を策定することになった。

　この第5次総合計画は、「元気あふれる　快適都市」をテーマに、市民との協働と共創の考え方を大切にした市民の手作りによる計画であり、また、まちづくり指標を設定したことで、「何を」、「いつまで」、「どの程度まで」実施するのかということを数値で示すことができるようになったため「狙い」が明確になり、まちづくりの達成度に対する評価を行いやすい計画となったことで地域とのコミュニケーションをとっていくうえで、欠かすことのできない道具となっている。

名　称		議決年月日	計画期間	計画のテーマ	策定理由等
東海市基本構想		昭和46年3月11日	昭和46年～55年 (10年間)	緑に囲まれた明るい東海市	昭和44年東海市発足後、市政運営の指針として策定 (第1次総合計画)
東海市総合計画	基本構想	昭和51年12月16日	昭和51年度～60年度 (10年間)	心のふれあう生活と緑ゆたかなまちづくり	昭和46年に策定した基本構想を社会情勢の変動に伴い見直し (第2次総合計画)
	基本計画	(策定) 同上	昭和51年度～55年度 (5年間)		
	基本計画	(策定) 昭和56年3月19日	昭和56年度～60年度 (5年間)		昭和51年策定の基本計画の期間満了に伴い、後半の基本計画として策定
第3次東海市総合計画	基本構想	昭和60年12月16日	昭和61年度～平成7年度 (10年間)	活力・ぬくもりそしてロマンあふれるまちづくり	前総合計画の期間満了に伴い、新たに策定
	基本計画	(策定) 同上	同　上		
第4次東海市総合計画	基本構想	平成7年12月14日	平成8年度～17年度 (10年間)	心ゆたかな快適都市をめざして	前総合計画の期間満了に伴い、新たに策定
	基本計画	(策定) 同上	同　上		
第5次東海市総合計画	基本構想	平成15年12月12日	平成16年度～25年度 (10年間)	元気あふれる快適都市	平成7年に策定した総合計画を社会経済情勢の変化とまちづくりへの市民参画意識の高まりに対応するため見直し
	基本計画	(策定) 同上	同　上		
	基本計画	(改訂) 平成20年11月21日	平成21年度～25年度 (5年間)		社会情勢の変化等に伴い、後期基本計画を見直し

4-2 市民参画によるまちづくりのはじまり

4-2-1 市民参画推進委員会の設置

　2001年5月に就任した鈴木淳雄市長は、「簡素・透明でスピーディーな市政」、「市民の視点に立ったまちづくり」、「東海市をふるさととして誇りを持ち、元気いっぱいの新しいまちづくり」の3点を公約に掲げていた。

　元市職員であった鈴木市長は、行政として施策を展開してきたことと、実際に市民が感じていることの間にはかなり乖離があることを自身の選挙戦で実感し、東海市出身の江戸時代の儒学者である細井平洲の「民の心に従う政（まつりごと）」という教えに学び、女性や若者などの意見をはじめ、市民のニーズ

細井平洲
儒学者・教育家
1728 ～ 1801
（享保13～享和元年）

たみ　　こころ　　　　　　　まつりごと
民 の 心 に 従 う 政

市民の視点に立ったまちづくりを推進するため

・市民参画を推進するための組織の設置
　－市民参画推進室の設置（H13年10月）
　－市民参画推進委員会の設置（H14年2月）

を行政施策に生かしていく方法を探るために、市役所内部に市民参画推進室を設置（2001年10月）した。このように、より市民に身近なところでの行政運営を展開するための拠点を整備するとともに、市民参画の制度の確立をめざして、条例制定等をはじめとし、以下の項目について取り組んでいいた。

1　自治の基本を定める条例及び市民参画の推進を図るための条例に関すること
2　地域まちづくりネットワーク事業に関すること
3　市民参画推進の情報システムの整備に関すること
4　男女共同参画の基本施策に関すること

　以上のように、市民参画推進室の設置により、新たな視点でのまちづくりが始まった。具体的には、地域での「協働と共創」をキーワードに、開かれた市政と現地・現場主義を大切にして、さまざまな形で市民参画推進システムの構築に努めるというもので、社会の成熟化や少子・高齢化が急速に進むなかで、個性豊かで活力に満ち溢れた地域社会を実現し、次世代に引き継いでいくためには、行政だけではなく、市民、企業など全てのまちづくりの主体が、その果たすべき責任と役割を分担し、共に手を携えて主体的にまちづくりに参画することで、東海市にとっての21世紀型のまちづくりのシステムを構築してこうとしたのである。

　市民の視点に立ったまちづくりを推進するうえで必要な事項を調査審議するため、2002年2月に公募委員25人、推薦委員25人（コミュニティ代表者、商工会議所、農協、社会福祉協議会など地域・職域の代表22人及び学識経験者3人）からなる「市民参画推進委員会」を組織し、2004年3月までの約2年間にわたり具体的な検討を進めていった。

　市民参画推進委員会には、幹事会（会長、各部会の正副部会長等の20人で構成）をはじめ、分野別の部会（第1部会：都市基盤、第2部会：保健・医療・福祉、第

3部会：生活環境、第4部会：教育・学習、第5部会：産業）と、役割別の部会（ひろめたい部会：まちづくり指標の普及活動、編集部会：ガイドブックの作成、パートナーシップ部会：まちづくりキックオフ大会、構成する委員会の検討）が設置された。市民参画推進委員会の活動実績及び具体的な活動内容については、以下のとおりである。

市民参画推進委員会

（平成14年2月設置～16年3月）

＜委員会の役割＞
「協働・共創によるまちづくり」のための道具づくり

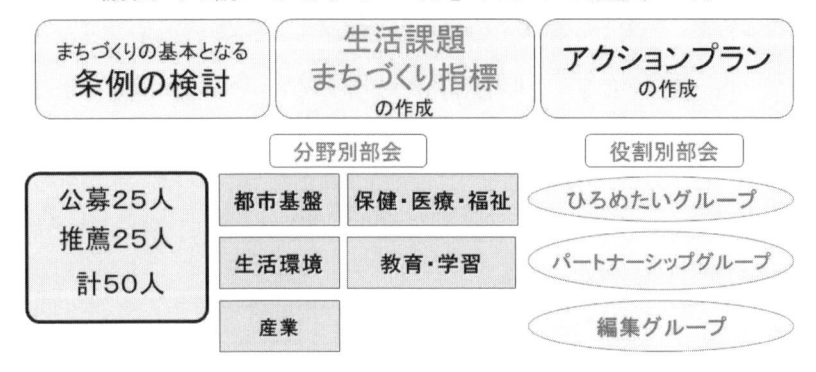

- まちづくりの基本となる **条例の検討**
- 生活課題 **まちづくり指標** の作成
- **アクションプラン** の作成

公募25人 / 推薦25人 / 計50人

分野別部会：都市基盤、保健・医療・福祉、生活環境、教育・学習、産業

役割別部会：ひろめたいグループ、パートナーシップグループ、編集グループ

【活動実績　2002年2月2日から2004年3月2日まで】
① 全体委員会　　　　　　　　　　　16回
② 幹　事　会　　　　　　　　　　　13回
③-1　第1部会（都市基盤）　　　　24回
③-2　第2部会（保健・医療・福祉）29回
③-3　第3部会（生活環境）　　　　31回
③-4　第4部会（教育・学習）　　　24回
③-5　第5部会（産業）　　　　　　27回
④-1　編集部会　　　　　　　　　　 6回

④－2　ひろめたい部会　　　　　　6回
④－3　パートナーシップ部会　　　10回　　　合　計　186回

【活動内容】
1　まちづくりの基本となる条例の検討
2　市民の「生活実感」や「理想とするまちの姿」を視点として設定した「生活課題」と、その「生活課題」に対する取り組みの達成状況を測るための「まちづくり指標」の作成
3　まちづくりの主体の活動の拠り所となるアクションプランの作成

4-2-2　まちづくり基本条例及び市民参画条例の制定

　上記1に関する事項について、東海市で「協働と共創のまちづくり」を法的に位置付けたという点が非常に意味のあることで、まちづくり基本条例のなかでは、自治運営の理念・目標を明確にし、市のめざすべき将来像を示すとともに、それを実現するためのまちづくりの基本などを定め、市民と行政が一体となって、総合的かつ計画的なまちづくりを進めるために、自治の担い手の役割と責務を定めている。また、市民の市政への参画を制度的に保障するために、「市民参画条例」もあわせて制定した。

4-2-3　生活課題、まちづくり指標の作成過程

　次に、上記2に関する事項について、市民参画推進委員会では、「こうしたら住みよいまちになる」、「住民の交流が進む」というように、市民自らが「生活課題」についてあらゆる視点から議論するとともに、まちづくりに関連する各種団体、小中学生、20代の若者などにも、グループインタビューを行うなど、積極的な活動を進めて、約100の生活課題を洗い出し、それを7つのグループに分類し、それぞれのグループを総括できるようなキーワード（「いきいき」「ふれあい」「共創」「安心」「活力」「魅力」「快適」）をつくり、3500人の市民を対

象にアンケート調査を実施した結果（回収数1615人、回収率46.14％）、5のキーワード（安心 快適 いきいき ふれあい 活力）と、それを実現していくための38項目の重点生活課題を決定した。

次に、市民参画推進委員会の各部会において、市の職員も参加するなか、

市民アンケート 3,500人を実施

5つのキーワードと38の生活課題を選定

安心 82.0%	快適 74.8%	いきいき 67.5%	ふれあい 46.7%	活力 44.9%
みんなが安全に、不安なく暮らしている 1. 大気汚染、ばいじん、汚臭がなく、空気がきれいである。				

生活課題の達成度が点検できるよう「まちづくり指標」を作成

生活課題が実現できている生活場面を想定 → 生活場面を数値で表現できる指標を考案 → 99の指標を選定

生活課題の達成度を多面的に把握できるよう工夫しています

38の生活課題

生活課題マトリクス（抜粋）

	安心 みんなが安全に、不安なく生活している	快適 さまざまなサービスが便利に使え、気持ちよく暮らせる環境が整っている	いきいき 一人ひとりが生きがいを持ち、充実した日々を送っている	ふれあい 世代・立場・地域などをこえた交流が活発で、人々が支え合っている	活力 農業・工業・商業が盛んで、まちに活気がある
生活環境	1. 大気汚染、ばいじん、汚臭がなく、空気がきれいである 2. 下水道が整備され、生活排水が適切に処理されており、川や海などの水がきれいである 3. 街灯などが整備されており、夜間も安心してまちを歩ける 4. 地震などの災害に備えて、救急病院や避難所、連絡網が確保されている	14. まちや公園にごみが落ちていない 15. ごみの減量化やリサイクルが進んでいる			

38の生活課題について達成されつつあるか否かを数値で点検できるような指標を設定していく作業を行った。具体的には、生活課題が実現しているような場面を複数描いたうえで、その場面を数値で表現できるような指標を複数考案するというような手順で行われた。多数の指標案が検討されたが、生活課題が達成されつつあるか否かをより的確に点検できるような指標を各生活課題について2つから3つに絞った結果、38の生活課題に対して99のまちづくり指標を設定することになった。まちづくり指標の選定にあたっては、アンケート調査などで取得する主観的な指標と、統計的な数値で取得する客観的な指標を組み合わせ、生活課題の改善に向けた達成度をさまざまな視点から把握できるような工夫をした。

　また、まちづくり指標については、5年後、10年後にどの程度までまちづくりが達成してほしいのかという一つの目安とするために、めざそう値を設定している。これは、5つの政策分野ごとに、委員会の委員及びその分野の活動に関わっている関係者・当事者（各分野20人、合計100人）に依頼し、5年後、10年後の目標としてどのような値が適切かという案を出してもらい、その中央値をめざそう値として設定している。

4-2-4　役割分担値の作成過程

　まちづくりを行政だけで進めていくようなことは考えられず、市民、地域、団体などと今まで以上に協力してまちづくりを進めていく必要性があったことから、市民参画推進委員会では、それぞれのまちづくりの主体が、役割と責任を自覚して、主体的にまちづくりを担っていくための目安として、まちづくり指標に「役割分担値」を設定することにした。

　「役割分担値」は、まちづくり指標の目標を達成するために、誰がどの程度の役割を果たしたらいいのか、また、それぞれの主体には、どのような役割があるのかを考えるための「ものさし」である。8つのまちづくりの主体（①個人・

家庭 ②NPO・市民団体 ③コミュニティ・町内会 ④企業・農協・商工会議所 ⑤学校 ⑥市 ⑦県・国 ⑧その他）に記された数値（パーセンテージ）の大小が特に重要ということではなく、まちづくりに関わる全ての主体に少なからずまちづくりに対する役割と責任があるということをそれぞれ考えてもらうための道具としての活用を期待されており、東海市において市民と行政の協働を効果的に進めるうえでの基礎となっている。

99のまちづくり指標

まちづくり指標（99指標・めざそう値・役割分担値）抜粋

【役割分担値の例】
生活課題1　大気汚染、ばいじん、汚臭がなく、空気がきれいである
まちづくり指標2　降下ばいじんの量
①個人・家庭（10％）
　・・・家庭でのごみの野焼きの自粛、裸地の庭からの砂の巻き上げ防止
②NPO・市民団体（12％）
　・・・ごみの焼却等野焼きの自粛の呼びかけ

③コミュニティ・町内]会（11%）
  ・・・ごみの焼却等野焼きの自粛の呼びかけ
④企業・農協・商工会議所（20%）
  ・・・施設の改善や対策を実施、農家や会員等への野焼きの自粛や事業所施設の改善の指導
⑤学校（11%）
  ・・・環境にやさしい生活習慣を身につける環境学習
⑥市（17%）
  ・・・降下ばいじん量の測定、ばい煙発生施設等を持つ企業への改善等の指導
⑦県・国（18%）
  ・・・降下ばいじん量の測定、ばい煙発生施設等を持つ企業への改善等の指導

4-2-5　市民の意思の反映

　市民参画推進委員会の活動と意思を尊重して、5のキーワード（安心　快適　いきいき　ふれあい　活力）については、まちづくりの理念として、38の生活課題については施策として、99のまちづくり指標については成果指標としてそのまま反映したうえで、市が市民サービスの向上などに必要と考えた14施策を加えた53の施策により総合計画を構成している。

【第5次総合計画の特徴】
①　市民が主体となり、市民の生活実感を反映した指標を設定
②　成果指標とめざそう値によってまちづくりの進み具合を数値で見える化
③　市民と行政が同じものさし（指標）で確認しあいながら、効果的な事業を展開

　さらに市民参画推進委員会では、2004年3月に市民をはじめまちづくりの

◆ 第5次東海市総合計画の「都市像」

◆ 都市像

テーマ 『元気あふれる 快適都市』

キャッチフレーズ 「共に創る 安心 快適 いきいき都市」
協働と共創の考えを大切にしたまちづくり

◆ 5つの理念（キーワード）

安心　快適　いきいき　ふれあい　活力

市民参画推進委員会が作ったものを総合計画へ

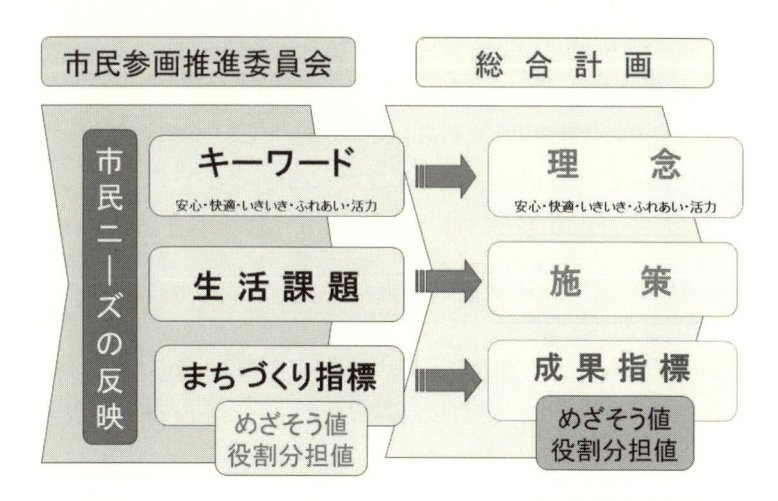

市民参画推進委員会		総合計画
キーワード 安心・快適・いきいき・ふれあい・活力	⇒	理念 安心・快適・いきいき・ふれあい・活力
生活課題	⇒	施策
まちづくり指標 めざそう値 役割分担値	⇒	成果指標 めざそう値 役割分担値

市民ニーズの反映

活動主体への呼び掛けとして、生活課題を改善させるために有効と考えられる活動プラン「まちづくりのためのアクションプラン」をとりまとめ、第5次総合計画を進めていくための道具をつくり、後継組織であるまちづくり市民委員会の活動へと架け橋を渡したのである。

以上のように先進的な市民参画での「協働・共創」と、市民ニーズの的確な把握、また、市民満足度の検証が可能な計画であることから、第5次総合計画は時代に求められる取り組みとして、市議会においても全会一致で可決されている。

4-3　第5次総合計画による市民と行政の活動サイクル

4-3-1　市民による進行管理

第5次総合計画においては、開かれた市政と市民参画の推進を市政運営の基本とし、計画期間中の施策の管理についても、定期的に市と市民の双方で達成状況を確認・検証していくなど、市民参画型の進行管理を行うことを明記しており、従来の総合計画以上に職員をはじめ広く市民、企業等のまちづくりの活動主体にとっても身近な羅針盤となるような計画書となっている。

具体的な総合計画の進行管理については、市民参画推進委員会の発展的な組織としてまちづくり市民委員会（2004年6月に発足し、企画政策課が事務局を担う。公募委員38人、推薦委員12人で構成していたが、後に公募委員のみで構成するとともに定数をなくした。委員活動は無償であり、活動の対価は支給されない。）を設置した。まちづくり市民委員会の主な役割については、行政の政策等の評価や提案、市民活動の推進方策の検討を担っている。まちづくり指標によって明確になっためざすまちを実現するために、市民と行政の双方で生活課題（行政

第4章　総合計画に基づく地域経営－東海市における総合計画－

においては施策）の評価を行い、協働・共創のまちづくりに向けた連携を図りながらＰＤＣＡのサイクルを円滑に動かしている。

まちづくり市民委員会
（平成16年6月設置～）
＜委員会の役割＞
「協働・共創によるまちづくり」の推進

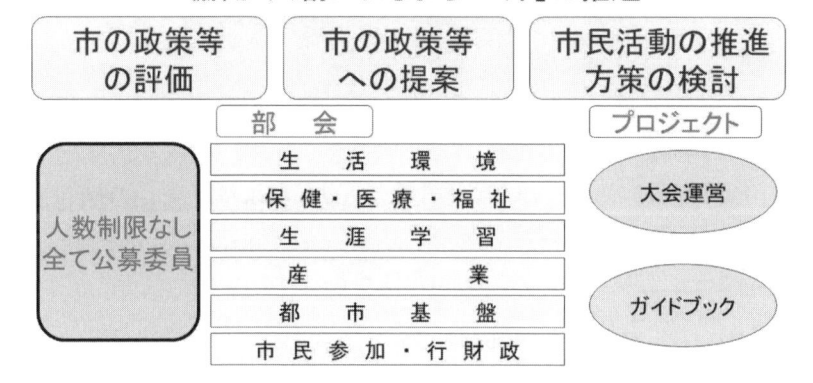

| 市の政策等の評価 | 市の政策等への提案 | 市民活動の推進方策の検討 |

部会
- 生活環境
- 保健・医療・福祉
- 生涯学習
- 産業
- 都市基盤
- 市民参加・行財政

人数制限なし 全て公募委員

プロジェクト
- 大会運営
- ガイドブック

4-3-2　まちづくり市民委員会の概要

　まちづくり市民委員会の設置目的等は以下のとおりである。（規約より主な事項を抜粋）
（目的）
　第3条　市民委員会は、市民と市との協働・共創によるまちづくりを進め、まちづくり指標を活用し、住みつづけたい東海市をめざすことを目的とする。
（事業）
第4条　市民委員会は、次に掲げる事業を行う。
(1)　まちづくりの進み具合を確認し、及び評価すること。

(2) まちづくりに関する提言及び提案を行うこと。
(3) 市民活動の推進に関する啓発を行うこと。
(4) その他協働と共創によるまちづくりの推進に必要な事項を調査等すること。

（委員）
第5条　委員は、市内に住所を有し、協働と共創のまちづくりに熱意を持つ18歳以上の者のうちから、市長が委嘱する。
2　委員は市が毎年公募し、その任期はそれぞれ公募した年の4月1日から始まる2年間とする。ただし、再任は妨げない。
3　委員活動は無償とし、活動に対する対価は支給しない。

　以上の規約に示されているような市民委員会の性格から、自主的な市民活動へと移行していく流れがあり、2006年度からは、市民自らが事務局を担う形式で運営された。（人件費及び事務局経費は市が負担）
　まちづくり市民委員会の各部会については、主に市内にある公共施設などで夜間の時間帯に会議を開催し、それぞれの会議には市民委員会事務局及び役員のほか、企画政策課の担当職員や、事業等を所管している担当課職員も各部会からの要請があれば会議に出席し、市民と行政の意見交換などを積極的に行ってきた。

【活動実績（2012年度）】
①総　会・・・　1回（4月開催）
②大　会・・・　3回（評価：7月、提案10月、確認：3月）
③役員会・・・14回（原則、毎月1回開催）
④幹事会・・・14回（原則、毎月1回で役員会前に開催）
⑤部　会・・・116回（随時）
⑥研修会・・・　4回（2012年6月〜9月）

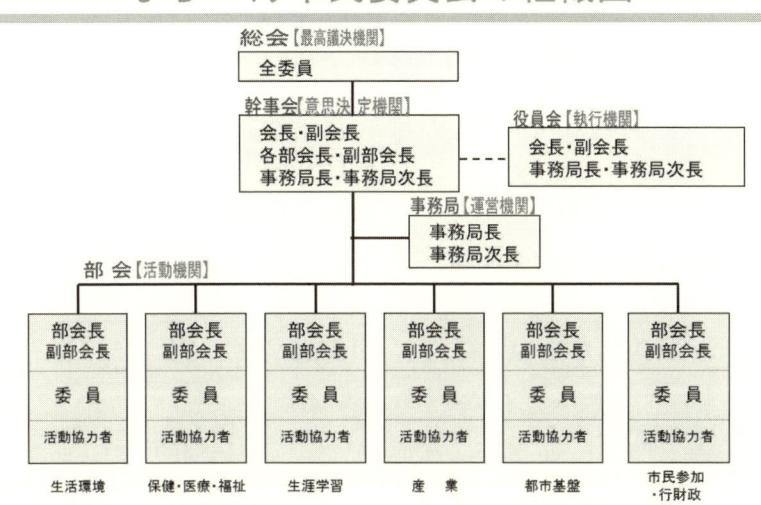

まちづくり市民委員会の組織図

```
                        総会【最高議決機関】
                           全委員
                              │
                      幹事会【意思決定機関】
                      会長・副会長              役員会【執行機関】
                      各部会長・副部会長  ─ ─ ─  会長・副会長
                      事務局長・事務局次長       事務局長・事務局次長
                              │
                       事務局【運営機関】
                          事務局長
                          事務局次長
                              │
   部会【活動機関】
  ┌─────┬─────┬─────┬─────┬─────┬─────┐
 部会長   部会長   部会長   部会長   部会長   部会長
 副部会長 副部会長 副部会長 副部会長 副部会長 副部会長
  委員    委員    委員    委員    委員    委員
 活動協力者 活動協力者 活動協力者 活動協力者 活動協力者 活動協力者
  生活環境 保健・医療・福祉 生涯学習 産業 都市基盤 市民参加・行財政
```

4-3-3　評価・提案・確認の「まちづくり大会」

　１年間を通した市民委員会と行政の活動のサイクルについては、最初の段階で、市民委員会と行政が生活課題（施策）の進み具合を確認するため、毎年度末に 16 歳以上の市民 3,500 人を対象とした意識調査（まちづくりアンケート）を実施することから始まる。

　なお、回収率については、ここ数年でみると 40％代後半から 50％代前半という高い値で推移しており、市民のまちづくりに対する関心の高さを伺うことができる。

　まちづくりの活動サイクルについては、意識調査により得られたまちづくり指標の推移をもとに、評価、提案、確認という流れで進められるが、それぞれのサイクルの節目には、市とまちづくり市民委員会が共催して「まちづくり大会」という場を設けて、市民に対してまちづくりの取り組みを発信し、興味・

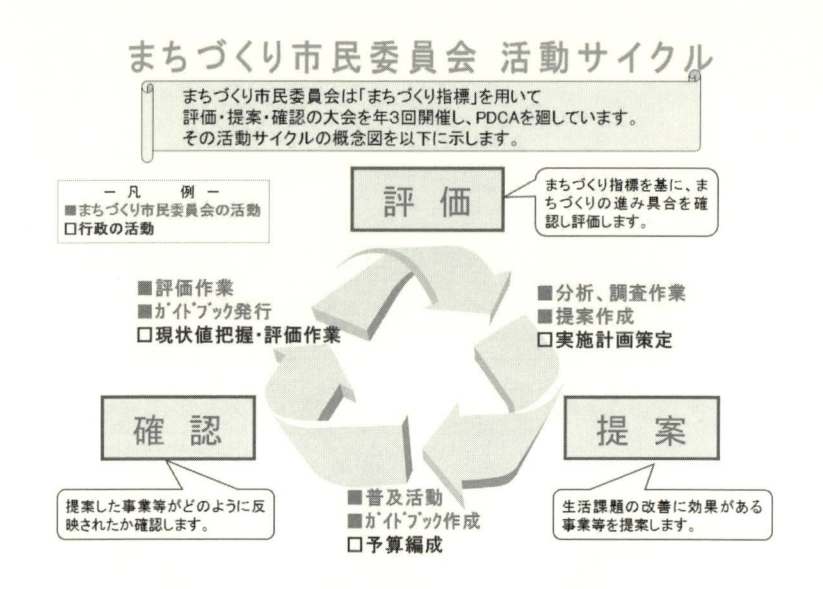

まちづくり市民委員会 活動サイクル

まちづくり市民委員会は「まちづくり指標」を用いて評価・提案・確認の大会を年3回開催し、PDCAを廻しています。その活動サイクルの概念図を以下に示します。

－凡例－
■まちづくり市民委員会の活動
□行政の活動

評価：まちづくり指標を基に、まちづくりの進み具合を確認し評価します。

■評価作業
■ガイドブック発行
□現状値把握・評価作業

■分析、調査作業
■提案作成
□実施計画策定

確認：提案した事業等がどのように反映されたか確認します。

■普及活動
■ガイドブック作成
□予算編成

提案：生活課題の改善に効果がある事業等を提案します。

関心を持ってもらえるような仕組みで年間スケジュールを進めている。

なお、まちづくり大会には、おおむね委員30～40人、市職員70～80人、市民等30～40人が出席している。

①評価の大会（毎年6～7月開催）

毎年6月～7月にまちづくり指標の推移等から生活課題（施策）の改善状況やまちづくりの進み具合を評価したり、その原因を分析したりした結果をまちづくり市民委員会が発表し、意見交換を行う場。

まちづくり大会（評価の大会）

○共催　東海市・東海市まちづくり市民委員会
○開催　7月頃

市民ニーズの把握 》 分析 》 評価書作成 》 大会発表

第4章　総合計画に基づく地域経営－東海市における総合計画－

②提案の大会（毎年9～10月開催）

　まちづくり市民委員会がまちづくり指標の推移等からまちづくりの進み具合を確認及び評価した結果を踏まえ、生活課題を改善するための事業等を、市民の視点から提案する場。

まちづくり大会（提案の大会）

〇共催　東海市・東海市まちづくり市民委員会
〇開催　10月頃

行政とのヒアリング ≫ 改善案検討 ≫ 提案書作成 ≫ 大会発表

③確認の大会（毎年3月開催）

　提案の大会でまちづくり市民委員会から提案された事務事業に対して、行政から予算への反映等、その対応状況の確認を行う場。

119

まちづくり大会（確認の大会）

〇共催　東海市・東海市まちづくり市民委員会
〇開催　3月頃

| 来年度のまちづくりに向けた検討 | ≫ | 確認書作成 | ≫ | 大会発表 |

　まちづくり市民委員会からの提案事業に関して、行政が回答をとりまとめていくうえでの考え方としては、生活課題の改善に向けて貢献性があるのか否か、貢献性がある場合については、税金を投入しても問題がないか否か、税金を投入しても問題がない場合については、予算等からみた実施可能性、他の事業との類似性等の視点から採用や不採用の判断を下して、確認の大会の場で回答している。
　以下、市民委員会の各部会から提案・提言のあった事業の中から、実施されたものをいくつか紹介したい。

【市民委員会から提案して実現した事業】

　都市基盤部会（2004年度）
　提案事業名　「歩行者のネットワークづくりに向けて」
　提案内容　　歩道の整備状況などが誰もが一目で把握できる「歩行者のネットワーク図」を市内全域で作成し、市民と行政が一体となった歩道の整備進める。
　行政の対応　歩行者のネットワーク化に向け、歩道現況図について市街

第4章　総合計画に基づく地域経営－東海市における総合計画－

化区域を中心に作成し、2006年度以降、ワークショップ方式で整備計画などをとりまとめ事業を展開していく。（ワークショップはコミュニティ、町内会などの区域を対象に実施）

産業部会（2010年度）
提案事業名　食に関するリスクコミュニケーションの場の提供
提案内容　食の安全東海市民フォーラムの実施
　　　　　年に1回から2回、食の安全についてテーマを決め、関係者間で情報共有と意見交換を実施する。
　　　　　関係者：一般消費者及び消費者団体、学識経験者、ＪＡ、食品関連生産者・事業者、行政等食の安全に関わる人達
　　　　　形　式：1回目　講演会あるいは他市町村の取組み事例＋パネル　ディスカッション＋質疑
　　　　　2回目　講義＋グループディスカッション＋グループ発表＋質疑　等々
行政の対応　1回目　食の安心・安全を啓発する講座の実施
　　　　　内閣府食品安全委員会から講師を招聘し、市民を対象とした講演会を実施する。
　　　　　2回目　食の安心・安全を啓発する体験型事業の実施
　　　　　市民を対象とした、野菜選び、みそ作り等の体験型講座を実施する。

4-3-4　活動サイクルの成果

　このサイクルを回すなかで、まちづくり大会の場はもとより、その前後の部会でも行政と市民委員会の間で意見交換が積極的に行われており、得られた最大の成果として、市民と行政がまちづくりについて建設的に議論できる場が形成されたことにある。

まちづくり市民委員会では、市民自らがより住み続けたいまちづくりを展開する指針として行政から委託を受けて「まちづくりガイドブック」を作成（2004年度以降毎年）している。目的としては、「まちづくり指標（現状値・めざそう値・役割分担値）」を使って、市民が市民の視点で選んだ38の生活課題の現状を分析し、そこから課題を洗い出して改善方向を示唆するためである。また、ガイドブックの役割としては、市民・NPO・コミュニティ・企業等の活動主体がそれぞれの立場でまちづくりを考え活動する際の一助となり、「まちづくり指標」を使ったまちづくり活動につなげることを期待している。

活動サイクル

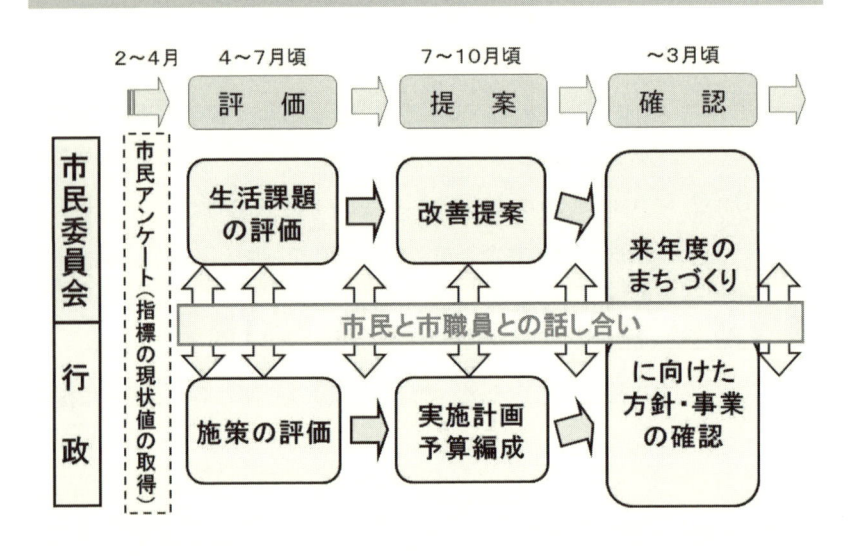

	2～4月	4～7月頃	7～10月頃	～3月頃
市民委員会	市民アンケート（指標の現状値の取得）	評価：生活課題の評価	提案：改善提案	確認：来年度のまちづくりに向けた方針・事業の確認
		⇅ 市民と市職員との話し合い ⇅		
行政		施策の評価	実施計画予算編成	

4-3-5　現実の変化

　第5次総合計画では、「市民との協働・共創」によるまちづくりを進めるために計画の骨格をなす施策について、市民ニーズの的確な反映と市民満足度の

向上に向け、市民の視点による生活課題を最大限に尊重して構築してきた。また、市民との協働、市民目線による施策の評価・提案・確認の仕組みなどにより、「生きた計画・使うための計画」として、諸施策の改善を図ることができた。

一方で、特に改善の進み具合が良くない施策や課題についても顕著になってきた。

まちづくりガイドブック

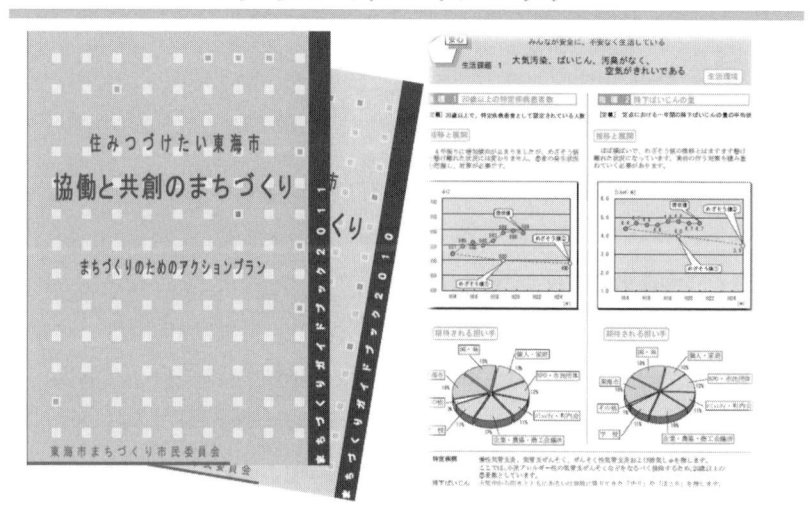

①まちづくり市民アンケート

毎年実施しているまちづくり市民アンケートの自由意見の分析結果（2008年度～2010年度）から抽出した主な課題として、「大気環境に関する改善」の他に「低炭素型地域づくりやエコライフ」、「自然災害等への対策の強化」、「高齢者の交通手段確保・いきがい創出」、「地域・コミュニティの再生・活性化」など第5次総合計画を策定した当初と比べると優先順位が低かった事項や近年特に市民意識の高まりが見える課題が全面に出てきた。

②重点施策

施策評価委員会（副市長、教育長、総務部長及び企画部長で構成）で、毎年度決定している重点施策については、重点的に進めていく必要のある施策及び改善が必要な施策のうち、行政の役割が高いものを中心に設定しているが、2008年度から2010年度までの推移からは、地域・コミュニティに係る多様な活動主体の連携・協力が必要な施策が中心になってきている。

【継続して設定されてきた重点施策】
 施策 7 市民の防災意識を高める
 施策 12 保健・医療・福祉が連携した総合的なサービスを推進する
 施策 22 安心して子育てできる環境をつくる
 施策 36 商工業を活性化する
 施策 49 世代を超えてさまざまな住民が交流する

③まちづくり市民委員会からの改善提案

まちづくり市民委員会からは、特に「生活課題33　世代を超えて、住民が交流している」に関する事業が2009年度以降、継続的に提案されている。また、生活環境、保健・医療・福祉及び生涯学習分野についても地域・コミュニティを中心とした地域力の向上につながる生活課題の改善提案が多く挙げられていることから、今後のまちづくりを進めるうえで、地域の再生・自立による地域力の充実・強化が欠かすことができない重要な視点となっている。

4-4　市民との協働のまちづくりの成果と課題

第5次総合計画の市民との協働と共創のまちづくりについて、成果と課題を行政と市民（まちづくり市民委員会）の視点からそれぞれ整理してみる。

4-4-1　行政の視点

（成果）
①市民との協働・共創によるまちづくりの推進
　まちづくり基本条例や協働ルールブックの策定をはじめ、鈴木市長の明確な方針のもとで行政経営のＰＤＣＡサイクルの各段階において、市民参加を組み込むなど「新しい協働・共創の仕組み」が体系的に整備されて、行政経営と市民参加の形が見えてきた。

②まちづくり市民委員会を核とした市民参加の拡大
　市民委員会の活動実績として、11年分の貴重なデータや経験が蓄積でき、そして生活課題の改善を目的に継続的に展開されたまちづくり大会（評価・提案・確認）などをとおして、市民参加を組み込んだＰＤＣＡサイクルの水準が高まり「市民協働型マネジメント・サイクル」にレベルアップしている。

③協働・共創の推進のための体制整備等
　市民委員会事務局の体制整備（事務局の設置と有給事務職員の配置など。）をはじめ、本格的な市民参加の先進事例を生み出すことができた。また、「まちづくり協働推進事業」の推進によっても協働・共創への取り組みに貢献した。

（課題）
①市の組織体制の底上げと職員の意識改革
　行政評価・行政経営の面では、生活課題改善のための既存事務・事業の改善、廃止、新設などについて、市全体の取り組みに課題が残っている。特に後期基本計策定の際に導入したロジックモデルの活用を踏まえた検証方法などが職員に定着していない。重要性は理解しているが多様な民間主体へのアプローチに

ついて、質・量ともに十分でないことから、民間主体によるまちづくりの自主的・自発的な広がりが加速していない。

　地域の課題解決の前提となる「問題意識」を市と地域が十分に共有できていないこともあって、地域の自主的・自発的な活動に必要な体制整備や人材確保が遅れており、また、生活課題の改善に必要な協働・共創をコーディネートする経験やスキルも不足している。

②コミュニティとの連携強化及び組織の刷新
　まちづくりの重要なパートナーであり、個性ある地域づくりの中核を担うコミュニティと市との連携が不足しており、また、コミュニティが新たな役割を担う組織体としての刷新が進んでいないことから、まちづくりの受け皿・担い手の広がりが見えない。

③行政評価・行政経営への市民参加の広がり
　多くの生活課題（まちづくり指標）が改善した一方で、市民、地域自主組織のコミュニティ（以下「コミュニティ」という。）、市民活動団体、企業などのまちづくりの主体（以下「民間主体」という。）の役割や関与が大きい生活課題の改善が進んでいない。「市民との協働・共創」の中心的な役割を担っているまちづくり市民委員会の活動内容などが市民、地域などに思うように広がっておらず、時代の変化もあって、数十名のボランティア市民だけでは、物理的にも機能的にも課題解決のための活動が難しくなっている。

4-4-2　市民（まちづくり市民委員会）の視点

（成果）
①協働・共創のまちづくりの推進による行政への刺激
　評価・提案・確認という活動サイクルの各段階で行われた行政との意見交

換等によってまちづくり市民委員会の意見が論理的に整理されたまちづくりに必要な提案として受け止められるようになるなど、委員会活動と行政との信頼関係の構築に努力してきた結果、行政に「市民参画の必要性」に対する認識と「市民への対応」への意識の改善に貢献することができた。

②まちづくりの担い手の広がり

　公募により参画した委員には、まちづくり市民委員会の活動を通じて培われたまちづくりの課題やPDCAサイクルによる評価、確認、改善などの取り組みに関する知識や経験を生かして、現在、コミュニティや市民団体で活躍するなど、少しずつではあるがまちづくりの担い手としてその輪が広がりつつある。

③生活課題関連指標に関するデータや経験の蓄積

　38の生活課題に設定されている99のまちづくり指標の分析・評価を毎年行い、継続的にまちづくり大会(評価・提案・確認)を実施したり、まちづくりガイドブックを作成したりしてきたことで、蓄積された貴重なデータ等は、今後の東海市のまちづくりに大きく寄与するものと考えられる。

(課題)
①まちづくり活動の輪

　市民の間にまちづくり市民委員会の活動を広げるという点については、まちづくり大会の参加者等の状況から勘案しても今一歩であったため、協働・共創のまちづくりに十分な力を発揮するまでには至らなかった。これは、今後の市民参加型のまちづくりに対する課題とも言える。

②行政への陳情や他の意見に対する傾聴不足

　まちづくり市民委員会に参加した人たちの動機として、「自分自身が興味の

ある分野、自分の住む地域に関することで実現可能な事業の提案をしたい」と考えた人たちや、まちづくり市民委員会の委員になることを契機に「行政にもの申したい」と言う人たちがいたことは否定できない。

　また、会議の際に、ファシリテーターとして議長(通常は会長や部会長、あるいは事務局がその役割を果たしていた)が、いろいろな立場の人たちから意見を引き出して、相互理解や合意形成を促進しようとしたが、「自分の興味ある事柄だけは何とかしたい」という熱意が強く出すぎて、他の委員の意見を否定する委員も存在した。公募で委員を募集する場合、まちづくり活動を進めていくうえで避けて通ることのできない一面である。

③**提案事業ありき**

　提案の大会での事業提案は、提案内容の中身を練っていく過程で、考え方を委員全員が情報共有し、合意形成していくことが重要と考えられていた。そのため、ロジックモデルによって提案事業の内容について理論的に整理して大会で発表することになっていたが、中には提案事業ありきで論理的に飛躍しているような提案事業も存在した。

④**自分の居住地区は良くしたい**

　少子高齢化や人口減少等の社会情勢について、東海市では他市町と状況が異なっているため、人口が増加し続け、住宅都市に変貌しつつある。そのため、コミュニティ活動の活性化を目指した事務事業を検討しようとしても、旧来からの町内会組織が強く地域に密着した人間関係が強い地区と、新たに開発された地区とではそれぞれの背景や抱えている課題も異なっており、提案事業の内容によっては、特定地区では効果が期待できそうだが、その他の地区においては、効果に限界がありそうな提案も見受けられていた。

⑤**委嘱期間**

生活課題の性質上、提案してから事業化するまでに短期間（単年度もしくは2～3年）で成果が出るものもあるが、なかには、都市基盤分野に属する生活課題のように成果がでるまでに、10年から20年という比較的長期間にわたるフォローアップが必要なものも存在した。

　まちづくり市民委員の委嘱期間については、1期2年が基本であることから、市民目線からの長期的な事業提案をするというよりも、どちらかといえば任期をにらんだ結果が早く出るような近視眼的な事業提案も存在した。

⑥有給事務局員のあり方

　まちづくり市民委員会を活発にするためのコーディネーターとして行政の担当課との連絡、生活課題関連情報やデータ等の提供依頼、各委員のまちづくりに関連するスキル向上のための研修等の企画・検討、そして委員会活動の庶務業務を行うために行政から独立した有給の事務局が設置されたが、事務局員の選出が公募委員からなされていたため、「ボランティアでまちづくり市民委員会に参画している」という意識が残ったまま委員会組織における事務作業に従事することもあり、意識の切り替えに難しい局面があったと考えられる。

4-5　地域経営のステップアップへ　—次期総合計画の取り組み

　第5次総合計画の期間で改善が進んでいない生活課題（まちづくり指標）のほとんどが多様な民間主体との連携・協力がなければ、改善が進まないものとなっているのは先ほど記載した。一方、大きな役割が期待されている民間主体においても、まちづくりに対する自主的・自発的な活動の広がりが加速していない状況にある。特に、コミュニティでは、様々な課題を抱えており、取り組みの必要性は感じているものの、時代が求める新しい役割を担う組織体への進

化については期待されるほどのスピードで進んでいないのが現状である。

　今後のまちづくりについては、これまでに残された課題などを踏まえて、到達すべき目標・目的（めざすまちの姿）と手段（施策）を明確にするとともに、「新しい市民参加の形」の構築に取り組んでいくことを通じて行政評価・行政経営の水準の向上と一層効果の高い事務・事業を展開していく必要がある。

　こうした取り組みを協働・共創の視点から継続的に行うことで、めざすまちの姿の実現と市民満足度の向上につなげるなど行政経営と地域経営へのステップアップを図っていきたい。

①新しい市民参画の方向性

　行政経営のＰＤＣＡサイクルの各段階での市民参加の組込手法及びめざすまちの姿・施策の進行管理については、市民参加の担い手を積極的に広げていく必要があること、市民感覚に加えて専門的な知識・立場から多様な民間主体の意見集約を図って、まちづくりにつなげていくことから、市民委員会方式を発展させた「新しい市民参加の形」をつくりあげる。

②コミュニティの再構築とＮＰＯ的な活動支援

　コミュニティでは、役員が持ち回りとなっており、また、「年間行事」の実施に忙殺されていることから、地域の様々な課題解決になかなか手が回らない状況である。しかしながらコミュニティは、地域に必要な「公共（的）サービス」の提供を担う「事業体」としての自立と変貌が期待される時代となっている。このため、コミュニティを「行事体と事業体の二元化」して、また、ＮＰＯとして、市の支援の下で自発的に公共（的）サービスの実施主体として、負担なく円滑に移行できるよう組織・体制の再構築とやる気のある有能なスタッフの確保、また、地域の実情に合わせて第三者が中心となった個別のコンサルティングが必要と考える。

③幅広い民間の関係者等の参加

　行政評価・行政経営の水準をあげて、地域経営への転換を図っていくためには、多様な民間主体に加えて、幅広い民間の関係者や専門家を交えたプロジェクトや協議の場をつくるなど「市民協働型マネジメント・システム」への参加を促す仕組みづくりが必要となっている。

　また、コミュニティに加えて「公共（的）サービス」の提供組織としては、専門的知識やノウハウを持つ企業や団体を想定しており、こうした者からの提案も積極的に取り込んで、まちづくり・地域づくりの役割分担を進める。

④市組織のイノベーションと職員の意識改革

　市組織のイノベーションに向けては、従来どおり、既存事業の積み上げではなく、ロジックモデルに基づき生活課題の改善に有効な事務・事業の改善、廃止、新規提案のスキルの習得を進めるとともに予算編成との連動を行う。また、担当の生活課題の改善に責任を持たせるために、枠配分予算の拡大、査定権の委譲、成果主義による評価システムの構築などの検討が必要である。また、「座学から現場へ」の視点から、職員の地域コーディネート能力の習得を進める。

コラム

　私自身、企画政策課でまちづくり市民委員会の担当を通じて、委員会の組織や人に育ててもらったことに大変感謝している。書類の作成方法から始まり、東海市の辿ってきたまちづくりの歩みのことまで、その一つ一つの事柄が理論的で、かつ、情熱的であった。まさに、「住みよいまちは自分自身達の手で創る」という確固たる信念をそこに感じることができた。
　そして、いつも私の頭をよぎっていたことは、一人の市民として、自分自身はこのような情熱を持ってまちづくりに携わることができるだろうかということだ。年間、何十回という会議に手弁当で出席し、夜遅くまで喧々囂々の議論を繰り返しながら、意見をまとめあげていく。その過程を目の当たりにしたことによって、私自身、自分の住む地域のまちづくりについてどのように関わっていくことができるのかを考えさせられる一つのきっかけをもらうことができた。
　また、さまざまな自治体の総合計画について、勉強させていただく機会をいただいたが、いつも感じることはその計画は生きた計画であるかということだ。計画をつくることが目的ではなく、計画をもとに将来都市像に向けてどのようなまちづくりを進めていくのか。そこには、多様なまちづくりの活動主体の想いがこもっているのか。市民が「住んで良かった、住み続けたい」と実感できる質の高いまちづくりの実現に向けた計画として、市民や地域を中心とした多様な主体に対しても、新しい時代に求められるまちづくりの方向性を示すことができる羅針盤となるのが総合計画だということを改めて認識することができた。

第4章　総合計画に基づく地域経営－東海市における総合計画－

[参考文献]

「東海市市民参画推進委員会活動報告書」2004年
「第5次東海市総合計画」2004年
「まちづくりガイドブック2010」2011年
「東海市まちづくり市民委員会　活動のまとめ」2014年

第5章　地域計画と行政経営の融合
―滝沢市における総合計画―

プロフィール

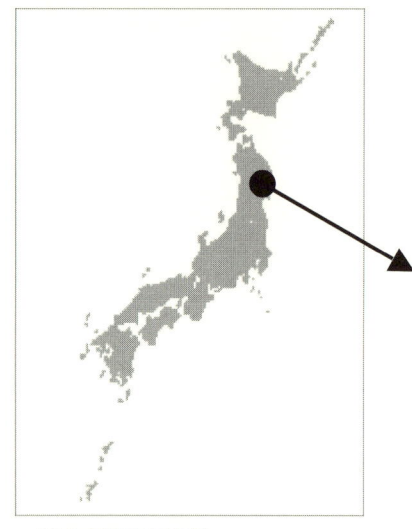

都道府県名	岩手県
団体名	滝沢市
人口	54,710 人
職員数	255 人
面積	182.32k㎡
人口密度	295 人
産業構造	第1次： 5.2% 第2次：21.5% 第3次：73.3%
標準財政規模	95 億円
財政力指数	0.54

※2012年度決算状況（カード）より

総合計画の特徴

- 基本構想…地域社会計画として、全市民等が取組む計画。
- 基本計画…行政戦略計画として、行政として行うべき計画。
- 地域デザイン…地域の想いを市民自らが形にした25年間の計画。
- 地域ビジョン…地域デザインの具体化のための10年間の地域計画。

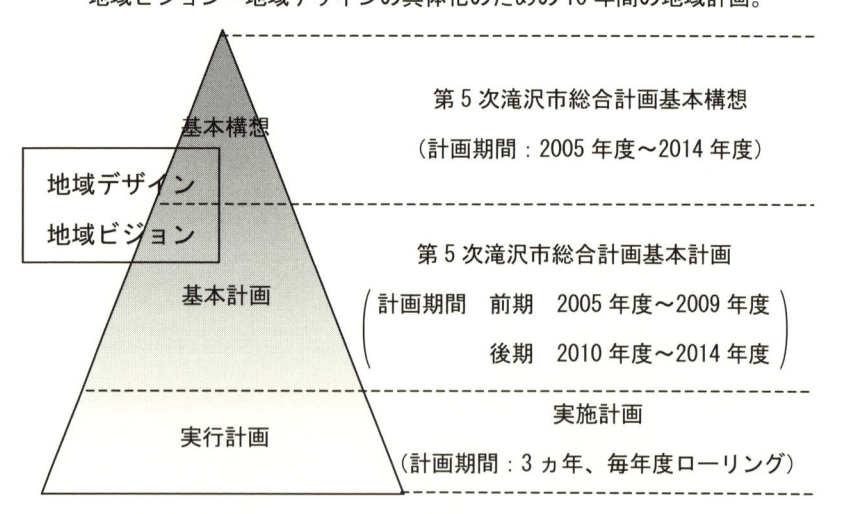

基本構想

地域デザイン
地域ビジョン

基本計画

実行計画

第5次滝沢市総合計画基本構想
（計画期間：2005年度～2014年度）

第5次滝沢市総合計画基本計画
（計画期間　前期　2005年度～2009年度
　　　　　　後期　2010年度～2014年度）

実施計画
（計画期間：3ヵ年、毎年度ローリング）

まちの特徴

　滝沢市は、岩手県の県都盛岡市の北西部に位置し、市の北西部には県を代表する秀峰岩手山（2,038m）、市の南部には雫石川、東部には北上川が流れ、豊かな自然環境に恵まれた市です。みちのくの初夏の風物詩チャグチャグ馬コ（環境省「残したい日本の音風景百選」にも選出）の発祥地でもあります。

　岩手山麓部から平坦部にかけて酪農、稲、野菜等を主体とした都市近郊農業地帯が広がり、従来からの特産である「たきざわスイカ」に加え、近年はクイックスィート（さつま芋）を用いた芋焼酎「馬芋ん（うまいもん）」の商品化など積極的な特産品開発にも取組んでいます。

　また、市内には、岩手県立大学、私立盛岡大学の2つの総合大学及び併設される短期大学部に加え、岩手看護短期大学が立地すると共に国や県の研究施設も多く立地することから、県内有数の「研究学園都市」としての性格を持ち合わせています。

　市民による地域づくりの意識も高く、2000年に全市域を10地区に区分して、25年後の地域を市民自らが描いた地域デザインは、滝沢市の住民自治の基礎となっています。行政においては、1889年の町村制施行来、単独村政を続け、2000年に人口5万人を超え、「人口日本一の村」となりました。その後、2014年1月1日には、「人口日本一の村」から「住民自治日本一の市を目指して」をスローガンに滝沢市へと移行しています。行政改革にも積極的に取組み、2006年度には、日本経営品質賞（地方自治体部門）を受賞しています。

5-1　総合計画の変遷

　滝沢市で「総合計画」という名称が用いられるようになったのは、1988年からである。それ以前は、「滝沢村の実態とその基本的開発構想」（1966年）、「滝沢村新総合開発計画」（1973年）といった、開発に関する計画であった。
　このように、開発計画を源流とする総合計画は、安定経済成長時代と相まって、土地利用や基盤整備に加えて、健康福祉分野、防災防犯分野、生涯学習分野、産業振興分野、地域コミュニティ分野など、住民生活のほぼ全てをカバーする総花的計画へと様相を変化させることとなった。しかし、計画のウェートは基盤整備に置かれ、住民生活の向上は基盤整備が中心とされていた。
　次の総合計画である「第4次滝沢村総合計画」（1995年）では、日本がバブル経済の崩壊から先の見えない経済情勢にある中でも、盛岡市のベッドタウンとして人口が急増（1995年国勢調査では、1990年国勢調査から6千人の人口増の人口4万4千158人）しており、引き続き基盤整備にウェートを置いたものとなっていた。
　その後、現在の第5次滝沢市総合計画（2005年）では、国による財政改革（三位一体の改革）の直撃を受ける形で、財源的に基盤整備を更に進めることが困難な状況から、多くの事務事業が見直される中で、策定が進められた。

　当時、人口増が鈍化しつつも、村として人口5万人を超え、「人口日本一の村」となった滝沢村は、人口増に予算規模が追いつかない状況となっており、増加する行政ニーズと国の財政改革に伴い縮小が予想される予算規模の中にあって、難しい選択を迫られた時期でもあった。
　第5次滝沢市総合計画の策定は、このような財政的な厳しい外部環境の問

第 5 章　地域計画と行政経営の融合－滝沢市における総合計画

題に直面する中で、従来の「総合計画＝行政計画（行政主導）」的な意味合いを大きく転換し、「総合計画＝地域社会計画（住民協働。住民と行政の役割分担を踏まえた上での協働）」という新たな考え方を打ち出して策定が進められた。

それまでの、人口増加に伴う行政ニーズ拡大への対応、基盤整備の推進から、住民の役割と行政の役割を踏まえて、「地域は地域のみんなでつくる」という基本的な考えを定めるに至ったことは、非常に大きな転換であった。

図表Ⅴ-1　滝沢市の総合計画の考え方の変遷

滝沢市総合計画の基本的考えの変遷

- 1988年　滝沢村総合計画（～1995年）
  - ＊行政運営推進の根幹
  - ＊協力と積極的な参加
  - ＊国及び県に対する要望的な性格

  行政主体

- 1995年　第4次滝沢村総合計画（～2005年）
  - ＊行政運営の基本指針
  - ＊村民等の活動指針
  - ＊国、県への要請指針

  行政主導

- 2005年　第5次滝沢市総合計画（～2015年）※1
  - ＊地域の将来像を明確にし、地域の方向性や課題を地域のみんなで共有する
  - ＊地域内での役割分担を進め、地域のみんなで地域の将来像の実現と地域課題の解決をすすめる
  - ＊行政としての考え方や役割を明確にし、市行政として戦略経営を進める

  住民協働

- 2015年　次期総合計画策定方針（～2023年）
  - ＊住民自治日本一を目指す地域社会計画
  - ＊住民主体による地域づくり
  - ＊幸福感を育む環境づくり、社会関係資本の醸成と絆のセーフティネットの確立

  住民主体

※1　第5次滝沢市総合計画は、旧滝沢村当時に策定。

5-2　地域と行政の基盤づくり

　それまでの総合計画（第 4 次滝沢村総合計画以前）が、人口増加に伴う行政ニーズ、社会基盤整備への対応計画として掲げられたことは、計画内の指標（第 4 次滝沢村総合計画基本計画第 2 章計画指標部分）「村民生活指標」に、村道改良率、水道普及率、水洗化率などの基盤整備に関する指標が最初に記されたことからも裏付けられるものである。

　当時の総合計画は、行政計画としての趣を強く表した計画であり、その着実な実施に向けて職員が財源の獲得と事業の実施に奔走するものであった。しかし、日本の経済の低迷に伴う財源の縮小は、結果として行政計画を縮減する方向へと誘い、行政主導の「地域づくり」や国や県からの財源獲得による基盤整備の推進という「行政サービス」について、住民、行政共に自ら考える雰囲気を生み出した時期でもあった。

5-2-1　住民主体による地域ビジョンの策定

　滝沢市では 2000 年に住民自らが各自の地域の 25 年後を描いた地域デザイン（全 10 地区）の策定を踏まえ、第 5 次滝沢市総合計画のスタートに合わせて 2005 年からの 10 年間の地域づくりを具体的にまとめた「地域ビジョン」の策定が行われた。

①地域デザインの策定
　地域デザインとは、2000 年に今後の社会情勢を見据え、より快適な生活環境が整備された村の将来像を描き、住民の皆さんの意見を反映した地域ごとの

整備方針として策定したものである。村の21世紀前半におけるまちづくりの指針とするものであり、目標年次は2025年となっている。
（1）策定期間は、1998年から2000年。
（2）策定主体は、「地域まちづくり推進委員会」を村内10地区に立ち上げ、1地区につき20〜30名の住民が、自治会からの推薦や一般公募で参加した。
（3）策定手法は、会議やワークショップで目的を確認しながら、実際歩いて地域の点検を行い、地域の将来像を考え、地域の思いをまとめた。また、実行手段の検討を行った。
（4）各地域ごとに「地域の将来像」、「地域のまちづくりの方針」、「実施方法」としてとりまとめた。

この取組により、従来の自治会中心のコミュニティとは別に、アソシエーションとして地域づくりを考える団体ができたことは、住民が地域づくりに複合的にアプローチすることを可能とし、より多くの住民が地域づくりに関わるキッカケとなった取組だった。

②行政の支援
この「地域デザイン」の活動には、村も次のような支援を行い、活動をバックアップした。
（1）地域デザイン推進事業への補助金の交付
・補助金は50万円限度
・継続事業は3年まで
・補助率10／10
（2）職員による「まちづくり協働推進職員」の配置
・各地域に2名を配置（計20名を任命）
・活動に関する助言、関係部署・機関との連絡調整

・行政と地域を結ぶコーディネーター役
（３）広報紙やホームページでの活動紹介
　2000年に「地域デザイン」がスタートし、地域づくりが従来の自治会活動に加えて複合的に進められる中、2005年の第5次滝沢市総合計画策定時には、「地域デザイン」による事業展開を行政と住民による役割分担を踏まえた仕分けを行いながら、総合計画に位置づけた地域計画として構築することが検討された。

（滝沢地域デザイン、地域まちづくり推進委員会のあゆみ）

③地域ビジョンの策定
　「地域デザイン」を踏まえながら、21名の職員（助役及び職員15名）と公募住民（6名）からなるコラボレーションプロジェクトによる検討を経て、議会へ説明、各まちづくり推進委員会との協議により2005年に、総合計画と計画期間を同じくする地域計画としての「地域ビジョン」が決定された。
　「地域ビジョン」の基本的考え方は、次のとおりである。

- 【計画の性格】 住民と村が、お互いの信頼の下に各地域のビジョンを共有し、協働して行うまちづくり活動の指針とする。
- 【地域区分】 住民生活における歴史的、地縁的なつながりを勘案し、村域を10地区に区分する。
- 【計画期間】 計画期間は、2014年度までとする。ただし、地域社会情勢の変化などを勘案し、2009年に見直すこととする。

④役割分担

　また、「地域ビジョン」の構成には、「住民協働の視点」を置き、「住民が行うこと」「村が行うこと」の主な役割を示し、その区分を次のように示した。
- 【行政主体】 村が主体で責任を持って実施する領域。村が法や条例、規則等に基づき直接的にサービスを提供する領域で、村は、審議機関等を設置し、住民の意見、提言を受けながら事業を実施する。
- 【行政主導】 村が住民の協力を得て実施する領域。村が、住民の協力を得て事業を実施する領域で、社会基盤の整備等で企画から実施、評価段階まで住民の参画協働を推進する。
- 【双方協力】 住民と村が双方協力して実施する領域。住民と村が、双方協力して同じ事業を実施する領域で、実行委員会等の形式でお互いの役割を分担して事業を実施する。
- 【住民主導】 住民が村の支援を得て活動する領域。住民の主体的な活動に対して村が支援する領域で、村は住民に対して活動資金や人員、技術、情報などの資源を提供する。
- 【住民主体】 住民が主体的に活動する領域。住民が自立して主体的に活動する領域で、住民が企画から実施に至るまで自ら行い、必要に応じて村は円滑に活動できるように環境を整備する。

　「地域ビジョン」の策定により、第5次滝沢市総合計画は、住民と行政が共に共通目標に向かって行動するという形の住民側の柱が生まれることとなる。

5-2-2　行政経営品質向上活動の取り組み

　行政においては、2000年に地方分権推進法が施行され、「従来の縦割り行政による自治体運営では、今後の時代に対応できなくなる」との危機意識から、生産性と効率を重視した民間マネジメントシステムを導入し、自治体間競争時代に備える必要があるとの認識を持つこととなった。いわゆる「行政経営品質向上活動」の導入である。

①取り組みの背景
　この背景には、2000年に人口5万人を超え、「人口日本一の村」となるも、当時の岩手県条例で定める「市への昇格要件」を満たさないという状況下から市制を断念したこと、「市」並みの人口規模で、権限は「村」という事実、隣接市との合併問題など、自治体としての存在価値が問われる時期でもあり、滝沢村としてのアイデンティティを示す必要があった。そのような状況下で打ち出したのが、「人口日本一の村」だけではなく、行政サービスにおいても日本一を目指す」だった。
　「行政経営品質向上活動」（本市における、「日本経営品質賞アセスメント基準書の内容を行政で活用するための活動」）の導入は、当時の職員にあっては正に価値観の転換であった。
　「行政は経営である」という基本認識のもとに、「日本一顧客に近い行政」を実現して地域価値を創造していくこと。この考え方を行政経営理念として掲げた2002年に至るまでには、職員に多くのカルチャーショックがあったのも事実である。
　今では他の自治体においても当然として受け止められる内容についても、当時としては大変な意識改革であった。

第5章　地域計画と行政経営の融合−滝沢市における総合計画

②行政経営品質向上活動の展開

　日本経営品質賞アセスメント基準書に記された、『顧客に価値あるものの創造を目指して、「顧客本位」「社員重視」「独自能力」「社会との調和」という4つの要素追及する経営の仕組み』は、直ぐに職員に浸透した訳ではなく、2000年の若手職員10名によるセルフアセッサー（役所内で、率先して経営品質の考え方を学び、改革を進めるプロセスを庁内に推進・支援していく役割を担う人）の養成から始まり、各種プロジェクトチームによる行政経営理念の制定、改善活動の検討、各部のミッション・ドメインの設定などの行政経営品質向上活動を続けながら、日本経営品質賞受賞の2006年に至るまでの年月を経ながら、普段の職員の仕事に組み入れられていったものである。

（日本経営品質賞2006年度表彰式）

③行政経営品質向上活動の考え方

行政経営品質向上活動の取組における思考の転換の主な例は、次のとおりである。
(1) 直接的な変化　「住民」を「顧客」として考える。
(2) 思考的な変化　「事実前提」から「価値前提」へ変える
(3) 仕組みの変化　「アセスメント基準のフレームワーク」の適用
(4) 職場内の変化　「対話」重視のコミュニケーションへ

地方自治法第1条の2に規定された「地方公共団体は、住民の福祉の増進を図ることを基本として、地域における行政を自主的かつ総合的に実施する役割を広く担うものとする。」を基本としながらも、縦割り行政の中で、各法令の趣旨に沿った事業実施を行ってきた小さな自治体にとって、まずは「顧客」に向き合い、「顧客に価値を届けること」が大切なことであり、その価値とは、「役所自らが創らなくてはならない。」という考えは、言わば黒船来航と同じようなものだった。

「顧客」たる住民に、どのような「価値」を届けるのか。住民の要求や期待

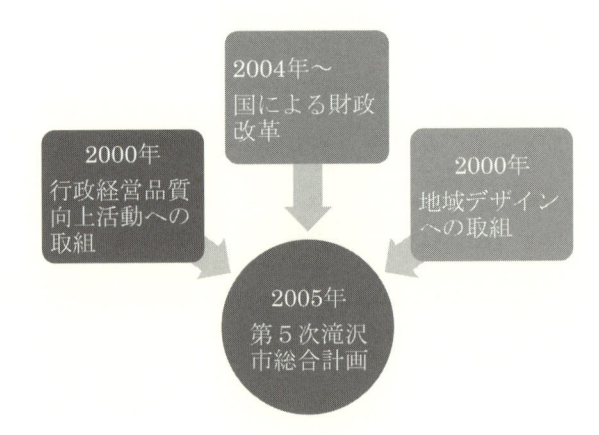

図表Ⅴ-2 第5次滝沢市総合計画策定に影響を与えた要素

- 2004年～ 国による財政改革
- 2000年 行政経営品質向上活動への取組
- 2000年 地域デザインへの取組
- 2005年 第5次滝沢市総合計画

図表Ⅴ-3　滝沢市の改革の歩み

H10年度	情報公開実施。優良情報化団体自治大臣表彰（文書管理システム）
H11年度	組織のフラット化（係長制廃止）、ISO9001・14001同時取得宣言
H12年度	ISO9001・14001認証取得、セルフアセッサー養成開始（10人）、外部アセスメントに初挑戦（全庁・3課）、〔滝沢地域デザイン策定〕
H13年度	認定アセッサー養成開始（7人）、セルフアセッサー養成（42人）外部アセスメント（11課）・内部アセスメント実施（7課）
H14年度	組織のフラット化（部制導入・課長補佐廃止）、行政経営モデルの構築に着手、職員提案による窓口業務延長開始、人事考課制度開始、簡易アセスメント実施、「滝沢村行政経営理念」「部のミッション・ドメイン」の制定、〔地域まちづくり推進委員会発足〕
H15年度	組織のフラット化（収入役廃止）、新しい総合計画（第5次滝沢村総合計画）検討開始、簡易アセスメント実施、第1回一職場一改善運動、管理職投票制度による選考実施、岩手県経営品質賞ベーシックアワード受賞、〔各地区事業開始〕
H16年度	村長方針・部課長方針展開の開始、新人事考課制度（試行）、第2回一職場一改善運動、岩手県経営品質賞最優秀賞受賞
H17年度	第5次滝沢村総合計画スタート（H17年度〜H26年度）、滝沢地域社会に関するアンケート開始、定例記者会見スタート ISO14001認証解除、〔滝沢地域ビジョン策定、自治会のあり方検討〕
H18年度	総合計画・組織機構・予算との連動、補助金公募制度開始、日本経営品質賞受賞（地方自治体部門）、ISO9001認証解除
H19年度	〔自治会補助金の交付金化〕
H20年度	滝沢村事務事業実施に関する基本原則、内部評価開始
H21年度	第5次滝沢村総合計画後期基本計画策定、事務改善報告会開始
H22年度	第5次滝沢村総合計画後期基本計画スタート（H22年度〜H26年度）、滝沢村行政体制調査研究会（市制移行への取組開始）
H23年度	市制準備室の新設、過去最大規模の住民フォーラムを岩手県立大で開催、自治基本条例の検討開始、新たな「部のミッション・ドメイン」制定
H24年度	住民自治フォーラム、自治体マネジメント実践会議開催地、自治体経営環境診断
H25年度	次期総合計画策定プロジェクト設置、平成26年1月1日市制施行

は多種多様であるが、職員が住民に近づき、住民の声に耳を傾け、互いに情報を共有しながら対話を重ね、できるだけ多くの人々が満足する「幸せ」の形を一緒に考えていくこと。当時の滝沢村職員は、このことが「住民本位」の行政サービスを提供するためには欠かせないものであると結論付け、各種事務事業を「住民本位」で進めるための取組を行うこととなった。

今では当然のように行われる、事務事業を行う前の地域住民への説明会や懇談会、更には毎年度行っている地域社会アンケート（無作為抽出により、18歳以上3千人を対象とした、暮らしに関わる世論調査。）など、住民の声を聴く仕組みは、このような背景から生まれ、今も続いているものである。

5-3　総合計画の転換

滝沢市の総合計画は、第5次滝沢市総合計画によって、従来の行政計画的な側面から、地域社会計画へと転換が図られた。総合計画が、行政だけの計画から、市民、地域、企業なども含めた、皆の計画として生まれ変わったのである。

市民にとっては「自分たちの行動（自治会活動、地域まちづくり推進委員会活動など）が地域づくりとして公に認められ、地域づくりを担っている」という意識の変化に寄与した。また、行政は行政経営品質向上活動を通して、価値前提による行政経営へ意識改革を進めると共に、顧客として捉えた市民の声に基づく協働のまちづくりを進める組織へと変わって行った。

総合計画に全ての活動を結びつけることで、滝沢市としての将来像を市民も行政も共有し、地域間連携、地域と行政の連携、縦割り行政の緩和が図られたものと考えられる。

「総合計画に基づいて」という言葉が、第5次滝沢市総合計画策定以来、よく耳にする言葉となった。

5-3-1　地域ビジョン

「地域ビジョン」は、市民自らがつくりあげた「地域デザイン」を第5次滝沢市総合計画における地域計画として策定されたものである。

2000年に策定された「地域デザイン」が定めた滝沢市の将来像は、2025年までに「地域の個性が発揮され、人々が生きいきと暮らす、やすらぎとにぎわいのあるまち」だった。この将来像は、市民自らの想いであり、2005年に策定された10年間の地域社会計画たる第5次滝沢市総合計画の滝沢市の将来像「人と人、人と地域、人と自然が共栄し、生き生きと幸せ輝く「たきざわ」」と方向性が異ならないことから、「地域デザイン」の将来像を踏まえた市内10地区の地域ビジョンを取りまとめ、10年間の「地域ビジョン」として策定されるに至ったものである。

市民自らが作り上げた財産を踏襲する形で、第5次滝沢市総合計画における地域計画として「地域ビジョン」を位置づけ、その策定過程において、事業実施の役割分担の協議を「地域ビジョン」の実施主体である各地域まちづくり推進委員会と行政が協議を行ったことは、地域と行政の絆をより強める結果ともなった。

総合計画は、市民の想いである「地域デザイン」を取込むことにより、地域計画の側面として、市民に不可欠な計画となったのである。

5-3-2　行政戦略計画

第5次滝沢市総合計画は、「地域社会計画」たる「基本構想」と「行政戦略計画」たる「基本計画」に分けられる。

この「基本計画」は、行政として計画的にまちづくりを進めるための計画であり、現下の社会経済情勢を踏まえて、地域経営と自立を施策展開の理念と

し、住民協働の視点、経済的自立の視点、プロセス改善の視点で計画を進めることとしている。

①政策方針展開

　第5次滝沢市総合計画基本計画においては、政策、基本施策、施策、実行計画という体系をとっている。この体系に、基本構想において政策マーケティングの手法を導入したことにより、基本構想において設定した「最適化条件」「代表指標」「めざそう値」は、基本計画の政策方針展開の目標値として活用されることとなった。

　また、各政策、施策、実行計画においては、それぞれに目標値を設定すると共に、当初予算編成を踏まえながら、毎年、総合計画の理念の実現を目指し、市長による政策方針が通知される。

　政策方針展開は、市長の方針に基づき、政策の展開は部長方針として、施策の展開は、課長方針として明らかにすることとしている。担当者について

図表Ⅴ-4 総合計画政策方針展開図

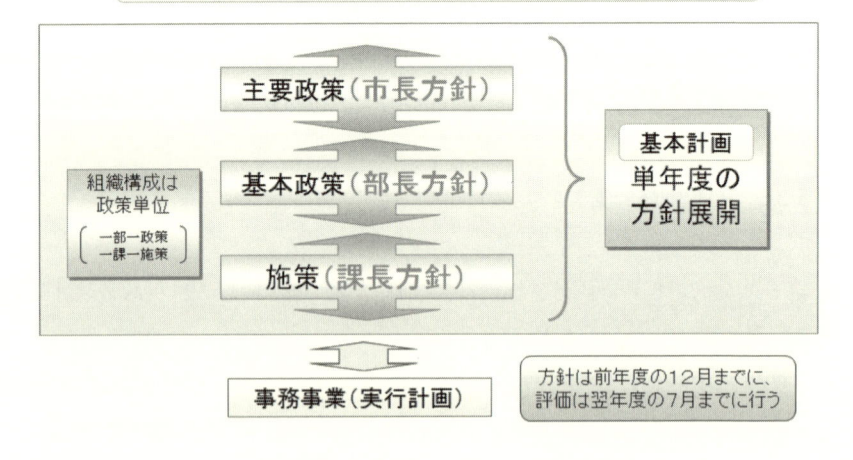

は、自分が担当する事務事業の事業計画を明らかにすることとなる。（決算時は、逆の流れとなる。担当が事業を確認し、課長が複数事業の結果から施策を評価。部長は、複数施策の評価結果から自らの政策の評価を実施することとなる。最終的には、市長方針の評価ということとなる。）

　政策方針の下で、施策方針が作られ、事務事業が計画される。これは、過去に行政経営品質活動で学んだ、P（プラン）、D（ドゥ）、C（チェック）、A（アクション）のPDCAサイクルを政策の方針展開に当てはめたものであり、今では特筆すべき内容ではないが、導入時においては、各省庁、県などへの補助申請などの事務事業サイクルは存在したものの、総合計画に基づく市長方針により、全庁的な方針展開が図られたのは、第5次滝沢市総合計画からだった。

②総合計画事業と予算事業との一体化
　政策方針展開により、総合計画は、市長から各担当職員までをつなぐための根幹となる計画として位置づけられることとなったが、更に、職員が総合計画を意識する、または無意識ながらも総合計画に触れる環境の整備が進められた。
　それが、「政策体系」と「組織」の一致と「予算事業」と「総合計画事業」の一体化だった。「政策体系」と「組織」の一致は、スムーズな政策方針展開の実施において必要不可欠なものであった。
　また、「予算事業」と「総合計画事業」の一体化は、総合計画に基づく予算編成を実現するためには、必要不可欠な取組でもあった。従来、「予算事業」と「総合計画事業」は、一対一で結びつくものではなく、複数の予算事業の集合体が、一つの総合計画事業であったり、又は一対一で結びついていたりと、職員としても非常に分かりにくいものだった。また、事務事業の担当職員とすれば、担当する事務事業に直接影響を与える庁内のイベントは、予算編成であり、決算審査であったことから、理念的かつ間接的にしか関わらない総合計画体系は、従来はあまり意識されない計画であった。
　その反省を踏まえ、予算編成・決算審査という年2回の全職員が関わる事

151

図表Ⅴ-5　平成26年度実行計画兼事務事業説明書

０３　　　　　健やかに、元気に暮らすことができるまちをつくります
０３－０１　　健康づくりへの支援

事業名	事業の意図やねらい（成果や効果）
健康教育・相談事業 （重点事業）	個人及び地域全体の心身の健康増進を目指し、個別または集団に対して必要な支援及び助言を行うことにより、健康づくりの知識の習得と行動変容を促します。

継続区分	会計・款・項・目	平成26年度の事業概要
継続	一般・4款・1項・2目	・健康教育（健康教室、生活習慣病予防教室等を地域や目的別に開催） ・総合・重点健康相談、健康手帳の交付、庁舎・出張所等に自動血圧計・体重計を配置
事業主体		
健康推進課 【滝沢市主体】		

事業名	事業の意図やねらい（成果や効果）
肺がん検診事業	肺がん及び結核等の胸部疾患の早期発見・早期治療を目指し、肺がん検診を実施することにより、肺がんによる死亡の減少を図ります。

継続区分	会計・款・項・目	平成26年度の事業概要
継続	一般・4款・1項・2目	対象：40歳以上の住民 内容：胸部X線DR撮影（二重読影）を集団検診で実施します。 時期：10月～11月　場所：公民館等市内主要施設 その他：広報・ホームページなどを活用し、生活習慣の改善などによる予防の大切さを普及・啓発します。
事業主体		
健康推進課 【滝沢市主体】		

事業名	事業の意図やねらい（成果や効果）
胃腸病検診事業	胃がん及び消化器疾患の早期発見・早期治療を目指し、胃腸病検診を実施することにより、胃がんによる死亡の減少を図ります。

継続区分	会計・款・項・目	平成26年度の事業概要
継続	一般・4款・1項・2目	対象：40歳以上の住民 内容：胃部X線間接撮影を集団検診で実施します。 時期：6～7月　場所：公民館等市内主要施設 その他：広報・ホームページなどを活用し、生活習慣の改善などによる予防の大切さを普及・啓発します。 ・岩手県対ガン協会会費(10千円)
事業主体		
健康推進課 【滝沢市主体】		

事業名	事業の意図やねらい（成果や効果）
大腸がん検診事業	大腸がん及び消化器疾患の早期発見・早期治療を目指し、大腸がん検診を実施することにより、大腸がんの死亡の減少を図ります。

継続区分	会計・款・項・目	平成26年度の事業概要
継続	一般・4款・1項・2目	対象：40歳以上の住民 内容：便潜血反応検査2日法を集団検診方式で実施します。 時期：6～7月 場所：公民館等市内主要施設 その他：広報・ホームページなどを利用し、生活習慣の改善などによる予防の大切さを普及・啓発します。
事業主体		
健康推進課 【滝沢市主体】		

事業名	事業の意図やねらい（成果や効果）
婦人病検診事業	子宮頸がん及び乳がんの早期発見・早期治療を目指し、婦人病検診を実施することにより、子宮頸がん及び乳がん等による死亡の減少を図ります。

継続区分	会計・款・項・目	平成26年度の事業概要
継続	一般・4款・1項・2目	子宮頸部がん検診：20歳以上の隔年の女性及び前年度の未受診者を対象に視診・内診・子宮頸部細胞診を集団検診か個別検診で実施します。 乳房・甲状腺検診：40歳以上の隔年の女性及び前年度の未受診者を対象に視診・触診・乳房エックス線撮影を集団検診か個別検診で実施します。 広報・ホームページなどを活用し、生活習慣の改善などによる予防の大切さを普及・啓発していきます。
事業主体		
健康推進課 【滝沢市主体】		

第 5 章　地域計画と行政経営の融合－滝沢市における総合計画

平成26年度実行計画
平成26年度～平成28年度

（単位：千円）

項目			平成26年度	平成27年度	平成28年度	3年後目標値／3ヵ年計	備考
活動指標値	目標	集団健康教室実施回数	100	100	100	100	○全体事業期間 昭和58年度～平成28年度
		単位 回					
		総合健康相談回数	80	80	80	80	
		単位 回					○特定財源 健康増進事業費補助金 【県】（基準額の2/3）
投資指標額	計画	年度別事業費	1,277	1,277	1,277	3,831	
		内訳 特定財源	636	636	636	1,908	
		一般財源	641	641	641	1,923	
		他団体事業負担額					

項目			平成26年度	平成27年度	平成28年度	3年後目標値／3ヵ年計	備考
活動指標値	目標	受診率	36	38	40	40	○全体事業期間 平成5年度～平成28年度
		単位 ％					
		受診者数	5,000	5,200	5,250	5,250	
		単位 人					○特定財源 各種健康診査受診者自己負担金【その他】
投資指標額	計画	年度別事業費	10,576	10,935	11,027	32,538	
		内訳 特定財源	573	602	620	1,795	
		一般財源	10,003	10,333	10,407	30,743	
		他団体事業負担額					

項目			平成26年度	平成27年度	平成28年度	3年後目標値／3ヵ年計	備考
活動指標値	目標	受診率	32	33	34	34	○全体事業期間 昭和38年度～平成28年度
		単位 ％					
		受診者数	4,480	4,550	4,600	4,600	
		単位 人					○特定財源 各種健康診査受診者自己負担金【その他】
投資指標額	計画	年度別事業費	25,344	26,520	27,009	78,873	
		内訳 特定財源	2,700	3,185	3,220	9,105	
		一般財源	22,644	23,335	23,789	69,768	
		他団体事業負担額					

項目			平成26年度	平成27年度	平成28年度	3年後目標値／3ヵ年計	備考
活動指標値	目標	受診率	32	34	35	35	○全体事業期間 平成3年度～平成28年度
		単位 ％					
		受診者数	6,400	6,466	6,500	6,500	
		単位 人					○特定財源 各種健康診査受診者自己負担金【その他】
投資指標額	計画	年度別事業費	9,631	9,714	9,762	29,107	
		内訳 特定財源	1,154	1,163	1,170	3,487	
		一般財源	8,477	8,551	8,592	25,620	
		他団体事業負担額					

項目			平成26年度	平成27年度	平成28年度	3年後目標値／3ヵ年計	備考
活動指標値	目標	子宮がん検診受診率	26	28	30	30	○全体事業期間 昭和39年度～平成28年度
		単位 ％					
		乳房・甲状腺検診受診率	28	30	32	32	
		単位 ％					○特定財源 がん検診推進事業費補助金【県】（事業費の1/2） 各種健康診査受診者自己負担金【その他】
投資指標額	計画	年度別事業費	21,330	29,331	31,331	81,992	
		内訳 特定財源	2,780	5,800	6,000	14,580	
		一般財源	18,550	23,531	25,331	67,412	
		他団体事業負担額					

務処理に、総合計画における事務事業の計画策定と評価を組み込み、更には、「予算事業」と「総合計画事業」を一対一とすることで、計画策定と評価を予算編成・決算審査資料策定の必要項目となるような、財務会計システムに変更をすることとした。

　このことにより、総合計画に関する内容を全職員が年2回確認する仕組みが作られ、総合計画が普段の仕事に入り込む仕組みを作ったのである。

　この財務会計システムは、事務事業だけでなく、施策、政策も同様に方針策定、評価を行うことが可能であり、庁内に総合計画の政策方針展開を定着させる有効なツールとなった。

　また、職員が計画策定及び評価を行う事務事業は、その内容を一覧表形式で政策ごとに冊子に取りまとめ、3月の予算審査にて、予算に関する説明書と共に事業を説明する資料（実行計画書兼事業説明書）とし、9月は、歳入歳出決算事項別明細書と共に決算内容を説明する資料（事業実績報告書）として議会に提出されることとなった、総合計画の進捗について、議会のチェックが働く仕組みとなった。

図表Ⅴ-6　財務会計システムがカバーする範囲

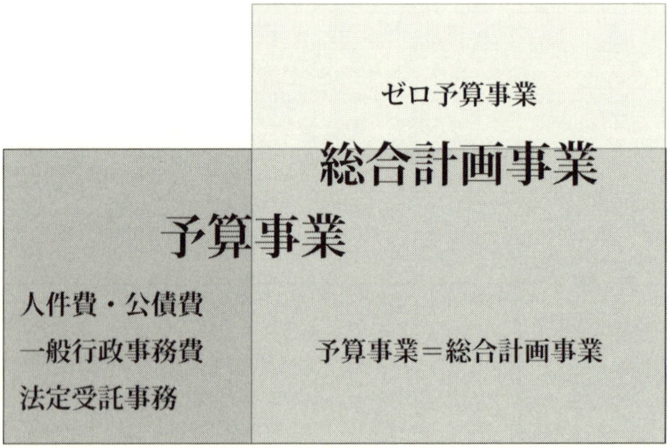

ゼロ予算事業
総合計画事業
予算事業
人件費・公債費
一般行政事務費
法定受託事務
予算事業＝総合計画事業

5-3-3　政策マーケティングの導入

　第4次滝沢村総合計画（1995）は、開発計画の流れを踏襲し、基本構想で掲げた将来像と目標を達成するために、基本計画においては、2004年度までに達成すべき目標として、人口（総人口及び年齢別人口）、世帯数、純生産額、村民所得、就業者数の5指標の他、村民生活指標として、社会基盤分野6指標、生活環境分野6指標、保健・福祉分野15指標、生活安全分野2指標、教育・コミュニティ分野4指標の合計38指標を掲げた。

　この指標は、経済成長を背景として作成され、人口増加に伴う行政サービ

> 『滝沢市は、その暮らしの基盤となる豊かな自然や、誇るべき風土・文化に恵まれています。また、地域社会の構成者である一人ひとりの住民も、多様な個性と能力を持ち、かつ、大きな可能性があります。それらの有形・無形の「まち」や「ひと」に関する資源や資産を、バランスよく上手に組み合わせることによって、世界中の他のどこにもない理想的な地域社会を創っていくことができます。また、「まち」と「ひと」は、それぞれ互いに影響しあって形づくられており、いい換えれば、「まち」が「ひと」をつくり、「ひと」が「まち」をつくるといえます。滝沢市の将来像である「人と人、人と地域、人と自然が共栄し、生き生きと幸せ輝く「たきざわ」」について、住民のみなさんの具体的な「暮らし」に注目し、7つ理念に基づき実現をめざします。』（第5次滝沢市総合計画基本構想から抜粋）

スの拡大と基盤整備の推進のために策定された計画としては、妥当なものであり、一般的な自治体の総合計画であった。そのため、指標の全てが客観指標であり、事業の推進により結果が明らかとなる指標であった。

しかし、2003年から2005年の第5次滝沢市総合計画策定時においては、国の財政改革（三位一体の改革）による交付税の削減、平成の大合併など、滝沢村としての存続に関わる難題が山積する時期であった。そのため、行政サービスの選択又は縮小を前提としながら、住民のみなさんに「住民本位」の行政サービスを提供しなくてはならない状況に、従来の開発計画を源流とする、総花的な総合計画の内容からの変更を決断することとなった。

第5次滝沢市総合計画では、「滝沢市は、人と人、人と地域、人と自然が共栄し、生き生きと幸せ輝く「たきざわ」」を将来像として掲げている。また、市民参画により、「将来像を実現する7つの理念」と、その7つの理念ごとに、滝沢市の将来像を達成するための具体的な条件を定めた、「47の最適化条件」、更

図表Ⅴ-7　政策マーケティング導入により毎年発行される報告書

滝沢地域社会に関するアンケート調査報告書

住民の皆さんが普段の生活でどのようなことを感じ、どのようなことを重要と考えているのかを定点観測するため、毎年アンケート調査を実施しています。
このアンケート調査では、基本構想で設定している「47の最適化条件」と「めざそう値」を測っています。また、住民の皆さんの満足度、重要度、ニーズ度の分析を行っています。

滝沢地域社会報告書（ベンチマークリポート）

第5次滝沢市総合計画基本構想の進捗状況を住民の皆さんにお知らせするために作成しています。
この報告書では、基本構想で設定している、「47の最適化条件」と「めざそう値」がどのように推移し、現状でどのくらい達成されているのか掲載しています。

第5章 地域計画と行政経営の融合－滝沢市における総合計画

図表Ⅴ-8 ベンチマークの設定

最適化条件とめざそう値（基本構想）

グループインタビュー → 調査分析・条件抽出 → アンケート調査 → 環境分析 → 代表指標の選択 → 目標値の設定

最適化条件の策定
滝沢市の将来像を達成するための条件

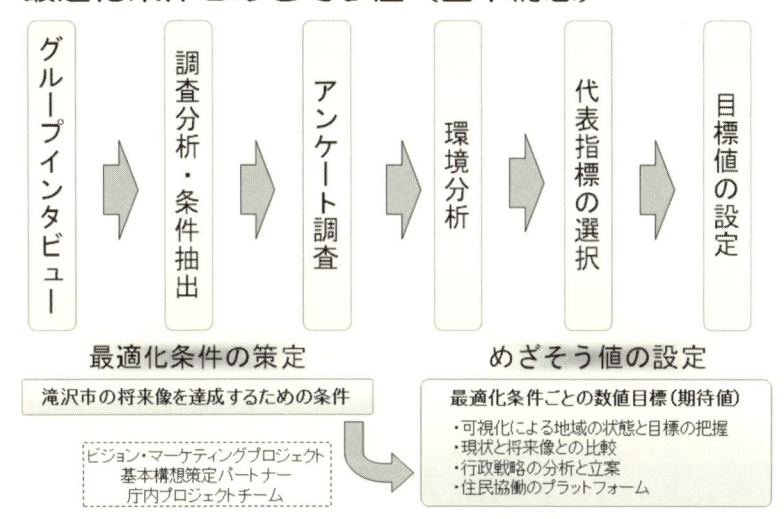

ビジョン・マーケティングプロジェクト
基本構想策定パートナー
庁内プロジェクトチーム

めざそう値の設定
最適化条件ごとの数値目標（期待値）
・可視化による地域の状態と目標の把握
・現状と将来像との比較
・行政戦略の分析と立案
・住民協働のプラットフォーム

図表Ⅴ-9 めざそう値の例

	最適化条件	代表指標	現状値	めざそう値（5年後）	めざそう値（10年後）
輝く	1 心身ともに元気で暮らせる	自分が心身ともに元気と感じている人の割合	56.3%	60.0%	65.0%
	2 老後の不安なく暮らせる	老後も不安なく暮らせると思っている人の割合			15.0%
	3 子ども達が不安なく過ごせる	子どもたちが不安なく過ごせると感じている人の割合			40.0%
	4 一人ひとりの個性が尊重されている	男女の平等観	16.0%	21.0%	50.0%
	5 自ら学んだり、取り組める環境がある	村が実施する趣味の教室や講座に参加するなど、自ら学ぶ機会を持っている人の割合	21.0%	30.0%	40.0%
	6 高齢者が自ら率先して活躍している	シルバー人材センター加入率（60歳以上人口1,000人あたり）	7.5人	10人	20人
	7 子ども達が生き生きとしている	不登校児童・生徒の割合（児童生徒数1,000人あたり）	15.1人	10人	10人
	8 自分の夢の実現のために取り組むことができる	生きがいをもって生活している人の割合	67.7%	70.0%	75.0%
	9 みんなで地域の夢の実現のために取り組むことができる	まちづくり委員会の参加（委員）数	310人	350人	400人
交流	10 隣り近所とのつきあいがある	隣り近所とのつきあいがある人の割合	48.6%	50.0%	70.0%
	11 必要な情報がわかりやすく伝わる	広報たきざわを読んでいる人の割合	83.5%	85.0%	90.0%
	12 家族が一緒にいられる	家族が一緒にいられる時間	4時間41分	4時間50分	5時間
	13 同じ目的を持った人との交流がある	趣味のサークル活動など共通の目的を持った人と交流している人の割合	40.0%	45.0%	55.0%
	14 世代間での交流がある	ここ1年で年代の違う人と交流を持った割合	57.9%	60.0%	65.0%

には、その最適化条件の達成度合いを「はかる」ことを目的に設定された「代表指標」と、その目標値である「めざそう値」が第5次滝沢市総合計画基本構想に定められている。

　この7つの理念の設定は、行政サービスの拡大、基盤整備の推進を進めてきた第4次滝沢村総合計画と大きく異なることとなった。大きな転換は、総合計画の使命を「増加する行政ニーズへの対応計画」から、「市民と共にまちづくりを行うための地域社会計画」へと転換し、「まちづくり」の主体は、行政だけでなく、地域社会の構成者たる一人ひとりの住民でもあると定義したことである。

　そのためには、住民一人ひとりが、「まちづくり」を意識する必要があり、意識するための、「仕組み」や「道具」が必要だった。その「仕組み」が「政策マーケティング」であり、そのための道具が「地域社会アンケート」であった。

　当時、政策マーケティングは、青森県において、県民の生活満足度の向上と効率的な県政の運営を目指し、県民の代表や専門家により構成される第三者機関「政策マーケティング委員会」が中心となって、1999年度から「政策マーケティングシステム」として、青森県の政策ニーズの特定、政策の目標値の数値化を66のベンチマークにより可視化することが行われていた。

　青森県では、「政策マーケティングシステム」は「県民がより満足した人生を送れる青森県」を実現するための仕組みとして構築されていた。具体的には、その実現状況を確認する点検項目を27項目、指標を66個設定し、また、この指標について、当該の分野に関わる方が実感している、数年後にたどり着きたい「めざそう値」や、想定される「役割分担値」などを設定し、多様な主体の活動と協働を通じて「県民がより満足した人生を送れる青森県」を実現していくことを目指していた。

　滝沢市においても、この手法に倣い、将来像を実現する7つの理念ごとに、ベンチマーク（47の最適化条件）を設定し、それをはかる代表指標、その目標値たる「めざそう値」を定めた。

第5章　地域計画と行政経営の融合－滝沢市における総合計画

　代表指標の測定は、客観的データに基づき毎年測定できる指標の他、18歳以上の住民3千人を無作為抽出（2004年は、4千人。2006年は2千人。それ以降の調査は3千人。）しながら、2004年以降、継続してアンケート調査を実施し、捕捉しているものである。
　政策マーケティングの導入により、従来の行政計画としての総合計画の趣は、住民個人から、自治会、地縁的まちづくり団体、各種団体、ＮＰＯ法人、民間企業、大学など、滝沢市に関わる全ての方々が関わる地域社会計画へと転換することとなった。

5-4　住民協働から住民主体へ　－次期総合計画の取り組み―

　第5次滝沢市総合計画の策定と実行に伴い、総合計画は市民にも行政職員にも必要なものとなった。
　しかし、課題が無い訳ではない。総合計画基本構想の実現のために、地域計画「地域ビジョン」と基本計画「行政政戦略計画」が作成され、体系化の上で、それぞれが活動又は政策展開を行っているが、二つの計画の摺り合わせが上手く図られないこと、地域計画である「地域ビジョン」が、全市民を巻き込んだ動きに発展しきれていないこと、基本計画である「行政戦略計画」が掲げる目標値が、市のインプットに対する結果として、効果が表れにくいアウトカム指標であること等の改善事項が確認されてきた。次期総合計画においては、これらの改善事項への対応が必要であり、現在検討を進めている。
　また、市民に対して、「総合計画」自体の認知度を高めることも課題であり、2014年4月1日から施行された滝沢市自治基本条例を踏まえた、地域で暮らす手引書として、「使われる総合計画」を目指すこととしている。「市民に使われる総合計画」とは何か。それは、市民が主体的に地域づくりを行う時にこそ、

159

必要となる計画であると考えている。結果的に、「住民自治」を目指すことが、総合計画を活かす近道なのだ。

このことを踏まえ、滝沢市では、「住民自治」に向けた取組を全市民で取り組める環境整備を行うこととしており、その環境整備の原典を総合計画として位置づけ、次期総合計画の策定を開始している。滝沢市では、次の総合計画策定に向けた策定方針を次のように定め、更なる総合計画の進化に取り組んでいる。

以下、「滝沢市次期総合計画策定方針」から抜粋したものを紹介する。

滝沢市次期総合計画策定方針（2013年5月28日庁議決定）
（前略）
　2　次期総合計画策定の基本的な考え方
　次期総合計画策定趣旨を踏まえ、次期総合計画の策定コンセプトを「住民自治日本一の市をめざす地域社会計画」と定め、策定準備に取りかかるものとします。
　※滝沢市が考える「住民自治日本一の市」とは、「住民自らが住みよい地域を考え、思いやりと協力の気持ちを持ち、地域や仲間と関わることに「満足」と「幸福感」を日本一実感できるまち」と仮定します。
　※「幸福感」のとらえ方の一例としては、2012年にブータン王国の国王が来日したことで注目を集めた「国民総幸福量（Gross National Happiness, GNH）」という国民一人当たりの幸福を最大化することによって社会全体の幸福を最大化することを目指すべきだとする考えから誕生した、精神面での豊かさを「値」とする指標が挙げられます。これは、国民総生産(Gross National Product, GNP)や国内総生産(GDP)による経済的生産及び物質主義的な側面での「豊かさ」を「金額」で数値化した考えとは異なる考え方であり、第5次滝沢市総合計画において政策マーケティング手法を用いて設定した「めざそう値」に新たな視点として加えることで、既存の各種指標では補足しえなかった民意の把握を試みる

ものであります。

　次期総合計画策定のコンセプトを実現するため、次の基本的な考え方により次期総合計画の策定を進めるものとします。

（1）住民主体の自治

　地方自治とは、「地方の総合的な運営は地方に委ね、国は国家に係る根幹的な事柄を担当し、かつ、国家全体の総合的な調整を図る」という国と地方の役割分担から、「住民自治」として、地方における政治、行政を住民又は住民代表の意思に基づいて行われること、その実行性を確保するため「団体自治」により国に対して独立の事務、組織、財政力等が確保されなければならないという考えで成り立っています。

　つまり、住民の意思による政治・行政が根幹であり、住民主体の自治なくして滝沢市がめざす「住民自治日本一」はありえないものであります。

　また、経済の成長期を経て、物質的な豊かさを享受した時代から、少子高齢化が進み、更には人口減少時代に突入した日本において、次代の世代が夢と希望を持ち、人との触れ合いや、助け合いの中で、自己実現が図られる環境が整った自治体、今の時代に求められる心の豊かさ、いわゆる「幸福感」を実感できる自治体こそが、必要とされる自治体像であると考えます。

　これからは、人々に選ばれる自治体に変わるために、第5次滝沢市総合計画において推進を図り、培ってきた「住民協働」をより進化させた「住民主体」の自治を目指すことを次期総合計画策定の根幹となる考え方に据えるも

```
5つの基本的考え
　○住民主体の自治を基本とします。
　○幸福感を育む環境づくりを使命とします。
　○選ばれ続ける自治体を目指すべき姿とします。
　○社会関係資本の醸成を手段とします。
　○絆のセーフティネットの確立を課題とします。
```

のであります。

（2）幸福感を育む環境づくり

幸福感は、人それぞれであります。しかし、幸福でない状態はある程度共通しているものと考えられます。

このことから、憲法に規定する基本的人権を踏まえ、人々が幸福でない状態を作らないための生活環境づくりが、一義的に税金を投入して行われるべき分野であり、真っ先に住民が行政に負託する分野と考えることができます。

この分野は、憲法で謳う社会権（人間らしい最低限の生活を国に保障してもらう権利）を指すものであり、地方自治体においても法定受託事務として生活保護の事務を行うとともに、自治事務としても様々な行政サービスを行っております。

つまり、行政は、住民の皆さんがそれぞれ掲げる目標に向かい、行動するための環境づくりを担うことにより、住民の皆さんの幸福感に寄与することが求められるものであります。

過去、経済成長を背景として、国も地方もインフラの整備、公共施設の建設をはじめ、様々な行政サービスを展開して参りました。

しかし、経済が低迷し、国と地方の借金が合わせて1千兆円目前となり、更には税収が国の予算の半分にも満たない今日、行政は、憲法に規定する基本的人権を再度踏まえ、自らの団体自治の能力の範囲内で、効果的な行政サービスを展開することが求められています。

戦後の経済成長により、日本は世界有数の経済大国となり、私たちの身の周りはモノで溢れる豊かな社会を実現しました。しかし、幸福については、世界的な調査(世界幸福地図や地球幸福度指標など)を見る限り、必ずしも経済発展とは一致しないことが伺えます。

「幸福」は、「モノ」の充足により得られるものではなく、幸福と感じることができる「心の豊かさ」の問題であり、「モノ」が溢れ、世界的に見ても社会基盤が整備された現代の日本社会においては、さらなる「モノ」やイン

第5章　地域計画と行政経営の融合－滝沢市における総合計画

フラ整備、公共施設の充足は、社会全体として、これ以上、幸福に寄与しないことに、誰もが気づき始めています。

これからは、「モノ」の充足ではなく、人々がそれぞれの価値観を尊重し、受け止めながら、自己の価値観に基づいて幸福を感じることができる「心」の充足による社会の構築が求められるものであり、人々の心の豊かさを社会として育むことに他有りません。

憲法第１３条に謳われる「幸福追求権」を支える基盤として、住民の負託による行政サービスが行われ、その基盤の上で安心して個々の幸福が追求されるとともに、滝沢市で暮らす人々が、日常に多くの幸せを感じとれる、心の環境づくりを新たに次期総合計画の使命として位置付けるものであります。

（3）選ばれ続ける自治体

全国的な人口減少時代の中にあって、滝沢市は人口が増加する数少ない自治体であります。これからも、様々な場面で選ばれ続ける自治体であり続けるためには、次代の世代へ自信を持って引き継げる環境づくりが必要です。

そのためには、現役世代をはじめ、滝沢市の将来を担う世代が、滝沢市に愛着を持ち、夢と希望を抱きながら暮らし続けるとともに、滝沢市に憧れ、夢を抱いて移り住む未来の住民までを見据えた計画づくりが求められます。

従って、次期総合計画の策定には、現役世代の参画はもとより、次世代の参画、さらには滝沢市で学び、働く人々の意見も聴きながら策定することが、必要不可欠な条件となります。

市域を越えて様々な世代に選ばれ続ける魅力ある自治体となることが、次期総合計画の目指すべき姿であります。

（4）社会関係資本の醸成

社会関係資本とは、「信頼」「互酬性の規範」「絆」による他人との結び付きを資本と捉え、その資本を強化することで、市場原理によらない価値を産み出すことができると言われています。

つまり、社会関係資本という、心を介した人々の触合いの場を設けることで、思いやりや助け合いを様々な生活の場面で感じることができれば、結果として、社会関係資本自体が幸福感を産み出す一つの要素に成り得るものと仮定することができます。

　この仮説に基づき、滝沢市で暮らす人々が、ライフステージや生活環境ごとに、それぞれのテーマに応じて日常的に幸福を感じられる社会関係資本を醸成することができれば、「モノ」の充足では得られなかった「幸福」や「心の豊かさ」を滝沢市で暮らすことにより獲得できる可能性があらわれるものであり、インフラ整備等に代わる住民満足の新たな手段として、次期総合計画に位置付けるものであります。

（5）絆のセーフティネットの確立

　現在、国と地方の借金は、財務省のホームページによると2012年度末に940兆円（対GDP比196％）に達する見込みと記されております。

　進む高齢社会により、社会保障費の増加は国の財政を圧迫し、社会保障と税の一体改革に伴う給付の抑制と消費税の増税など、住民の負担は増すことが確実視されています。

　このような国の動きを踏まえつつも、次期総合計画の策定においては、住民の福祉の向上を責務とする基礎自治体として、法令に基づく行政サービスに加え、社会関係資本を介した時代と地域のニーズに合致する滝沢市独自のセーフティネットの構築が課題となっています。

　これら5つの基本的な考えにより、滝沢市で生活することに、安心と充実を感じ、もって住民の幸福感と地域社会を自ら担う意思を醸成する次期総合計画の策定を進めるものであります。

　また、次期総合計画の推進において、幸福感がわかる滝沢市を実現するために、滝沢市民が共有できる「幸福感をあらわす指標」の策定と活用を検討します。（後略）

コラム

　「総合計画」を担当して、自分として何が変わったか。たぶん、企業のパンフレットやホームページを見たときに、企業理念や社会貢献、経営戦略の記載内容が目に留まるようになったことだと思う。しかし、なぜ「総合計画」と「企業の経営戦略」が結びつくのか。

　「総合計画」とは、その自治体のアイデンティティに基づくまちづくりの根幹となる計画であり、誰もが何らかの形で意識すべき計画であるから。そう私は思う。

　スケールは違うが、日本を代表する多くの企業が、確固たる企業理念を持ち、理念に基づいたドメインを設定しながら中期経営戦略を計画するという「仕組み」がある。また、社員は自社の理念を当たり前のように諳んじ、社員としての誇りを胸に世界各地で活躍するという「行動」は日常の光景である。実は、この「仕組み」と「行動」は、総合計画に基づく事業展開の仕組みとあまり変わりはない。

　「仕組み」を活かすための「取組」は何か。また、その「取組」が市の職員だけでなく、市民みんなを巻き込み、個人の主体的な「行動」として可視化されるにはどうしたらいいのか。

　2014年4月1日。市民発で策定された滝沢市自治基本条例が施行され、「幸せ」に基づく「住民主体の地域づくり」としての「仕組み」は徐々に形作られている。

　地方自治法の改正に伴い、自治体の意思として策定される総合計画は、次のステージに向けて、更に変化しなくてはならないような気がしている。

第6章　市民参画に基づく総合計画の策定

―三鷹市における総合計画―

プロフィール

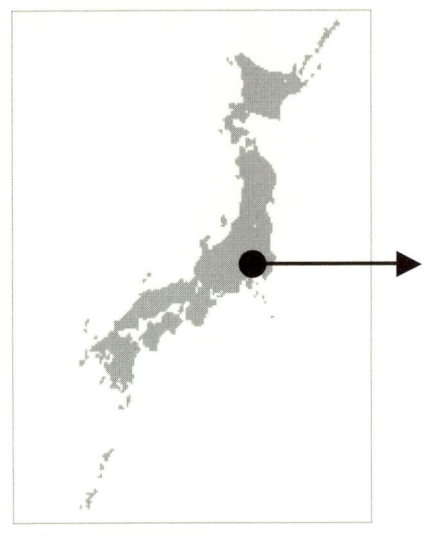

都道府県名	東京都
団体名	三鷹市
人口	186,083 人
職員数	943 人
面積	16.50k㎡
人口密度	11,278 人
産業構造	第1次：0.8% 第2次：15.3% 第3次：83.9%
標準財政規模	352 億円
財政力指数	1.08

※2010年国勢調査及び2012年度決算状況（カード）より

総合計画の特徴

・基本計画の策定、改定時期と首長選挙の連動…マニフェストの速やかな反映

・基本計画と個別計画の連動…同時並行的な作業による機能的な役割分担の構築

・参加と協働による計画策定の実施…多元的、多層的な市民参加手法の構築

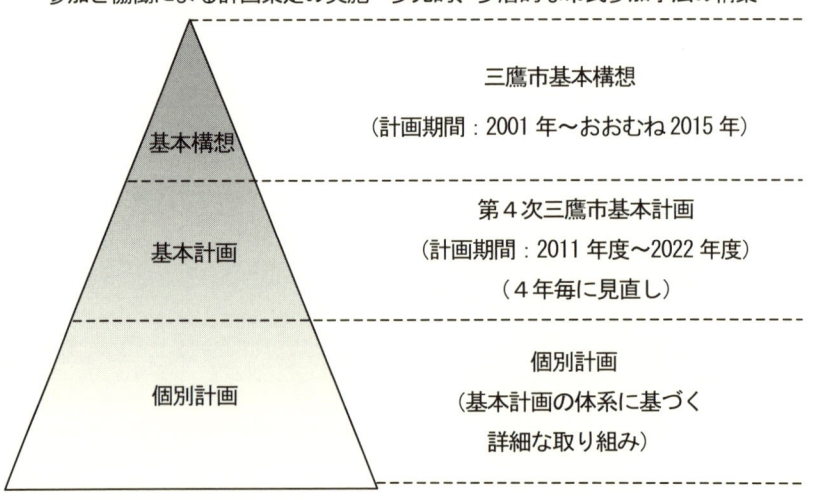

基本構想
三鷹市基本構想
（計画期間：2001年～おおむね2015年）

基本計画
第4次三鷹市基本計画
（計画期間：2011年度～2022年度）
（4年毎に見直し）

個別計画
個別計画
（基本計画の体系に基づく詳細な取り組み）

まちの特徴

　三鷹市は、標高55メートル、東経139度33分34秒、北緯35度41分00秒（市役所）、東京の西郊に広がる武蔵野台地の中央部南端に位置し、その範囲は、東西6.3キロメートル、南北5.2キロメートル、面積は16.5平方キロメートルで、都心から西へ約18キロメートルになります。市域は、東は杉並区、世田谷区に、西は小金井市、府中市に、南は調布市に、北は武蔵野市の2区4市に接しています。

　三鷹は、その周辺地域とともに、江戸幕府や尾張徳川家の鷹狩りが行われる御鷹場であり、徳川家康や三代将軍・家光なども鷹狩りに訪れていたとされています。その名称は、1889年の市制町村制の施行により、野方領・世田谷領・府中領の3領にまたがるかつての鷹場の村々が集まったことに由来し三鷹村となったと言われています。

　明治・大正期を通じて農村地帯であった三鷹は、1923年の関東大震災をきっかけに東京のスプロール化が急激に進み住宅地となっていきました。1940年には、町制が施行され、1950年に三鷹市となりました。

　三鷹市は、太宰治や山本有三、三木露風、武者小路実篤など多くの文学者が住み、優れた作品を生み出した文学の薫り高いまちです。また、井の頭恩賜公園や三鷹の森ジブリ美術館、国立天文台など、緑と水に恵まれた憩いの場も多く、誰もがいきいきと豊かな暮らしが実現できる「高環境・高福祉」のまちづくりを進めています。

　現在三鷹市では、成熟した生活都市として、都市基盤整備に邁進する時代から、安全性や快適性、都市としての風格や美しさ、環境への配慮、文化や生活の質の向上などを求める時期を迎えています。

6-1 三鷹市の計画行政と市民参加のはじまり

6-1-1 計画行政の取り組み

①計画行政のはじまり

　三鷹市では、1960年代に市政の最重点課題として公共下水道の建設を急ピッチで進めるため、1969年の地方自治法の改正による基本構想の策定義務化に先立ち、1966年に公共下水道を国内で初めて100％整備する等の都市基盤整備の方針を掲げた中期財政計画を策定した。これは、事業費捻出のために徹底した合理化・効率化を断行し、企業性を導入した少数精鋭主義を中心とする能率向上施策と業務の民間委託化などを進めるものであった。その後、1971年に第2期中期財政計画を策定するなど、市民満足度の向上を目指しつつも、「選択と集中」による施策の重点化等の行財政改革を推進する、いわば「三鷹式計画的行政運営」は、1970年代以降の地方財政危機に威力を発揮した。また、全国市長会、全国知事会、七大都市首長懇談会、革新市長会等が1976年に矢継ぎ早に発表した低経済成長下における行財政改革に関する各種の提言の先駆けとなった。

②三鷹市初の基本構想と基本計画の策定

　三鷹市では、1975年に三鷹市としては初めて基本構想を市議会で議決し、基本構想を具体化する計画として、1978年に第1次となる三鷹市基本計画（計画期間1978年から1990年）を策定した。基本構想では、望ましい三鷹の将来像として「～人間のあすへのまち～」を基本目標とし、「高環境・高福祉のまちづくり」によって実現されるものとしている。

第6章　市民参画に基づく総合計画の策定－三鷹市における総合計画

　三鷹市基本計画（第1次）の策定では、まず、「基本計画策定のための点検と展望」を実施し、市民参加（市民、団体意向調査）、学識経験者参加（市政診断）、職員参加（現状と課題の把握）を行った。この成果をもとに原案づくりを行い、基本計画策定指導委員（学識経験者4名）などの指導を得ながら、「基本計画（素案）」を作成した。この「基本計画（素案）」については、市議会基本計画（素案）検討協議会（11回）、基本計画（素案）発表と自治を語る市民の集い（1回、346名参加）、地域市民集会（7回、延べ170名参加）、まちづくり市民会議（市民各層代表57名で構成、延べ48回開催）など、多様な検討の場が設定され、これらの意見を加えて策定したのが「三鷹市基本計画（第1次）」である。

③第2次・第3次となる基本構想・基本計画の策定

　基本構想及び基本計画（第1次）の策定以降、次期基本構想を1990年に市議会で議決し、1992年には第2次三鷹市基本計画（計画期間1992年から2000年）を策定した。第2次基本計画では、21世紀に向けた計画として、当時の社会経済状況等を踏まえた潮流を概観する中で、公園的な都市空間の創造を目指す「高環境」と豊かな市民生活の実現を目指す「高福祉」の具体的な施策を示している。

　その後、2001年には21世紀を迎えた三鷹市の新たなビジョンを示す基本構想を市議会で議決するとともに、第3次三鷹市基本計画（計画期間2001年から2010年）を策定した。三鷹市では、計画の策定時には必ず、市民参加を行っている。次項に示すような市民参加の歴史の中で、「協働」という言葉が浸透する以前から、市民と行政との対話を重ね、その結果として、市民力が向上し自治体としての三鷹市も多くのことを学んできたといえる。

　第3次三鷹市基本計画の策定では、市民の「参加と協働」をまちづくりの重要な展開手法として、「協働」というキーワードを随所に盛り込んでいる。

6-1-2　市民参加と協働の取り組み

①コミュニティ行政のはじまり

　三鷹市は、1973年の全国初となる公共下水道100％整備の達成を目前に控え、次なる重点施策として、1971年にコミュニティ・センター建設構想を策定した。三鷹市のコミュニティ行政は、このコミュニティ・センター建設構想により、全国に先駆けて、①住民参加によるコミュニティ・センターの建設、②コミュニティ・センター条例の制定、③住民自身によるコミュニティ・センターの管理・運営などの特徴を持つ「三鷹方式」の市民自治を目指すコミュニティづくりである。

　具体的には、市域を中学校区に相当する7つの「コミュニティ住区」にゾーニングし、住区ごとにコミュニティ・センターを建設するとともに、住民自治組織である「住民協議会」が自主管理するものである。

　コミュニティづくりにおける行政の役割は、「コミュニティ活動への動機づけと活動の場を提供すること」、つまり、「コミュニティ活動の手段と媒体を用意する限りにおいて近隣社会の創造に係わりあること」である。当初より、住民協議会に対し三鷹市からコミュニティ活動助成金及びコミュニティ・センター管理運営についての委託料（2006年からは指定管理料）が交付されている。コミュニティ住区を市民参加の地域的基礎単位とし、福祉・保健・防災・生涯学習など行政の様々な分野の施策がコミュニティ醸成に視点をおいて展開されている。

　「住民協議会」は、施設管理を通じて独自に自主活動を展開し、既存の地縁団体など諸団体との関係を保ちつつ、連携したイベント等を実施している。また、サークル活動やボランティア活動に施設を提供するだけでなく、そのメンバーがコミュニティ・センターの運営の役員として関わるなど、地域に根づいた拡がりのある市民自治のコミュニティをめざして活動している。

②住民協議会を中心とした「コミュニティ・カルテ」の作成

　1978年に策定した三鷹市基本計画（第1次）の中で、住民協議会を中心にコミュニティ住区内の生活環境の診断を行う「コミュニティ・カルテ」の手法を取り入れることを明記し、1979年から1981年にかけて第1回コミュニティ・カルテを実施した。その後、計画の改定期にあわせて1984年に第2回を、1988年に第3回のコミュニティ・カルテを行って、地域のニーズを計画に反映した。また、第3回コミュニティ・カルテでは、従来の手法に加え、新たに10年後の住区の将来像を検討して地域のまちづくり計画を作成する「まちづくりプラン」という手法を導入した。この「まちづくりプラン」にまとめられた住民協議会からの提案（**図表Ⅵ-1**）は、1992年に策定された「第2次三鷹市基本計画」や「緑と水の回遊ルート整備計画」に取り入れられ、三鷹市のまちづくりの基礎となった。

図表Ⅵ-1　まちづくりプランの提案事業例

▲大沢住民協議会　まちづくりプラン「親しめる野川のイメージ」

③第 3 次三鷹市基本計画における市民参加

　基本構想（2001 年市議会議決）及び第 3 次三鷹市基本計画（計画期間 2001 年から 2010 年）では、従来の市民参加手法をさらに発展させ、様々な参加手法を採用するとともに、「白紙からの市民参加」といわれる「みたか市民プラン 21 会議」による市民参加組織からの提言に基づく取り組みが行われた。また、第 3 次三鷹市基本計画の改定（2004 年）及び第 2 次改定（2007 年）においては、大規模な市民会議方式や ICT を活用した「e コミュニティ・カルテ」、「e シンポジウム」を実施した。「e コミュニティ・カルテ」は、住民協議会や NPO 団体等に GPS 機能付き携帯電話を貸出し、その場でまちのデータや意見を地図情報システムにマッピングする「e まち歩き」を実施し、その内容をインターネットで公開し、市民相互の意見交換を行う仕組みである。「e シンポジウム」は、新たな政策課題となるテーマについて実際にシンポジウムを開催し、その様子を議事録とともにインターネットで動画配信し、市民がこれらの内容に対し電子会議室上で意見交換を行う仕組みである。そのほか、後述する無作為抽出による市民討議方式など、各種の新たな市民参加手法を開発し導入してきた。

④「みたか市民プラン 21 会議」による白紙からの市民参加

　「みたか市民プラン 21 会議」（市民 21 会議）は、三鷹市の基本構想及び第 3 次三鷹市基本計画策定に向けて市民の視点からの提言を行うための市民参加組織として 1999 年に発足した。市民 21 会議のメンバーは、全員が公募に応じて自ら手を挙げ自主的に登録した個人である（登録人数 375 名）。市民が自主的に運営を行う市民参加組織として、三鷹市との協働関係を明確にするとともに、両者の役割と責務を明記した「パートナーシップ協定」を締結し、三鷹市が素案を作成する前の段階から検討を行う、白紙からの市民参加による活動を行った。発足後、約 2 年間（784 日）の活動の中で、全体会や 10 のテーマからなる分野別テーマの分科会・共通テーマの分科会による延べ 773 回の会議を行

い、提言書「みたか市民プラン21」を三鷹市へ提出した。三鷹市では、この提言書を受けて、第3次となる基本構想と第3次三鷹市基本計画の素案を作成した。

　市民21会議の活動の成果としては、基本構想及び基本計画の策定につながるものだけではなく、その後に開設した「三鷹市市民協働センター」や「三鷹市自治基本条例」の制定などにつながっている。全国的にも先駆的な取り組みとして注目を集めた市民21会議の取り組みは、まさに、「究極の市民参加」であったともいわれている。

（市民プラン21会議・「実りの秋全体会」での提言提出）

6-1-3　自治体経営マネジメントの仕組み

①基本計画と事業評価制度との連動

　三鷹市では、1982年に「主要事務事業進行管理」を導入し、市が進める主要事業等の進行の調整・管理を行い、基本計画の着実な推進を図ってきた。そ

の後、2001年の第3次三鷹市基本計画の策定を踏まえ、2002年度から事業評価制度を導入した。

この事業評価制度は、①基本計画の主要事業を中心とした目標達成状況の管理、②次年度予算編成への反映、③事業の効率化・合理化、見直し等の行財政改革の推進を図ることを主な目的としている。これまでの「進行管理」に予算編成や行財政改革と連動するシステムを加えることにより、発展的に拡大した新たな評価システムとして導入した（図表Ⅵ-2）。

このように、三鷹市では、中長期的な施策を展望する基本計画と単年度ごとに実施する事業評価制度との連動により、主要施策の着実な実施と健全な財政運営による自治体経営をマネジメントしている。

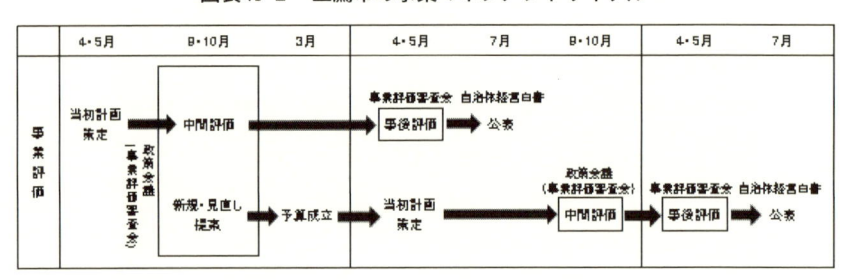

図表Ⅵ-2　三鷹市の事業マネジメントサイクル

②自治体経営状況の公表

三鷹市では、効率的で開かれた「21世紀型自治体」を実現するため「創造的な自治体経営」を目指し、自治体経営の現状を明らかにする手法として2002年より毎年「三鷹市自治体経営白書」を発行している。自治体経営白書は、前年度の事業評価制度の結果や主要な自治体経営の取り組み事例とともに、基本計画や行財政改革の進捗状況、市の財政状況について掲載している。この取り組みにより、市の施策がどのように実施されているのかという市民の大きな関心事に対して「説明責任を果たす」ことにつながり、三鷹市が、市民とともに自治体経営のあり方を考えていくための資料として重要な位置付けとなっている。

第6章 市民参画に基づく総合計画の策定－三鷹市における総合計画

6-2　第4次三鷹市基本計画策定に向けた取り組み

6-2-1　三鷹まちづくり総合研究所の設置と市民参加手法の研究

①三鷹まちづくり総合研究所の設置

　三鷹市では、2005年に「民学産公」の協働による新しい形の「地域の大学」として三鷹ネットワーク大学が開設された。三鷹ネットワーク大学は、NPO法人三鷹ネットワーク大学推進機構が指定管理者として管理運営している。同大学は、「教育・学習機能」「研究・開発機能」「窓口・ネットワーク機能」の3つの機能を持っており、その中の「研究・開発機能」として「三鷹まちづくり総合研究所」事業による、三鷹市の新たな政策課題に関する調査・研究を行っている。そこで、2009年に三鷹市とNPO法人三鷹ネットワーク大学推進機構で協定を締結し、「三鷹まちづくり総合研究所」を共同設置した。研究所の所長には三鷹市長が就き、運営は三鷹ネットワーク大学が行うこととした。

②研究会の設置による市民参加手法の研究

　三鷹まちづくり総合研究所の設置と同時に、研究所の分科会として「第4次基本計画と市民参加のあり方に関する研究会」を設置し、中村陽一座長（立教大学21世紀社会デザイン研究科教授）のもと学識経験者と三鷹市職員の8名の研究員で構成した。研究会では、研究員による検討のほか、住民協議会、まちディスみたか、みたか市民協働ネットワークなど関係市民団体へのヒアリングと意見交換を行った。検討の内容は、三鷹市の計画策定における市民参加の歴史とその特徴を振り返り、第4次三鷹市基本計画の策定における市民参加のあり方や今後の基本計画及び個別計画のあり方などを中心とするものであった。

（研究会で問題提起する清原慶子三鷹市長）

③第4次基本計画策定における市民参加の基本的な方向性

　第4次三鷹市基本計画の策定における市民参加のあり方を検討する上で特に重要視したことは、第3次三鷹市基本計画が策定された後に市民21会議の提言に基づき開設した「三鷹市市民協働センター」と「三鷹市自治基本条例」の制定である。「三鷹市市民協働センター」は、市民活動を総合的に支援し、市民との協働によるまちづくりを推進するため、2003年に開設した。「自治基本条例」は、2006年に施行された三鷹市の最高規範として、自治の原理や基本原則を明確に定め、市民自治による協働のまちづくりを一層推進するものである。また、自治基本条例の市議会成立後に、「パブリックコメント手続条例」や「市民会議、審議会等の会議の公開に関する条例」の制定など新たな協働の推進体制を整備した。

　第4次三鷹市基本計画の策定においては、これらの制度や仕組みを活用しつつ、パートナーシップ方式などの市民参加の経験と築き上げてきたネットワークを最大限活かすことがポイントとなった。そのポイントとなるキーワードが「協働」である。協働の推進に向け、住民協議会との連携に加え、地域の

市民にも広く参加を呼びかけて、コミュニティ住区ごとのフィールドワーク（まち歩き）やワークショップの開催など、「多元的・多層的な市民参加」による取り組みが必要と考えた。

6-2-2　多元的・多層的な市民参加手法の構築

①協働による市民参加の推進

　第4次三鷹市基本計画は、首長の任期との連動を図り、首長のマニフェストを迅速に反映させる仕組みとしている。一方で、マニフェストのみで基本計画や個別計画が策定されるだけでなく、マニフェストに示されている政策の基本的方向性に加えて、多様化し変化する市民のニーズ等を不断に反映するために市民参加の機会を多様に設定することが重要である。

　三鷹市では、第3次三鷹市基本計画策定以降、市民協働センターの開設や自治基本条例の制定など、協働を推進するための環境整備が整い、パブリックコメント制度の定着や市民会議・審議会の活性化など「参加と協働」が日常的に推進されている。第4次三鷹市基本計画の策定においては、三鷹市のこれまでの市民参加の経過と築かれたネットワークを活かすとともに、住民協議会に加えて市民協働センターや三鷹ネットワーク大学等の機能を最大限活かすことが重要となった。

②参加と協働のネットワークの活用

　第4次三鷹市基本計画の策定では、並行して行う多くの個別計画の策定や改定においても、それぞれの施策に関わる市民、市民団体、関係団体、事業者、学識経験者等に広く意見を求め、反映させる丁寧な取り組みを行うことが求められた。そこで、これまでの経験を十分に活かし、様々な市民に様々な手法による「多元的・多層的」な市民参加を進めることが、三鷹市らしい計画の策定につながるものと考えた。

6-2-3　基本計画と個別計画のあり方

①首長の任期・マニフェストと基本計画との連動

　三鷹市では、第2次三鷹市基本計画と第3次三鷹市基本計画の計画期間を10年としてきた。これは、全国的にも同様な傾向であったが、1期4年という首長の任期には合致しておらず、選挙で選ばれた首長の政策等が即座に計画に反映されるものではなかった。

　しかしながら、2003年の統一地方選挙以降、自治体レベルでマニフェストの普及が進み、現在まで、多くの自治体で首長の任期やマニフェストと総合計画との連動を模索する取り組みが行われている。

　三鷹市においては、2003年に現在の首長が初当選した際もマニフェストを掲げている。その後、2007年の第3次三鷹市基本計画第2次改定では、計画改定と首長選挙が一致したため、同計画の「改定に向けた基本的な考え方」で、首長のマニフェストを踏まえて作成した改定方針に基づき計画を改定することを明記している。

　こうした経過から、第4次三鷹市基本計画の策定及び個別計画の策定・改定においては、計画期間を従前の10年から12年とし、改定時期も首長の任期と連動し4年ごととした（図表Ⅵ-4）。このことは、選挙後にマニフェストに基づく計画の策定方針を定め、その後、同方針に基づき基本計画や個別計画

図表Ⅵ-4 基本計画の計画期間

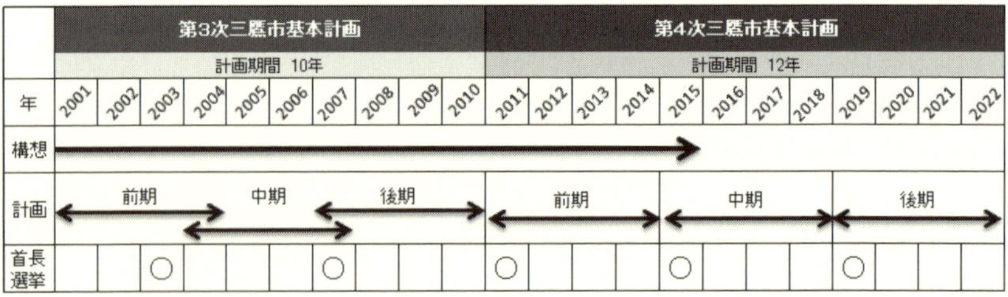

の素案等の作成を進めることによって、市民から信託を得た首長のマニフェストを速やかに計画に反映し実行できるものと考えた。

②**基本計画と個別計画の計画期間の一致**

2001年に策定した第3次三鷹市基本計画は、2010年度までの10年間を計画期間としていた。2006年より施行している「三鷹市自治基本条例」では、「基本構想及び基本計画に基づき策定する個別計画は、基本構想及び基本計画との整合及び連動が図られるようにしなければならない」と定めており、個別計画についても計画期間や改定の時期等について法令等の定めがあるものを除き、基本計画と目標年次を合わせて策定・改定することとなった。このため、20を超える個別計画が第3次三鷹市基本計画と同様に2010年度で計画が満了となった（**図表Ⅵ-3**）。

図表Ⅵ-3　第4次三鷹市基本計画と同時並行的に策定・改定した個別計画

部	個別計画
教育部	教育ビジョン2022、教育支援プラン2022、生涯学習プラン2022、みたか子ども読書プラン2022
都市整備部	土地利用総合計画2022、緑と水の基本計画2022、バリアフリーのまちづくり基本構想2022、交通総合協働計画2022、公共施設維持・保全計画2022、景観づくり計画2022
健康福祉部	健康福祉総合計画2022、障がい者福祉計画（第3期）、高齢者計画・第五期介護保険事業計画
生活環境部	環境基本計画2022、地球温暖化対策実行計画（第3期計画）、ごみ処理総合計画2015（改定）、産業振興計画2022、農業振興計画2022
総務部	地域防災計画（改定）、事業継続計画（震災編）
企画部	行財政改革アクションプラン2022、男女平等参画のための三鷹市行動計画2022、地域情報化プラン2022

※上記記載の個別計画は、第4次基本計画と同時並行的に策定・改定を進めたものである

基本構想（2001年〜2015年）
第4次基本計画（2011年度〜2022年度）

つまり、第4次三鷹市基本計画の策定においては、基本計画と多数の主要な個別計画の策定や改定を同時並行的に進めるという、三鷹市として初めてであり、全国でも例にない取り組みが行われることとなった。

③基本計画と個別計画の役割分担の明確化

第4次三鷹市基本計画の策定においては、多数の主要な個別計画の策定・改定を同時並行的に行うことから、基本計画と個別計画との役割分担を一層明確に分けることができる好機だったといえる。

基本計画と個別計画が連動し機能的な役割分担を構築する手法として、基本計画では、施策の課題と取り組みの方向性や事業の体系と重点課題等を明らかにする。一方、個別計画では、基本計画の体系に基づく各事業の目標、スケジュール及び詳細な取り組み内容等を掲載することが有効であると考えた。

6-3　第4次三鷹市基本計画の策定

6-3-1　基本計画の前提

①首長選挙後からの計画づくり

第4次三鷹市基本計画の計画づくりは、首長選挙後の2011年4月から始まり、同年度末に計画を確定した。もちろん、計画づくりにおける検討や資料集の作成、市民参加等は、計画策定の2年前となる2009年より段階的に行った。

首長選挙後から始まった計画づくりでは、当選した首長のマニフェストを反映させて6月に基本計画の基本的方向を定めた「討議要綱」を作成した後、市の広報やホームページに掲載し、市民の意見を募集したほか、市民会議・審

議会等に示し、多方面からの意見を求めた。その次のステップとして、9月には「骨格案」を、12月には「素案」を策定した。この「骨格案」と「素案」については、市議会で「全員協議会」を開催して説明や質疑を行うとともに、後述する市民参加手法やパブリックコメントを活用し、市民等からの意見を次のステップの計画案に反映した。また、個別計画についても、基本計画と同様なステップとなるように庁内各部署に依頼し、広報特集号等で基本計画と一体的に公表した。

②基本計画の計画年度

　第4次三鷹市基本計画の計画期間は、2011年度から2022年度までの12年間とし、4年ごとの3期（前期・中期・後期）に分け、見直し（ローリング）を行っていくこととした。基本計画の確定は計画初年度末であるが、これは、当選した首長のマニフェストを反映した取り組みがすでに始まっており、その年度に取り組んだ施策も基本計画に位置付けることとしたためである。このように整理することで、基本計画と首長の任期を一致・連動させることができるのである。

③計画人口と想定人口

　2011年に行った「計量経済モデルによる三鷹市経済の長期予測」（図表Ⅵ-5）によると、三鷹市の人口は、今後緩やかな増加傾向が続き2015年には18万人を超えると予測した。その後は、「標準ケース」と「経済低成長ケース」では2025年まで、ほぼ横ばいに推移すると予測されている。一方、同推計モデルの「経済回復ケース」では、2015年をピークに三鷹市の人口は減少し、2025年には17万5千人を下回る推計値も出されている。そこで、第4次三鷹市基本計画の策定にあたっては、当面の人口増加に対応しつつも将来的な人口減少を視野に入れた政策構想が必要であると考えられるため、「計画人口」のほかに「想定人口」を設定しまちづくりを推進することとした。

計画人口：概ね 175,000 人、　想定人口※：概ね 180,000 人
※当面の人口増加に対応した都市施設等の整備を進めるための人口とし、成長管理によるまちづくりを推進するものである。

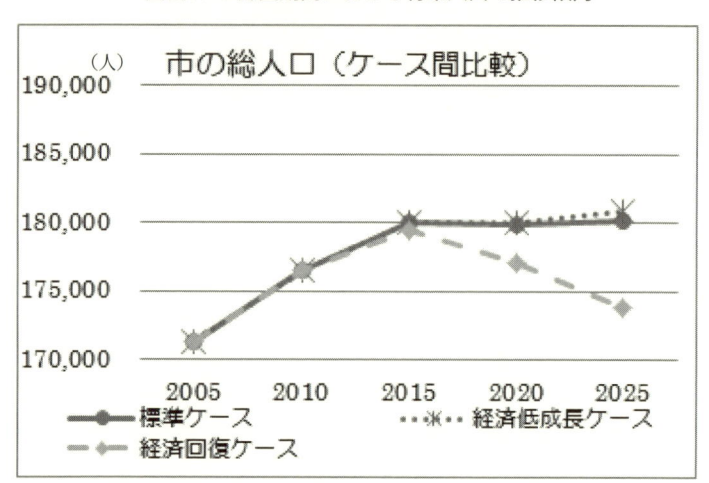

図表Ⅵ-5 計画期間における将来人口の推移傾向

6-3-2　基本計画策定に向けた 7 つの潮流

　これから記述する 7 つの潮流は、三鷹市が基本計画策定において、計画全体を通じて考慮すべき要素として認識するとともに、政策的課題として総合的に対策を講じていく必要があると判断したものである。

①東日本大震災の発生と危機管理意識の高まり
　2011 年 3 月 11 日に発生した東日本大震災は、多くの人命と財産を奪い、人々に深い悲しみと痛みをもたらした。三鷹市においても、震度 5 弱を記録し、公共施設や家屋等の一部に被害が生じたほか、計画停電や放射性物質に対する不安など市民生活に大きな影響を引き起こした。今後、マグニチュード 7 クラ

第6章　市民参画に基づく総合計画の策定－三鷹市における総合計画

スの地震が 30 年以内に南関東で発生する確率は 70％程度とも言われている。

　このような中、市民の危機管理に対する意識は非常に高まり、自治体の役割とその対応の重要性が高まっている。具体的には、市民への適切な情報伝達、飲料水・生活用水の提供、学校・保育園等における保護者との緊急連絡、避難所における避難者・必要物資に関する情報提供、車両・自家発電用燃料の確保、帰宅困難者対応など多岐に渡っている。

　危機管理は、地震のほかにも、ゲリラ豪雨などによる都市型水害や新型インフルエンザ、振り込め詐欺、子どもを狙った犯罪の発生等、生活の安全安心を脅かす多くの事象や事件等、様々なことが考えられる。

　このように、自然災害から地域の犯罪や感染症に至るまで、起こり得る多様な事態に対し、迅速かつ確実に対応するために、市民の防災力と行政の危機管理能力の向上が求められている。

②公共施設の更新時期の到来

　高度経済成長期には、三鷹市においても人口増加や社会ニーズの多様化により多くの公共施設が建設された。それらの公共施設が次々と老朽化し、維持管理や施設の再配置等のあり方に関する課題は、三鷹市も例外ではない。2012 年度、2014 年度には、それぞれ築 40 年を迎える公共施設の延床面積が約 25,000㎡となりピークに達する。その後も 5,000㎡から 10,000㎡の水準で三鷹市の公共施設は築 40 年を迎えることとなる（図表Ⅵ-6）。

　このような状況に対し、2009 年に策定した「都市再生ビジョン」を踏まえ、公共施設の効果的な維持・保全・更新に向けた取り組みを進めている。具体的には、老朽化や耐震性に課題のある公共施設の集約・再配置を含め、公的不動産の合理的な所有や利用形態を最適化する「公的資産のマネジメント」（PRE：Public Real Estate）の確立を図り、市が保有する不動産の合理的な利活用を進めることである。

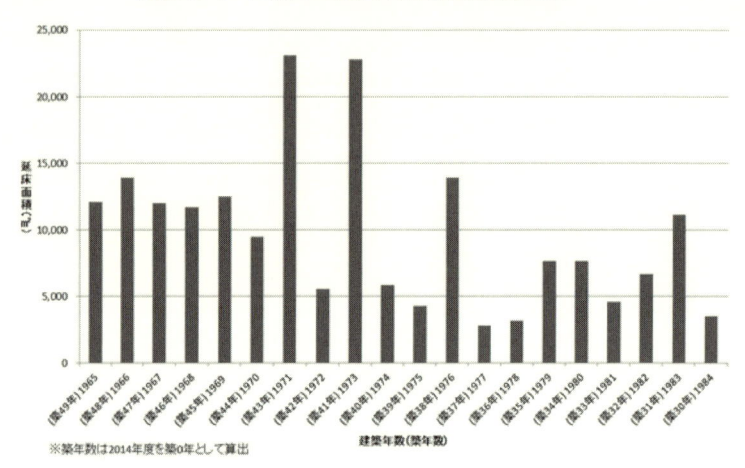

図表Ⅵ-6　三鷹市の施設の築年数別延床面積

③地域に暮らす人々の「共助」の仕組みづくり

　急速な少子長寿化や高齢者の単身世帯の増加は、地域での人々のつながりの希薄化や空洞化といった課題となり、子育て世代においては、核家族化の定着により、子育ての知恵が伝承されにくい環境での育児など、時代の変化とともに、地域の姿が変化してきている。

　従来、家族・地域・会社などが担ってきた、いわば目に見えない社会保障は、これまでの機能を失いつつある。このような状況の中で、住民同士の「支え合い」による新たな「共助」の仕組みや「ソーシャル・キャピタル（社会関係資本）」の重要性が再認識されている。三鷹市においても、現在の地域の姿を正確に認識し、社会的に孤立状態にある人への支援を含めた広義のセーフティネットの構築に向けた取り組みが求められている。

④進展する高齢化への対応

　高齢化の進行と生産年齢人口の減少は、市財政の歳入と歳出の両面に大きな影響を及ぼすことが想定される。来るべき人口減少時代も視野に入れて、高

齢者が生きがいを持って、かつ、それぞれが持つ知識や経験を活かし、能力を発揮しながら活躍できる社会となっていくことが求められている。三鷹市では、SOHO（Small Office/Home Office）支援事業を先駆的に進めており、リタイアした高齢者がこれらの支援を受けて起業することができれば、実質的な生産年齢人口の増加となり、財政面への効果とともに、社会的・地域的課題解決への効果も期待できる。

⑤**子育て支援施策の拡充と生産年齢人口層の市民に選ばれるまちづくり**

1995年と2005年の国勢調査における三鷹市の人口構成を比較すると、10年の間で10代から30代までの世代が大きく減少している（図表Ⅵ-7）。未来の三鷹のまちづくりを担う子どもたちを育み、若い世代に住みたいと思われるまちを創る施策の充実が求められている。これは、少子長寿化と人口減少時代において、市の財政力と人財力の維持・向上のためにも「選ばれる・魅力あるまちづくり」を進めて、生産年齢人口層の市民の増加を図るものである。

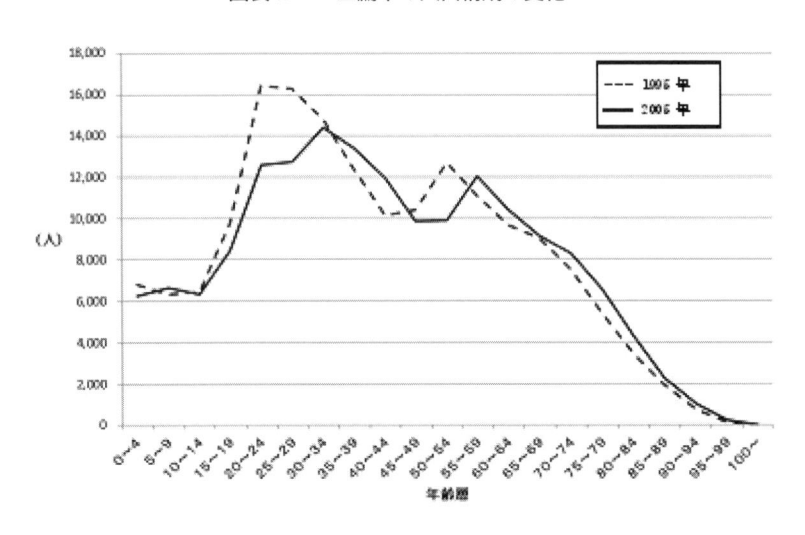

図表Ⅵ-7 三鷹市の人口構成の変化

⑥低炭素都市、持続可能なサステナブル都市への転換

　三鷹市に限らず、国内では、東日本大震災と震災による数々の事象などの経験から、省エネルギーへの意識が高まっている。こうした機会を捉え、「低炭素社会・資源循環型社会」への転換を進めていくことが重要視されている。さらに、「環境問題」「経済の活性化」「社会問題の解決」など3つの要素について個別ではなく、すべてを「統合的」に包含して、持続可能な都市、すなわち「サステナブル都市」を目指すための三鷹市独自の施策が必要となっている。

⑦協働領域の拡大と民学産公による協働のまちづくり

　多元的・多層的な市民参加の取り組みは、「参加と協働の日常化」となり、市政を着実に前進させるものである。多様な主体との協働の取り組みは、その幅をますます拡大させるものであり、住民協議会や町会・自治会等の地域自治組織の活動支援など、コミュニティの視点を基礎に置くことが重要である。そのためには、地域の人財や情報、歴史、文化、自然環境、民間活力などのあらゆる資源を活用することが必要となる。

　まちの活力を高めるためには、「民学産公」が連携した参加と協働のまちづくりをさらに強化し、市民団体やNPOとの連携による地域課題の解決に向けた取り組みも重要となっている。

6-3-3　基本計画策定に向けた市民参加

①市民参加を進めるための市民会議・審議会の役割

　第4次三鷹市基本計画と同時並行的に策定・改定される個別計画が、連動し、方向性が合致した計画となるためには、各種の市民会議・審議会における検討が重要と考えた。そのためには、市民会議・審議会において、計画の達成状況の検証を行い、それを踏まえた新たな計画の策定に向けた意見や提言を行うこ

とが求められる。さらに、その提言等を反映した、基本計画の「骨格案」や「素案」の作成に加え、個別計画の案の作成を行い、市民会議・審議会が再びそれぞれの計画案に対する意見を出して次のステップに反映させるなど重層的な取り組みが必要とされた。

また、市民会議・審議会の委員には、公募市民枠を設け日常的に市民意見を反映させることも重要である。三鷹市では、この公募市民を無作為抽出で選出する取り組みを行っており、日ごろ市政に接することが少ないと考えられる市民にも、個別の施策に対し意見を出してもらい、生活の視点から意見表明の機会を設けるなど開かれた場と機会の創出に努めている。

②無作為抽出による市民会議等の公募委員の選出

全国に先駆け、2010年より無作為抽出方式による市民会議・審議会の公募委員候補者の募集を始めた。

本手法は、住民基本台帳から無作為抽出による1,000名の市民に市民会議・審議会の公募委員候補者となることに同意を依頼する文書を送付し、承諾を得る仕組みである。これまで、2010年には111名、2012年では80名の市民から同意をいただき、「公募委員候補者名簿」に登録した。

三鷹市には、約30の市民会議・審議会があり、そのうち、公募市民枠が約70名設定されている。同意をいただいた市民からは、希望する分野をあらかじめ示してもらい、当該市民会議・審議会の委員任期のタイミングにより、候補者に連絡し承諾が得られた際には委員に就任していただいた。

③市民の検討に必要な資料集の作成

第3次三鷹市基本計画を策定する際、全員公募の市民による「みたか市民プラン21会議」をはじめとする市民との計画づくりの協働を推進した。その過程で、1999年に参加と協働の時代にあって市民との市政に関するデータの共有を図るため、「三鷹を考える論点データ集」を発行した。その後、基本計

画の改定及び策定の前年度となる 2004 年、2007 年、2010 年にそれぞれ改定を行い、現在までに 4 回発行している。三鷹市のような自治体では、著しく社会が変動する時代の中で、より多様化し、複雑化している地域課題について、市民の視点に立って認識し、その解決を図るために、「参加と協働によるまちづくり」をさらに推進するとともに、地域で共に支え合う「新しい共助のかたち」が求められている。地域課題の解決を共通の目標としつつ、協働を進めていくためには、市民と三鷹市が常に正確なデータや情報

（三鷹を考える論点データ集 2010・4 回目の発行）

を共有し、理解し、考えることが出発点となると考える。

　このデータ集の作成にあたっては、若手職員を中心としたプロジェクト・チームが、市民生活の視点で三鷹市政の課題や論点を抽出し、関連するデータを図や表によって、できる限り理解しやすく示すことに努めている。また、色覚的に配慮した色彩のユニバーサルデザインを工夫するなど、視覚的な分かりやすさを重視した資料として編集している。2014 年現在、現行の第 4 次三鷹市基本計画の第 1 次改定に向け、5 回目となるデータ集の発行のため、執筆者をリーダーとする若手職員によるプロジェクト・チームにより検討を進めている。

　さらに、「三鷹を考える論点データ集」の発行とともに、三鷹市のこれまでの歩みや施策等の概要を掲載した「三鷹を考える基礎用語事典」を同時発行し、計画づくりにおける基礎資料として活用している。

④まち歩き・ワークショップの開催

　第 4 次三鷹市基本計画と同時に、まちづくり 3 計画である「土地利用総合

計画（都市計画マスタープラン）」と「緑と水の基本計画」の改定、「景観づくり計画」の策定を行った。これらの計画に、市民の意見を反映することを目的として、計画策定の前年度に当たる 2010 年にコミュニティ住区ごとの「まち歩き・ワークショップ」を開催した。この取り組みには、公募による市民に加え、住民協議会、町会・自治会、商工会などの市内で活動している団体の方や、学生など、延べ 542 名の市民が参加した。

「まち歩き・ワークショップ」では、住区内の「まち歩き」を行い「ワークショップ」において、まちの将来像などについて市民による活発な議論が行われた。議論の結果は、地域の課題や課題解決に向けた新たな視点からのまちづくりの提案などとして市に提出された。

これらの提案は、基本計画や個別計画の策定・改定における意見として、他の市民参加やパブリックコメントと同様に計画への反映に努めるものであった。

（コミュニティ住区ごとのまち歩き）

⑤**市民意向調査・団体意向調査の実施**

　基本計画の策定及び今後の行政サービスの質の向上のための基礎資料とするため、基本計画策定の前年度となる 2010 年度に、三鷹市が行っている各施策に対する市民及び各団体の満足度やニーズ調査を行った。

　「市民意向調査」は、無作為抽出によって選ばれた市内在住 15 歳以上の 3,500 名の市民を対象に実施し、1,507 名から回答を得た。団体意向調査は、三鷹市の公共施設利用登録団体や三鷹市との連携事業実施団体等の中で、三鷹市が把握する 1,295 団体を対象に実施し、779 団体から回答を得た。

⑥**まちづくり懇談会の開催**

　基本計画の「骨格案」と「素案」の策定後には、それぞれ市内 7 つのコミュニティ住区での「まちづくり懇談会」を開催した。「骨格案」における「まちづくり懇談会」は、土日の昼間に開催し、2010 年に実施した「まち歩き・ワークショップ」のフィードバックを行うとともに、「骨格案」に対するワークショップ形式による市民同士の話し合いを行い意見交換や発表の機会とした。7 つのコミュニティ住区の合計で 103 名の市民が参加し、422 件の意見が寄せられた。

　「素案」における「まちづくり懇談会」では、平日の夜間に開催し、骨格案へ寄せられた意見の反映状況などについて、市民に説明を行い、質疑や意見を出してもらう場とした。7 つのコミュニティ住区の合計で 107 名の市民が参加した。

⑦**広報特集号の発行**

　計画の策定過程において、市民からの意見を幅広く取り入れるためには、市民会議・審議会からの意見や各種の市民参加手法による意見だけでなく、すべての市民に対し分かりやすく、また、一定の方向性が出た時点で速やかに情

報伝達することが必要である。

　第4次三鷹市基本計画では、すべての市民への情報伝達手段として、通常の市の広報とは別に、広報特集号を計3回発行し市内全戸に配布した。「骨格案」と「素案」の号では、タブロイド版12ページとし、「計画確定」号では、同16ページによる紙面に、基本計画と個別計画の概要に加え、策定に係るスケジュールや市民参加手法の経過・結果を掲載した。パブリックコメント等に寄せられた主な意見についても、広報特集号でその反映状況を掲載し、市民への説明責任を果たしている。

　特出すべきは、「骨格案」の広報特集号に折り込んだ、第4次三鷹市基本計画で重点政策として取り組む課題などを問うアンケートの反応である。第3次三鷹市基本計画第2次改定の「骨格案」の特集号の際にも、同様なアンケートを実施しているが、その時の回答は約420通であった。今回の回答は、約3,050通となり7倍強の反響となった。このうち、道路や交通に関する課題に対する意見が500件を超えており、市民生活における重要性を再認識した。「骨格案」では、道路・交通に関するプロジェクトは重点に設定していなかった。そこで、

（広報みたか　第4次基本計画・個別計画特集号）

次のステップである「素案」では、市民からの反応が大きく三鷹市としても優先して取り組むべき課題であると判断し、新たに6つ目の重点プロジェクトとして、「都市交通安全プロジェクト」を追加したのである。

6-3-4　無作為抽出によるみたかまちづくりディスカッションの開催

①三鷹方式による市民討議会「みたかまちづくりディスカッション」の展開

　2011年度に実施された第4次三鷹市基本計画策定における市民参加手法のなかで、最も特徴的なものが、住民基本台帳から無作為抽出により選出された市民による市民討議会「みたかまちづくりディスカッション」の開催である。三鷹市では、今回で4回目の開催となる。

　「みたかまちづくりディスカッション」は、2006年に自治基本条例の「パートナーシップ協定」の規定に基づき、三鷹青年会議所（JC）と三鷹市が協定を締結して、行政が主催者となる形では全国初の無作為抽出による市民討議会を開催したことがはじまりである。その後も、2007年度に第3次三鷹市基本計画の第2次改定で実施し、2008年度には東京外かく環状道路中央ジャンクション三鷹地区検討会においてもこの手法を用いており実績を重ねてきた。いずれにおいても、参加した市民が共通のテーマに沿って議論し、市民参加の経験がなかった市民を含めた、より広範で多種多様な市民が参加できることが特徴的である。

　この無作為抽出による市民討議方式は、ドイツの市民参加手法「プラーヌンクスツェレ（Planungszelle「計画細胞」の意）を参考としているが、これまで市民参加の機会や経験のなかった市民を含め、より広く多くの市民から率直な意見を聴取するための手法として有効である。

　その効果は着実に現れている。参加した市民の多くが高い満足度を示しており、さらには、これを契機に市政に関心を持ち、機会があればまた参加したいとの意向が多く示されるなど、まちづくりに対する関心が大きいものとなっ

ている。

　まちづくりディスカッションの開催にあたっては、参加者に謝礼を支払うとともに、参加者の要望に応じて保育サービスや手話通訳の対応も行い、働いている人や子育て世代の人など、市民の生活に対応した参加しやすい環境づくりに努めている。

　「みたかまちづくりディスカッション」の開催意義は、サイレントマジョリティーと言われる少数意見に対しても幅広く耳を傾け、その声を計画等に反映させることが可能となることである。さらに、これをきっかけに市政に興味を持ち、市民参加の場面で積極的な参加を促すことが期待される。

②市民コーディネーター養成講座の開催

　みたかまちづくりディスカッションは、1回目の取り組みから市民による実行委員会によって進められてきたが、実行委員を担うメンバーは、相当のノウハウが求められる。これまでも、実行委員には、みたか市民プラン21会議を経験したメンバーや三鷹青年会議所（JC）の一部のメンバーなどに限られていた。より広く市民にコーディネーターを担ってもらうため、第4次三鷹市基本計画の策定の前年度に当たる2010年度に三鷹市とNPO法人みたか市民協働ネットワークが協働して「市民コーディネーター養成講座」を開催した。養成講座には、これまで、まちづくりディスカッションに関わりの少なかった、町会・自治会や商工会、JA東京むさし等の市民に参加を呼びかけた。その結果、約40名の参加があり、まちづくりディスカッションの市民コーディネーターを担う人財として計5回の連続講座を受講した（**図表Ⅵ-8**）。

　この課程を修了した受講生を中心に実行委員会を組織することで、まちづくりディスカッションのテーマ等のプログラム設定や当日のコーディネート等を市民自らが自律的に運営することが実現できた。

図表Ⅵ-8　まちづくりディスカッション市民コーディネーター養成講座プログラム

		内　容
第1回		概要説明「まちづくりディスカッションとは？」
第2回		市民討議会の各地事例研究と三鷹市の特徴
第3回		第4次基本計画の策定とまちづくりディスカッションの位置付け及びテーマ決定の進め方
第4回		模擬まちづくりディスカッションの実施
第5回		模擬ディスカッションの振り返り 交流会

③ 100名規模での4テーマ同時進行による「みたかまちづくりディスカッション」の開催

　2011年10月、土日の2日間にわたり第4次三鷹市基本計画骨格案に対する「みたかまちづくりディスカッション」を開催した。住民基本台帳から無作為抽出により18歳以上の市民1,800名に対して参加を呼びかける参加依頼書を送付した。また、無作為抽出による市民会議・審議会の「公募委員候補者名簿」に登録されている市民にも声をかけ、参加を承諾した市民110名を参加者として登録した。この数は、前回までの取り組みの2倍の数字であり、全国でも100名規模（1日目98名、2日目94名）での無作為抽出による市民討議会を行っている自治体は少ない。

　また、初めての試みとして4つのテーマを同時進行とし、いずれも第4次三鷹市基本計画において重点プロジェクトに位置付けている分野を中心に設定した。具体的には、「ともに支えあうまち」「災害に強いまち」「活力と魅力あるまち」「環境にやさしいまち」とした。このテーマを2日間かけて、1時間の話し合いを5回重ねることで基本計画素案に盛り込むべきアイデアまで議

論が深まるようにプログラム（図表Ⅵ-9）を設計した。

2日間のディスカッションで、200件を超える意見や提案が出され、他の市民参加である「まちづくり懇談会」や「パブリックコメント」と同様に、12月に策定した第4次三鷹市基本計画の「素案」や個別計画に反映させた。

（左）まちづくりディスカッション・テーマ別討議　（右）同・全体会

④みたかまちづくりディスカッションの有効性

第4次三鷹市基本計画骨格案に対するまちづくりディスカッションでは、約96％の参加者が、初めての市民参加だったにもかかわらず、各テーマ、各回の密度の濃い話し合いが行われ、結果も三鷹市の基本計画素案に反映すべき質の高い内容となった。

三鷹市で4回目の開催となる今回のまちづくりディスカッションにおいて、以下のような新たな取り組みを付加することで、三鷹市の市民参加はさらに進化していったものと考える。

（1）NPO法人と三鷹市が協働で「市民コーディネーター養成講座」を開催し、修了者を中心とした実行委員会を設置し企画・運営
（2）参加者100名規模での開催
（3）4つのテーマについて同時進行で運営

また、最後に行われたアンケート結果や交流会への参加率の高さからも参加者の満足度は非常に高く、今回の取り組みにより、市政に関心をもち、三鷹のまちづくりに主体的に参加する市民の拡大につながったと言える。

図表Ⅵ-9　第4次基本計画策定のまちづくりディスカッション
情報提供とグループ討議のプログラム

1日目（全体）	第4次基本計画策定における現状認識と三鷹市の	
テーマ軸	A　ともに支えあうまち 25人（5名×5グループ）	B　災害に強いまち 25人（5名×5グループ）
1日目（各グループ）		
情報提供 三鷹市の現状	木住野一信 健康福祉部地域ケア担当部長	大倉誠 総務部防災課長
討議テーマ①	今でも三鷹で人と人とのつながりが残っていると感じるのは、どのような時ですか？ ↓	3月11日の地震の時、あなたの身の回りでは、どのようなことが起こり、どんなことが困りましたか？ ↓
討議テーマ②	地域のつながりが希薄になると、何が不安なのか、あるいは何が困るのかについて話し合ってみてください。	3月11日の地震を振り返って、個人や家庭で、どんな備えをしておけばよかったと感じましたか？
2日目（各グループ）		
情報提供 学識経験者・ 専門家等	名和田是彦 法政大学法学部教授 畑谷貴美子 地域ケアネット新川中原地域会長	池上三喜子 財団法人東京YWCA 運営委員長 篠原秀和 三鷹の森学園コミュニティ・スクール委員会　副会長
討議テーマ③	「ともに支えあうまち」の観点から、三鷹市がどんなまちになったらいいと思いますか？ ↓	今後、大きな災害が起こった時、あなたや三鷹のまちのことで心配なことは何ですか？ ↓
討議テーマ④	「ともに支えあい、安心して暮らせるまち・三鷹」にするために、私たちができることはなんでしょう？ （自助、共助） ↓	私たちが「災害に強いまち・三鷹」をつくっていくために日常生活の中で取り組めることはなんでしょう？ （自助、共助） ↓
	基本計画に折り込んだ方が良いと思うアイデアをまとめてください。（自助、共助、公助）	基本計画に折り込んだ方が良いと思うアイデアをまとめてください。（自助、共助、公助）

第6章 市民参画に基づく総合計画の策定－三鷹市における総合計画

取り組みの方向性 【情報提供者：行政／企画経営課長】	
C 活力と魅力のあるまち 25人（5名×5グループ）	D 環境にやさしいまち 25人（5名×5グループ）
鈴木伸若 生活環境部生活経済課長	岩崎好高 生活環境部環境政策課長
他のまちに住む人に「三鷹の魅力をアピールするつもりで話し合ってみてください。 ↓ 三鷹のまちの魅力や活力にとって足りないと思うところを話し合ってみてください。	三鷹市が環境面で優れていると思うのは、どのような時、あるいはどのような場所ですか？ ↓ 「環境にやさしいまち・三鷹」になるために足りないものや課題で、思いついたものをあげてください。
牧瀬稔 財団法人地域開発研究所 主任研究員 長島剛 多摩信用金庫価値創造事業部長	矢内秋生 武蔵野大学環境学部教授 斉藤伸也 伊藤忠テクノソリューションズ（株） スマートコミュニティ課長
みなさんが住みたいと思う「魅力と活力のある三鷹」とは、どんなまちでしょう。 ↓ 三鷹のまちの活力を維持・向上するために私たちができることはなんでしょう？（自助、共助） ↓ 基本計画に折り込んだ方が良いと思うアイデアをまとめてください。（自助、共助、公助）	「環境にやさしく持続可能なまち」の観点から、三鷹市がどんなまちになったらいいと思いますか？ ↓ 「環境にやさしく持続可能なまち・三鷹」を創るために私たちができることはなんでしょう？（自助、共助） ↓ 基本計画に折り込んだ方が良いと思うアイデアをまとめてください。（自助、共助、公助）

6-3-5　プロジェクトによる横断的な施策展開

①総合行政で進めるプロジェクトの重点化

　基本構想の基本目標を確実に実現するためには、基本計画の諸施策を効率的・効果的に実施していくことが必要である。三鷹市基本構想及び基本計画の基本目標は「人間のあ̇す̇へのまち」としている。基本目標は、「高環境・高福祉のまちづくり」によって実現されるとしており、多くの施策の必要性や優先度を見極め、重点的に取り組むべき課題を選定し、重点プロジェクトとして位置付けることで積極的な展開を図る必要がある。

　具体的には、①新たな潮流への対応として、特に取り組むべき課題、②各施策に位置付けられた事業を横断的・総合的に取り組むことによって事業効果を大幅に向上できる課題、③大型の施設建設など事業の波及効果が想定される

図表Ⅵ-10　2つの最重点プロジェクトと緊急プロジェクト

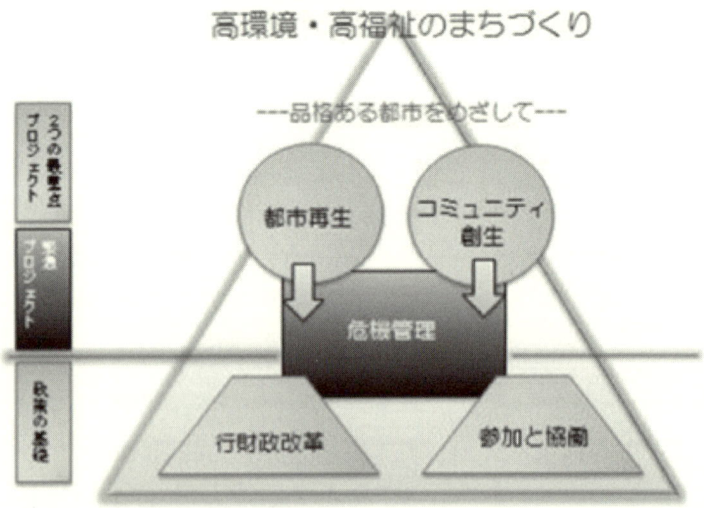

課題、などの視点から、優先的に取り組むべき課題を重点プロジェクトとして設定し、総合行政の観点から積極的な推進を図っている。さらに、重点プロジェクトのなかで、特に集中的に取り組むべき課題を最重点プロジェクトとして設定した。（図表Ⅵ-10）

2つの最重点プロジェクト
（1）成熟した都市の質的向上をめざす、**都市再生プロジェクト**
（2）ともに支え合う地域社会を生み出す、**コミュニティ創生プロジェクト**

緊急プロジェクト
（1）危機に備える防災都市をつくる、**危機管理プロジェクト**

6つの重点プロジェクト
（1）いきいきと子どもが輝く、**子ども・子育て支援プロジェクト**
（2）いつまでも元気で暮らせる、**健康長寿社会プロジェクト**
（3）市民の命、暮らしを守る、**セーフティーネットプロジェクト**
（4）持続可能な都市をめざす、**サステナブル都市プロジェクト**
（5）まちの活力、にぎわいをもたらす、**地域活性化プロジェクト**
（6）誰もが安全で快適に移動できる、**都市交通安全プロジェクト**

②成熟した都市の質的向上を目指す、都市再生プロジェクト

　三鷹市は、市制施行直後（2010年に市制施行60周年を迎えた）から、道路、下水道、学校の整備等、急激な人口増加と都市化に対応すべく社会資本整備を積極的に進めてきた。都市として「成熟期」を迎えた三鷹市は、今後、既存の社会資本を有効に活用しつつ、環境との調和を図りながら、ハード・ソフト両面において、「都市の質的向上」を図ることで命と暮らしを守るまちづくりを推し進める段階にある。そのためには、公共施設の維持・保全を進めるファシ

リティ・マネジメントの取り組みを進め、適正かつ効率的な維持管理を図る必要がある。公共施設の耐震化に加え、PRE（Public Real Estate）の観点から老朽化した施設の再配置及び市有地の売却など、公的不動産の有効的な活用を図っていくことを目指すものである。

③ともに支え合う地域社会を生み出す、コミュニティ創生プロジェクト

　コミュニティ創生は、市内に暮らし、また、活動するすべての市民が、地域において健康で心ゆたかに生活を営めるような、ともに支え合う地域社会を目指すものである。

　具体的には、町会・自治会等と協働して取り組んできた高齢者や障がい者を被災時に避難支援等を行うための助け合いのネットワークづくりである「災害時要援護者支援事業」や、7つのコミュニティ住区において、地域住民、福祉団体、関連機関、ボランティア等が連携して活動する「地域ケアネットワーク」づくりによる地域での「共助」の仕組みなどを創っていくことである。

　また、学校を拠点としたコミュニティの中で、子どもを育むことも重要である。三鷹市では、2009年度に全市立小・中学校が「コミュニティ・スクールを基盤とした小・中一貫教育校」となった。この市内7つの学園による学校教育と地域との連携を深め、地域とのつながりを強めていくことも必要である。

④危機に備える防災都市をつくる、危機管理プロジェクト

　危機管理プロジェクトは、東日本大震災の教訓を踏まえ、自然災害から感染症に至るまで、あらゆる危機から市民の命と暮らしを守り、誰もが安全で安心して暮らせるまちづくりを目指すものである。そのためには、震災時における事業継続性の確保や災害対策本部機能の充実、風水害から感染症にいたるまでの対策や体制の整備が必要である。また、教育・児童施設における危機管理体制の構築や防災拠点としての機能強化も図っていくことが、緊急時に力を発揮すると考える。

6-3-6　第4次三鷹市基本計画策定における「参加」

　準備の年が2年間、策定の年が1年間、計3年、第4次三鷹市基本計画の策定に掛けた時間である。首長選挙後のマニフェストを踏まえた「討議要項」の作成から、「骨格案」「素案」の策定、年度末の「計画確定」まで、必然的にスピード感を持った対応が求められた。

　その対応には、三鷹市が進める「参加と協働」も含まれる。参加には、「市民参加」「学識参加」「職員参加」があり、それぞれを効果的に実施していくことが求められた。様々な参加が同時に進行していく中で（**図表Ⅵ-11**）、スピード感を持って行っていくためには、相当の準備を要するとともに、得られた意見等を迅速に計画案に反映していく必要がある。そのため、三鷹市では、基本計画の策定に当たり、計画本文を職員自らが執筆している。各種調査や長期的な人口推計などの専門的な分析は別として、職員自らが執筆することで、行政実感の中で将来イメージやプロジェクトをはじめとする各施策などについて、首長との政策協議を重ね、具体的なビジョンを持った政策が掲載できるのではないだろうか。また、基本計画が形骸化せず、常に三鷹市が実施している施策の位置付けを確かなものとしていくためにも、そのような能力は必要であり求められている。

図表Ⅵ-11　第4次基本計画及び個別計画の策定までの経過

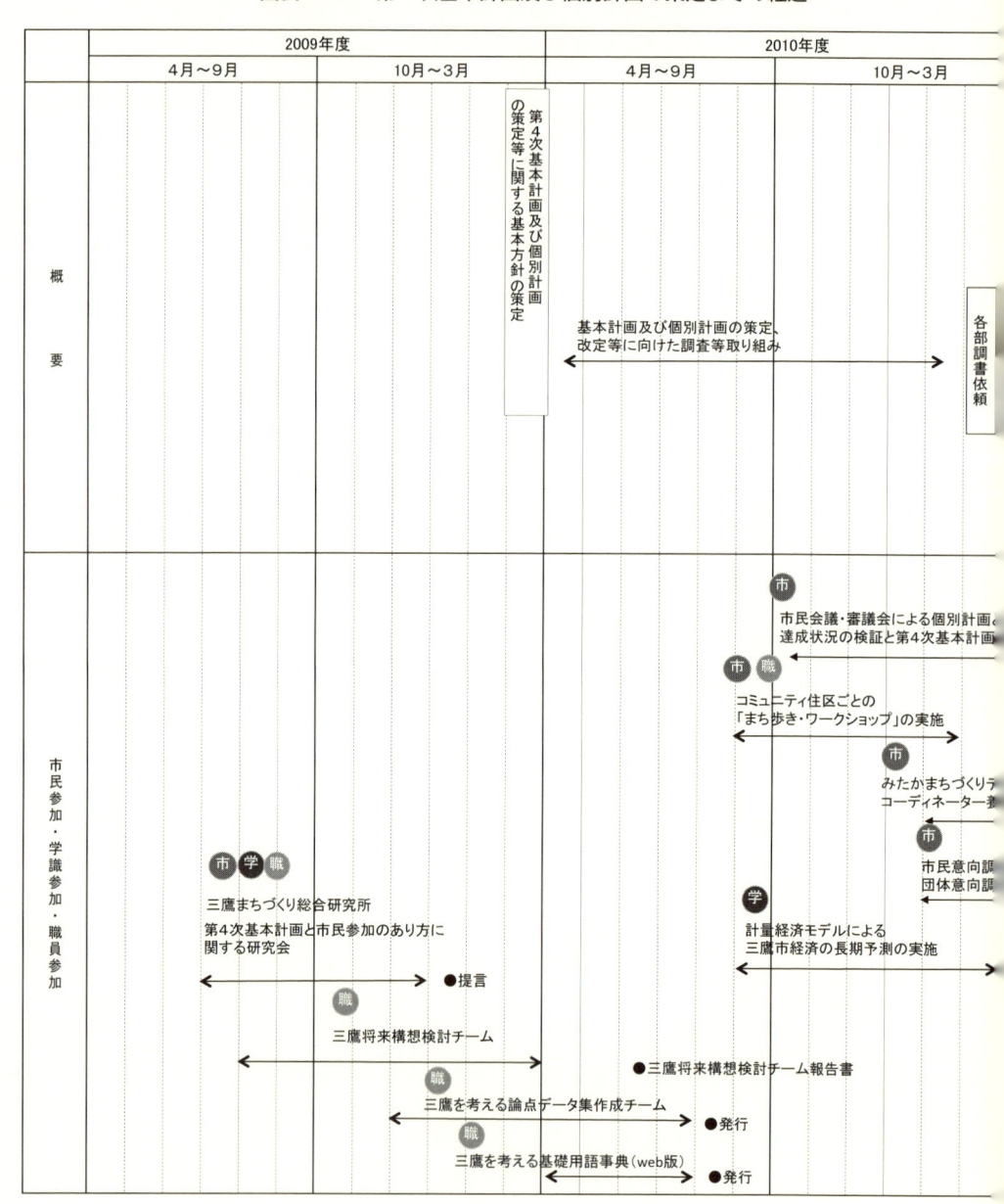

	2009年度		2010年度	
	4月～9月	10月～3月	4月～9月	10月～3月

概要
- 第4次基本計画及び個別計画の策定等に関する基本方針の策定
- 基本計画及び個別計画の策定、改定等に向けた調査等取り組み
- 各部調書依頼

市民参加・学識参加・職員参加
- 市　市民会議・審議会による個別計画の達成状況の検証と第4次基本計画
- 市　職　コミュニティ住区ごとの「まち歩き・ワークショップ」の実施
- 市　みたかまちづくりコーディネーター養成
- 市　市民意向調査　団体意向調査
- 市　学　職　三鷹まちづくり総合研究所　第4次基本計画と市民参加のあり方に関する研究会　●提言
- 学　計量経済モデルによる三鷹市経済の長期予測の実施
- 職　三鷹将来構想検討チーム　●三鷹将来構想検討チーム報告書
- 職　三鷹を考える論点データ集作成チーム　●発行
- 職　三鷹を考える基礎用語事典（web版）　●発行

204

第6章　市民参画に基づく総合計画の策定－三鷹市における総合計画

	2011年度											2012年度
	4月	5月	6月	7月	8月	9月	10月	11月	12月	1月	2月	3月	4月

行政側のスケジュール：
- 市長・市議会議員選挙
- 市長マニフェスト等を反映
- 基本的方向（討議要綱）の確定
- 第4次基本計画の策定に関する
- 議会報告
- 第4次基本計画「骨格案」の確定
- 骨格案策定作業（各部確認・修正意見・調書提出　市民意見反映）
- 議会報告
- 素案策定作業（各部確認・修正意見聴取　市民意見反映）
- 第4次基本計画「素案」の確定
- 議会報告
- 計画策定作業（各部確認・修正意見聴取　市民意見反映）
- 第4次基本計画及び個別計画の確定
- ●各部ヒアリング
- ●各部ヒアリング
- 個別計画案の策定

市民参加：
- 第3次基本計画の策定に向けた提案
- 市民会議・審議会による第4次基本計画の骨格案・素案及び個別計画策定に向けた検討と提案
- ●まちづくりディスカッション パートナーシップ協定締結
- ●第4次基本計画策定に向けた「みたかまちづくりディスカッション」の実施（10/29・30）
- ●実施報告書
- ●広報特集号発行（骨格案）(10/13)
- ●広報特集号発行（素案）(1/8)
- ●広報特集号発行 (4/29)
- アンケート実施　集計・報告
- ●討議要綱の市民意見募集
- ●パブリックコメント（骨格案）告知・実施（10/1～31）
- ●パブリックコメント（素案）告知・実施（1/6～26）
- ●まちづくり懇談会（骨格案）住区ごとで開催（10/8～23）
- ●まちづくり懇談会（素案）住区ごとで開催（1/13～24）
- 三鷹ネットワーク大学推進機構による関連講座の開催

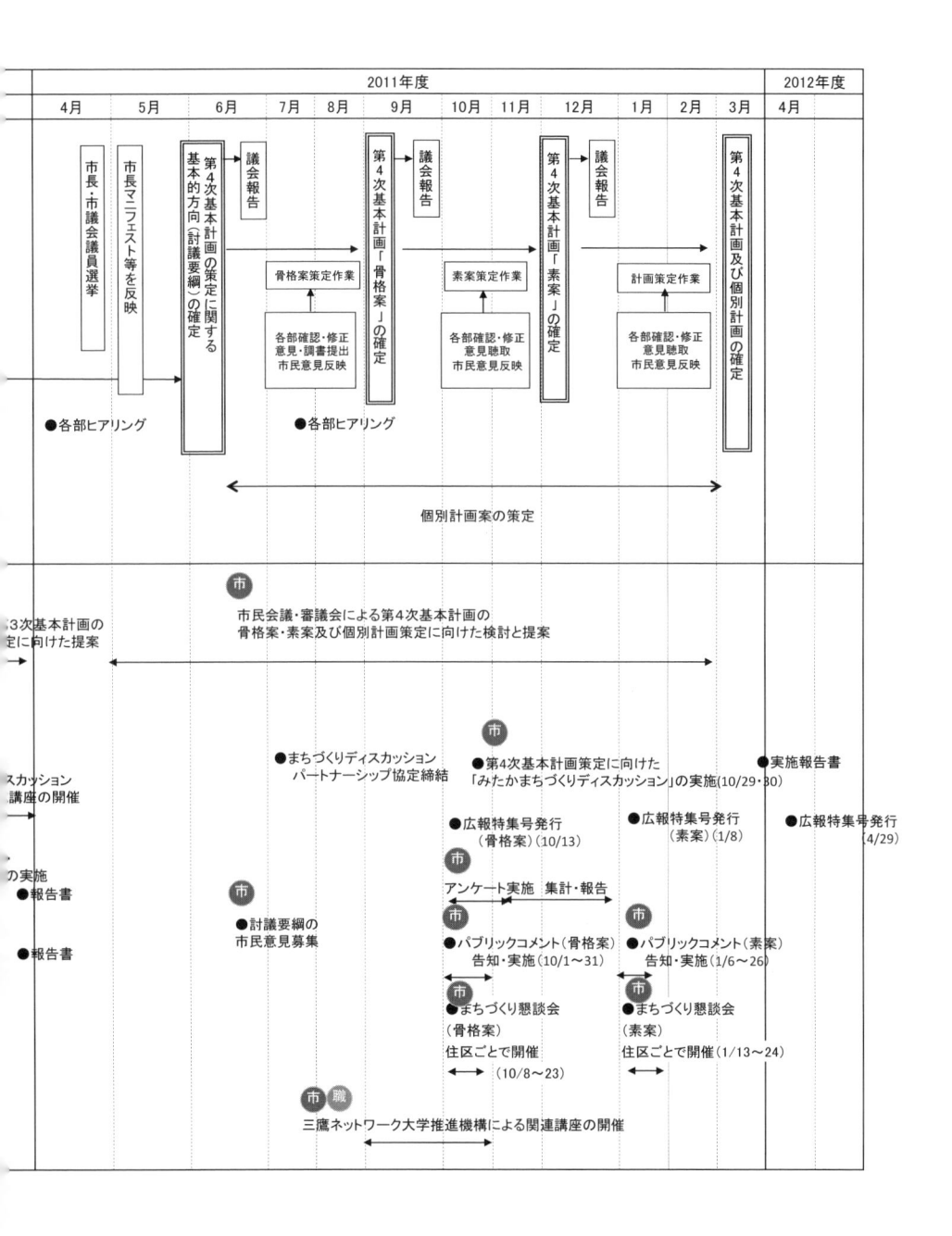

205

6-4　民学産公の協働と持続可能な自治体経営による
　　　　　　　　　　　　　　　　　三鷹市政の推進

　最後に、第4次三鷹市基本計画では、社会経済状況の変化等により「低成長時代」における緊縮財政を想定した施策展開を自治体経営の前提としている。財政の健全性を維持しながら、市民ニーズに柔軟かつ的確に対応し、真に必要な市民サービスや重点的な施策を着実に推進していく必要があると考えたからである。今後、税収の大幅な伸びが見込めない状況が続くと想定される中、ますます増加する社会保障などの行政需要に的確に対応し、「財政の健全性」と「きめ細かなサービスの提供」を両立していく必要があると考えられる。そうした状況を踏まえ、限られた資源を効率的・効果的に運用しながら自治体経営に努めることが求められる。

　三鷹市自治基本条例の全文では、「市民にとって最も身近な政府である三鷹市は、市民の期待に応え、市民のためのまちづくりを進めるとともに、まちづくりを担う多くの人々が、参加し、助け合い、そして共に責任を担い合う協働のまちづくりを進めることを基調とし、魅力と個性のあふれるまち三鷹を創ることを目指す。」ことを掲げている。これまで三鷹市の基本計画の策定とその実現に向けた取り組みは、まさに「共に責任を担い合う協働」のプロセスであったといえる。

　三鷹市では、計画の策定だけではなく、日頃の事業実施においても、市民との協働、事業者との協働、地域との協働などを推し進めている。協働の取り組みを着実に進めていくためには、基本計画や個別計画に掲載されている事業の計画的な実施が必要である。人口も経済も右肩上がりの時代であれば、ある程度の無理が通っていたのかもしれないが、現在そしてこれからは、人口減少、

低成長といった時代となるといわれている。こうした時代において、将来に負の遺産を残さないためにも、計画的な財政運営と事業実施が求められていくのではないだろうか。もちろん、三鷹市が「選ばれる自治体」として、魅力ある施策展開を検討・実施していくことが必要である。基本計画の策定意義とは、将来へのはっきりとしたビジョンに基づく、市民本位で現実的な都市像の創造のために必要なものであると考える。

　これまで三鷹市では、それぞれの計画の策定を通して、意志ある市民が集い、対話し、互いに学び合い、それを共有することによって「市民力」を高めてきた。「市民力」の高まりは、同時に、「三鷹の自治の力」を高めてきたと言える。その意味でも、「三鷹らしい基本計画と市民参加」がさらに進み、「市民力」と「三鷹の自治の力」が向上し、市民生活の視点に立った「価値創造都市・三鷹」が実現していくことを期待する。

コラム

　「時は金なり」というあまりにも有名な格言があります。外国では元々「time is money」ではなく、「time is precious」と言われていました。"precious"とは貴重なものという意味。つまり時間は、かけがいのない貴重なものということです。

　さて、基本計画の策定まで、いろいろな時間を要してきました。準備に要した時間、市民の皆さんと討議する時間、庁内で関係部署の職員と検討する時間、計画をまとめ執筆する時間。策定するまでの苦しい時間の中にも、達成した喜びと責任感は、ここまでくるまでの時間がなければ経験できないものです。様々な方と共有した時間が、自分自身の経験となり、三鷹市が次のステップに進むための僅かながらの力となるものと信じています。

　基本計画の策定までに、多くの市民や学識経験者、職員が関わり、トータルの時間は計り知れません。だからこそ、この計画が「空理空論」ではなく、着実に推進させることが私たち自治体に課せられた責務であり、三鷹市で「暮らす人」「働く人」「活動する人」すべての人の生活を豊かにするためのビジョンとなることが必要だと考えます。

第 6 章　市民参画に基づく総合計画の策定－三鷹市における総合計画

［参考文献］

「三鷹市基本構想」2001 年 9 月議決
「三鷹市自治基本条例」2006 年 4 月施行
「第 4 次三鷹市基本計画」2012 年 3 月
「三鷹を考える論点データ集」2010 年 8 月
「三鷹を考える基礎用語事典」2010 年 7 月
「三鷹まちづくり総合研究所『第 4 次基本計画と市民参加のあり方に関する研究会』提言」2010 年 1 月
「第 4 次基本計画及び個別計画の策定等に関する基本方針」2010 年 3 月
「第 4 次三鷹市基本計画策定に関する基本的方向【討議要綱】」2011 年 6 月
「第 4 次三鷹市基本計画骨格案」2011 年 9 月
「広報みたか・第 4 次基本計画骨格案特集号」2011 年 10 月
「第 4 次三鷹市基本計画素案」2011 年 12 月
「広報みたか・第 4 次基本計画素案特集号」2012 年 1 月
「第 4 次基本計画策定に向けた『みたかまちづくりディスカッション』実施報告書」2012 年 3 月
「広報みたか・第 4 次基本計画、個別計画特集号」2012 年 4 月

　上記資料は、全文を三鷹市のホームページに掲載している。三鷹市の「基本計画」や「個別計画」に加え、「三鷹を考える論点データ集」のような市政に関する基礎資料は、「三鷹市市政情報デジタル化公開サイト」で掲載している。
　【URL】http://www.mitaka-ebook.jp/

第7章　トータル・システムへの挑戦

―小諸市における総合計画―

プロフィール

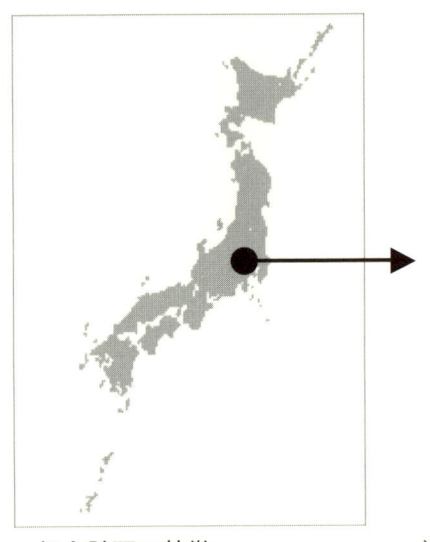

都道府県名	長野県
団体名	小諸市
人　口	43,738人
職員数	289人
面　積	98.66k㎡
人口密度	446人
産業構造	第1次：9.0% 第2次：30.9% 第3次：60.1.%
標準財政規模	100億円
財政力指数	0.52

※2012年度決算状況（カード）より

総合計画の特徴

・策定前にトータル・システムをデザイン…計画の運用の姿をトータルで明示

・運用から逆算して計画を策定…運用できるような策定のプロセスを構築

・他のシステムも一体的に変革…運用できるように評価などのシステムも見直し

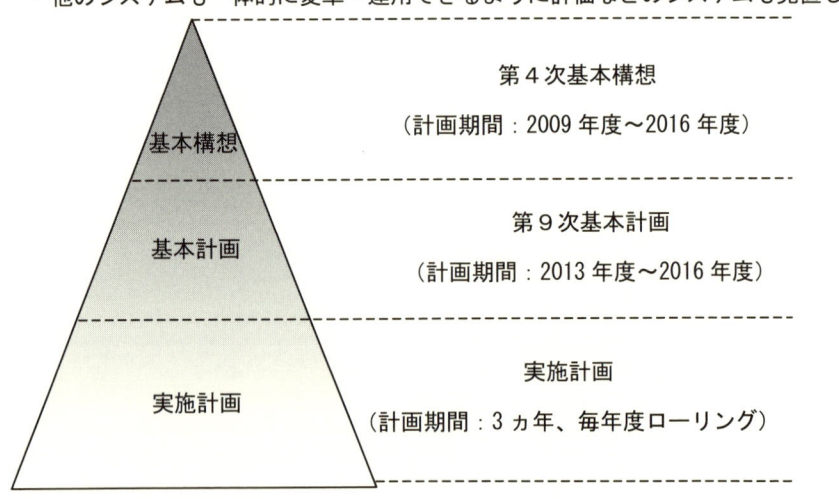

基本構想

第4次基本構想

（計画期間：2009年度～2016年度）

基本計画

第9次基本計画

（計画期間：2013年度～2016年度）

実施計画

（計画期間：3ヵ年、毎年度ローリング）

まちの特徴

　小諸市は、長野県東部の浅間山南麓に位置し、直線距離にして、東京より約150km、長野市より約40km、高崎市より約60kmとなります。面積は98.66k㎡で、気候は中心部の標高が700m前後と高地であることから、寒暖の差が大きいものの、降水量は全国的にも少ないという、山岳的気候と内陸的気候の両者の特徴を有しています。

　平安時代頃より小規模な城が築かれ始め、戦国時代に至ると、武田信玄により小諸城が築かれました。さらに、江戸時代にかけて街道が整備されると、「小諸藩」は、中山道、北国街道、甲州街道の交わる立地条件を活かして、商業都市や宿場町として栄えました。

　明治時代に入ると、問屋商人の堅実な商風が評価され、県内外における重要な商業の町として発展し、また、文化の振興にも力を入れ、島崎藤村や高浜虚子を始めとした多くの文化人との交流がありました。その後、昭和時代に至るまで県東部の商業や観光の中心地として発展し、その間、1954年に、小諸町、三岡村、南大井村、北大井村、大里村、川辺村の1町5村の合併で市制を施行し、1957年に乗瀬地区、1959年に西小諸地区を編入し、現在の市域に至っています。

　しかし、1997年の長野新幹線開業に伴い、新幹線ルートから外れるとともに、小諸駅に停車していた在来特急が廃止となって以降、1991年には約2,400億円に上った商業販売額が、2004年には約800億円にまで減少するなど、近年は著しく衰退しています。

7-1　第9次基本計画に取り組む前の姿

　小諸市は明治時代には商業の町として県内外に名を馳せ、その後昭和時代に至るまで県東部地方の商業や観光の中心地として発展してきた。しかし、1997年の長野新幹線開業に伴い、新幹線ルートから外れるとともに、小諸駅に停車していた在来特急が廃止となり、1991年には約2,400億円に上った商業販売額が、2004年には約800億円にまで減少するなど、激しく衰退をしている。また、人口も、全国平均に先駆け平成11年の45,385人（住民基本台帳）をピークに、平成22年の国勢調査では44,012人まで減少し、国立社会保障・人口問題研究所の将来推計によると、2025年には4万人を割り込むとされている。一方、同推計による高齢者人口の割合の推計によれば、2015年には3割を超え、2040年には4割近くに達するとされている。

　このような情勢の中、平成26年度の一般会計予算で165億円という規模の財政面に関しては、これまで大型事業の先送りと、積極的な職員数の削減（平成18年度386人から平成25年度335人）により、比較的良好な状況を維持してきた。しかしながら、ここ数年で、これまで先送りをしてきた市庁舎やごみ焼却施設の建設をはじめとした大型事業に着手してきたことにより、財政状況の見通しは不透明になりつつあり、今後の市政経営は難しい舵取りが避けられない状況となっている。

　そこで、小諸市では、2013年度を運用初年度とする「小諸市第9次基本計画」の策定において、「どのように運用するのか」をまず考える策定作業に取り組んだ。運用開始後の現在に至るまで、未だ試行錯誤を繰り返しているところではあるが、これまでの取り組みを紹介する。

7-1-1　第4次基本構想・第8次基本計画

　第9次基本計画の策定時は、2009年度から2016年度までの8年間を計画期間とする「第4次基本構想」と、2009年度から2012年度までの4年間を計画期間とする「第8次基本計画」の運用中であった。これらは、2007年度後半から2008年度にかけて策定作業が進められたものである。

①策定における考え方
　第4次基本構想・第8次基本計画の策定時における方針は、「重点課題をどのようにして解決するかをまとめた実務型とする」というものであった。多くの自治体で共通の話だと思われるが、当市でもそれまでの総合計画は、コンサル任せのいわゆる冊子作りに終始しており、職員にすらほとんど知られず形骸化している状況であった。2008年当時も、「計画は作って終わりでなく、い

図表Ⅶ-1 小諸市総合計画の計画期間

	95	96	97	98	99	00	01	02	03	04	05	06	07	08	09	10	11	12	13	14	15	16	17
小諸市基本構想	第3次基本構想　1995～2009年　15年間														1年前倒し　第4次基本構想　2009～2016年　8年間								
小諸市基本計画	第5次基本計画　1995～1999年　5年間					第6次基本計画　2000～2004年　5年間					第7次基本計画　2005～2009年　5年間				1年前倒し　第8次基本計画　2009～2012年　4年間				第9次基本計画　2013～2016年　4年間				

かに実行していくかが重要である」という議論がされるなど、それまでの反省から、ある意味「使える」「意味のある」総合計画を策定しようと意図されていたものである。
　このような考え方には、当時の市長のマニフェストに対する意識が大きく

影響を及ぼしていた。2008年4月の市長選で2期目の当選をした当時の市長が、市長選において大きく市長マニフェストを掲げ、当選後も極めて重要視していたことがあり、総合計画に関しても、市長マニフェストを強く意識した議論が進められた。そして、計画期間を1年前倒して総合計画を改定する中で、市長マニフェストを総合計画に反映させていくこととなったのである。

　市長マニフェストを総合計画に反映させるため、まず実施したものが計画期間の変更である。基本構想はそれまで15年間であったものを8年間に、基本計画は5年間であったものを4年間に、それぞれ市長任期との整合性を図ることを主眼に、計画期間を短縮した。また、基本計画の下位計画である実施計画についても、それまでは計画期間を3年間とし、毎年ローリングを行なっていたが、市長マニフェストを計画へ確実に反映させ、さらに実行性を高めるという趣旨により、ローリングさせず、基本計画と同一期間の4年間固定とした。

　もう一つの変更点として、計画の進捗管理と評価を実施することとした点があげられる。上記のとおり、それまでの総合計画は「冊子ができるとそれで終わり」といった雰囲気であったが、これを、確実に重点事業を実施していくといった、実行性を高める観点から、進捗管理と評価を実施することとしたものである。ただし、この点に関しては計画期間の見直しとは異なり、策定作業の当初から方針として掲げられていたものではなく、策定作業の最終盤にその必要性が指摘され、急きょ実施していくとした。そのため、進捗管理・評価の方法は計画運用開始以降に検討されることとなり、このことが後述する問題へとつながっていく。

　このような仕組みの見直しを行いつつ、実際の策定業務についても、従前のようなコンサルへの委託をほとんど行なわず、主に企画課職員の手により進められた。一方、策定作業の内容としては、市民参画はアンケートや各団体へのグループインタビュー、各地区での懇談会といった限定的なものであり、計画内容についての議論の場も総合計画策定審議会への諮問・答申を中心とした、

ある意味それまでの総合計画策定の流れを踏襲したものであった。

②運用後の状況

　以上のようにして策定された第4次基本構想・第8次基本計画は、2008年12月市議会で基本構想が議決され、2009年度より運用開始となったが、運用開始以降、様々な問題が顕在化し、結局は形骸化していく結果となった。

　特に問題となった事項は、計画の進捗管理と評価に関するものである。先述のとおり、進捗管理と評価については、計画策定作業の当初より意図していたものではなく、策定作業の最終盤にその実施が急きょ決定されたものであったため、仕組み・体制が未整備なまま運用が開始されることとなり、実施方法が二転三転することとなった。とりあえず、体制の整備として、それまでは「総合計画策定審議会」という名称で、計画策定を終えると解散していた審議会について、「総合計画審議会」という名称の常設型の審議会へと改め、「総合計画の進行管理及び評価に関する事項」を審議会の任務に追加し、評価の方法自体から審議会において検討することになった。しかし、当初より想定をしていたものではなかったこともあって、指標の設定を始めとした計画内容に矛盾点が発生し、また審議会の関与の仕方もなかなか結論が出ず、「どのように評価すればよいのか分からない」というのが実状であった。

　他の類似事務との関係も問題となっていた。第8次基本計画では、計画に市長マニフェストを反映させ、その進行をしっかり管理するという方針であったが、一方で市長マニフェストについては、別途四半期ごとに進捗管理をまとめ公表していた。マニフェストの進捗管理における項目と実施計画事業の枠組みが一致していなかったこともあり、各担当課で混乱が生じるとともに、事務の負担感が増大していった。

　計画期間の変更に関しては、基本計画を4年間とすることで、市長任期や市長マニフェストとの関係が明確になったものの、実施計画の4年間固定が問題となった。具体的には、特に計画内容に問題が生じ、計画に沿った進捗が

困難となった事業において、年々計画内容と実態とのかい離が大きくなり、計画の存在価値が失われていくというものである。

このような数々の問題点により、従前の反省から、実務型の計画として策定された第8次基本計画も、結局はそれまでの総合計画と同様に形骸化し、「使われない計画」となっていた状況であった。

7-1-2　小諸市自治基本条例

第9次基本計画策定の取り組みにあたっての状況としては、自治基本条例の制定もあげられる。自治体の最高規範となる自治基本条例について、当市では、2007年度より制定に向けた取り組みを始め、2010年3月議会で審議・可決、同年4月1日付で施行となった。この条例の中では、市政運営の仕組みとして、市の執行機関の責務が規定されており、「市長は、総合的かつ計画的な行政運営を図るため、基本構想及び基本計画から構成される総合計画を策定」することと規定された。また、その他にも、総合計画への市長公約の反映、総合計画の進捗状況の公表、総合計画に基づく予算編成及び執行、行政評価の実施と結果の公表といった事項も規定されているが、これらがすなわち、総合計画を核として、各制度を連携して機能させる市政運営の仕組みを求めているという認識のもと、この後のトータル・システムの取り組みへとつながっていくことになる。

7-1-3　基本構想策定の義務付け廃止

これは当市に限らず、全ての自治体に関することではあるが、地方自治法の改正による基本構想策定の義務付け廃止について最後に触れたい。2011年の第177回通常国会における「地方自治法の一部を改正する法律」の成立に伴う、市町村に対する基本構想策定の義務付廃止により、全国の自治体の総

合計画担当者は否応なく今後の総合計画のあり方の見直しを迫られた。この改正法案は、2010年の第174回通常国会に提出されて以降継続扱いとなり、2011年4月に可決・成立し、5月に施行となったもので、関係者にとっては成立以前からその議論をしてきたところであるが、「地方分権改革推進計画」（平成21年12月15日閣議決定）で、これら一連の義務付けの見直しについて「義務付け・枠付けの見直しと条例制定権の拡大」とされているように、この改正の意義は「総合計画が不要だからではなく、地方政府確立のための立法権の分権」ということである。よって、総合計画を作るかどうか、更にはどのような総合計画をつくるのかについて、各自治体が自分で判断する必要があるということになる。

　ここで、先述のように、当市においてはちょうど同時期に自治基本条例において総合計画の策定が義務付けられることとなったが、改めて条例で規定する総合計画の位置づけを考察する中でも、やはり総合計画を核として、各制度を連携して機能させる仕組みが求められているというような議論がされていた。

7-2　総合計画をどうするか　－第9次基本計画策定に向けて－

　このような状況の中、それまでの課題を踏まえ、2010年頃より次期基本計画策定に向けて準備作業に取り組み始めることとなった。ここでは、準備作業として取り組んだ内容を2つ紹介する。

7-2-1　研究会への参加

2010年の秋、総合計画の現状と今後の方向性を検討するため、公益財団法

人日本生産性本部の呼びかけに応じた10自治体を委員として、「新たな総合計画策定モデルに関する研究会」が立ち上げられた。他の参加自治体と異なり、決して先進団体ではない当市であったが、ちょうど第9次基本計画策定に向けて様々な議論を重ねている中で、研究会の委員として参加をした。研究会は、2010年10月から2011年3月にかけて開催され、全国的な総合計画の実態把握を行うとともに、先進的な団体の取り組みから成功要因を分析し、そこから得られた論点について、総合計画の策定から運用に至るまで検討した。

図表Ⅶ-2 総合計画のタイプ

	（タイプ1）総花型	（タイプ2）個別計画型	（タイプ3）戦略計画型	（タイプ4）地域計画型	（タイプ5）地域経営計画型
策定目的	策定義務	特定の目的	情報体系（行政）	情報体系（各主体）	情報体系（行政×各主体）
運用目的	使わない	実行	マネジメント	共有	共有×マネジメント
情報の範囲	総花的	特定の分野	行政	地域	地域×行政

出所：（公財）日本生産性本部「地方自治体における総合計画ガイドライン」（2011）

　この研究会の議論の中心となったものが、総合計画のタイプ分けという考え方である。各団体の状況を考察する中で、総合計画が「策定目的」「運用目的」「情報の範囲」の3つを基準として、いくつかのタイプに分けられるという議論がされ、最終的には、「行政マネジメント」という側面と、「地域マーケティング」という側面から、総合計画のタイプの進化という考え方に議論は収斂された。そして、この3つの基準、すなわち、「何のために総合計画を策定するのか」「どのように総合計画を使うのか」「総合計画にどのような情報を含めるのか」を、「策定前に」検討することが重要であるという結論に至ったのである。
　この研究会での議論と、日本生産性本部・自治体マネジメントセンターが

第7章　トータル・システムへの挑戦－小諸市における総合計画－

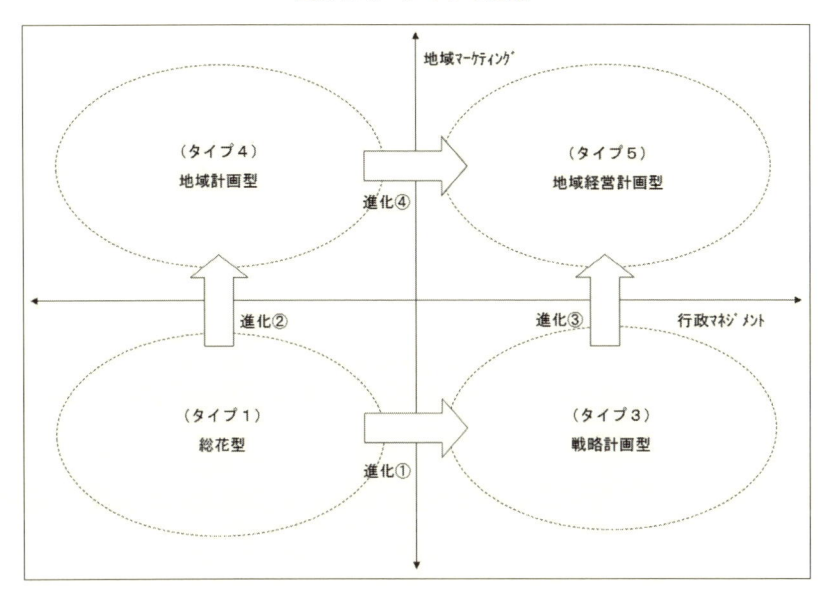

図表Ⅶ-3　タイプの進化

（タイプ4）地域計画型　　進化④→　（タイプ5）地域経営計画型

地域マーケティング

進化②↑　　　進化③↑　　　行政マネジメント

（タイプ1）総花型　　進化①→　（タイプ3）戦略計画型

出所：（公財）日本生産性本部「地方自治体における総合計画ガイドライン」（2011）

　全国の自治体を対象に実施した「地方自治体における総合計画の実態に関するアンケート調査」の調査結果をもとに、2011年6月に総合計画の策定と運用のあり方を示した『地方自治体における総合計画ガイドライン』がまとめられたが、このガイドラインの中でも、総合計画のタイプが大きく取り上げられている。また、「策定前の検討」と「運用」が重要であるということも強調されており、この後の当市における第9次基本計画策定作業は、これらの考え方に基づき進めることとなる。

7-2-2　トータル・システム診断の実施

　第9次基本計画策定に向け、研究会の参加と並行して、「トータル・システム診断」を実施した。日本生産性本部では、計画・予算・人事・行政評価など

の様々な行政の仕組み（システム）が、連携し全体（トータル）で機能する状態を「トータル・システム」とし、このトータル・システムの構築を目指し、組織の現状を分析し、課題と解決策を導き出す「トータル・システム診断」を2009年度より実施していた。一方、自治基本条例や基本構想策定の義務付け廃止の項で記したとおり、当時、当市では今後の総合計画のあり方として、総合計画を核として、各制度を連携して機能させる市政運営の仕組みが必要であるという議論がされつつあった。この「総合計画を核として、各制度を連携して機能させる市政運営の仕組み」とは、まさに日本生産性本部の提唱する「トータル・システム」の考え方と一致すると判断し、第9次基本計画策定作業の第一ステップとして、「トータル・システム診断」を実施することとしたものである。

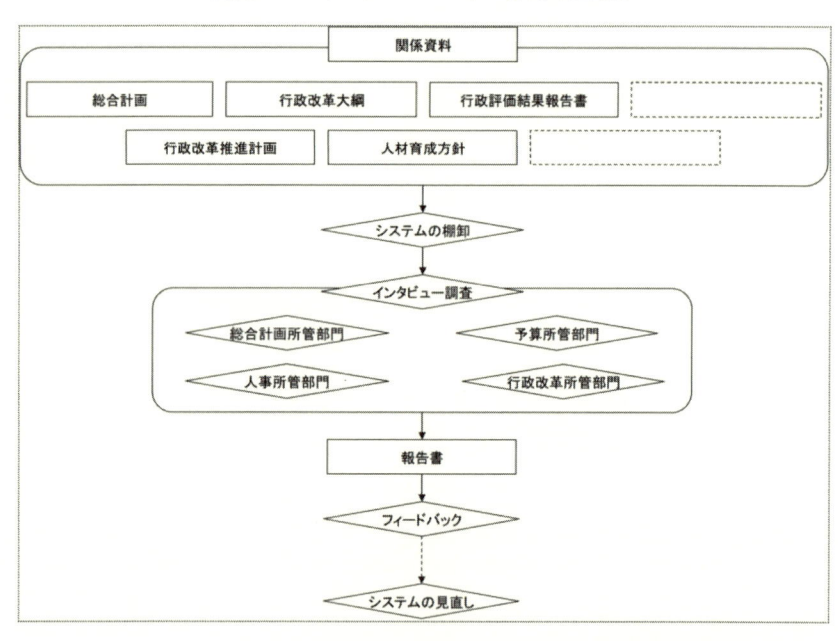

図表Ⅶ-4　トータル・システム診断の進め方

出所：「トータル・システム診断結果報告書」（2011）

診断は、日本生産性本部の協力のもと、2011年1月から3月までの約3ヶ月間をかけて実施した。同本部では、トータル・システム診断の実施方法を図表4のとおり定めており、まず関係資料をもとに「システムの棚卸」を実施し、さらに関係各課への「インタビュー調査」により詳細な分析を行い、報告書としてまとめるという流れとなる。

　関係各課について、当市では、総合計画と行政改革を所管する「企画課」、予算を所管する「財政課」、人事を所管する「総務課」の職員がインタビュー調査に対応した。そして、それぞれのシステムごとに「導入のプロセス」「展開のプロセス」「特徴」の3点を整理し、そのうえで、トータル・システムの視点からそれぞれのシステムの導入のプロセスと展開のプロセスを評価する。トータル・システムの視点からの評価は、システムの連携、システムの重複、職員の意識改革・マネジメント能力の向上の視点から評価するもので、これによりトータル・システム構築に向けた、現状と課題を分析した。

7-2-3　トータル・システム診断の結果

　診断結果の最終的な報告書は、20011年の4月中にまとめられ、上記の「新たな総合計画策定モデルに関する研究会」の成果と併せて、管理職を中心とした市職員のほか、市議会議員及び総合計画審議会委員も参集のもと、報告会を開催した。以下に具体的な診断結果を紹介する。

①トータル・システムの視点による評価

　トータル・システム診断において、導入と展開のプロセスを整理したシステムは、主に以下の4つとなった。
（1）総合計画
（2）予算
（3）行政評価

（4）人事

また、その他のシステムとして、以下のものが確認された。

（1）コンマ1秒の改革
（2）職員提案制度
（3）人材育成基本方針
（4）窓口アンケート
（5）異動制度
（6）ISO14001
（7）自主研修
（8）職場研修
（9）職場内研修
（10）職場外研修

　これらのシステムについて、上記のようなトータル・システムの視点による評価を行なった結果が、以下の4点にまとめられた。

○総合計画と予算

　第8次基本計画策定当初の予算編成プロセスは、基本計画の下位計画となる実施計画の事業を予算化するようになっており、当該計画が着実に実行される仕組みになっていたが、徐々に計画よりも予算が重視され、第8次基本計画が形骸化していた。要因としては、毎年度、所管課が課内のダイアローグにより予算要求書を作成していたが、このダイアローグにルールがなかったため、予算要求書には第8次基本計画・実施計画とは関連のない事業計画が含まれるようになっていた。また、実施計画は予算編成の結果を受けてから逆に修正していたため、策定から時間が経過すればするほど、計画の事後的な変更が繰り返されることになり、その結果、徐々に計画よりも予算が重視され、既に運用開始2年目にして、第8次基本計画・個別事業実施計画は形骸化していたのである。

第7章 トータル・システムへの挑戦―小諸市における総合計画―

○行政評価と総合計画／予算

　先述のとおり、第8次基本計画における評価の仕組みは、実施計画の進捗状況を評価するシステムであったため、言いかえると予算の執行評価となっており、予算を獲得し使い切ることに重点が置かれていた。これは、第8次基本計画の内容に問題があったためで、具体的には、まず計画に目標設定が無かった。また、基本計画・実施計画には成果指標が設定されていたが、本来成果指標とは、目標を定量化したものであるべきであり、上記のとおり、そもそも目標設定が無かったことから、あまり意味のない成果指標となっていた。

　以上のような問題、すなわち、「目標設定が無い」「成果指標の意味がない」ということは、基本計画の施策や実施計画の事業のアウトカムが不明であるということであり、もたらされた効果（アウトカム）に対して、投入されたコスト（インプット）と行ったこと（アウトプット）が適切だったかどうかは分からないものとなっていた。つまり、Plan － Do － See のサイクルの See が欠落しているため、継続的な業務改善が困難となっていたのである。

○人事と総合計画／予算

　当時の人事評価は、基本計画・実施計画・予算など、他のシステムとの関係が皆無であり、独立したものとなっていた。その評価のプロセスは、目標設定がなく、考課者の個人的な判断で評価を行なうものであり、基本計画や実施計画が人事評価に反映するような仕組みにはなっていなかった。また、先述のとおり第8次基本計画と実施計画自体にも目標設定がなかったため、基本計画・実施計画を職員に展開させようとしても、そもそも展開させることが難しい状況であった。

○意識改革・能力向上のシステム

　職員の意識改革と能力向上のシステムは、①から③にあげたシステムとは

性質が異なるが、トータル・システムを構築する上での基盤整備となる取り組みであり、極めて重要な要素である。

　このセクションの冒頭にあげたシステムのうち、その他のシステムであげたものの多くは、この職員の意識改革・能力向上を目的としたものであるが、これらのシステム・取り組みも、また、システム間の関連が無く、それぞれがスタンドアロンで取り組まれていた。

　よって、戦略的な人材マネジメントともいうべき、全体的、総合的に行なう組織の改善運動とはなっておらず、また、個々のシステムの内容も、その対象が比較的限定的であり、全ての職員のマネジメント能力を高めるような取り組みとはなっていなかった。

②当時の小諸市の状態

　トータル・システム診断における評価においては、対象自治体の状態を最終的に図表Ⅶ-5のようにモデル化する。

　このモデル図のうち、破線の部分はそのシステム（仕組み）が存在しない、または関係が無いことを表しているが、この図で一目瞭然のとおり、当時の当市の状態は「展開」と「評価」の仕組み、すなわち Plan － Do － See のうちの Do と See が無い状態であった。

　また、最下段の部分は、意識改革・能力向上のシステムで触れた「基盤」の部分である。開票事務の迅速化による意識改革の取り組みである「『コンマ1秒』の改革」や「職員提案制度」といったものが基盤整備の取り組みとして位置付けられるが、先述のとおり組織的な職員のマネジメント能力を向上するような取り組みとなっておらず、基盤が十分ではないことを示している。

　最後に、Plan の部分については、①〜③で説明したとおり、総合計画よりも予算の存在感が極端に大きくなってしまっていることや、計画に目標設定が無いことを、端的に表している。

　このように、モデル図が破線だらけになってしまったのには理由がある。

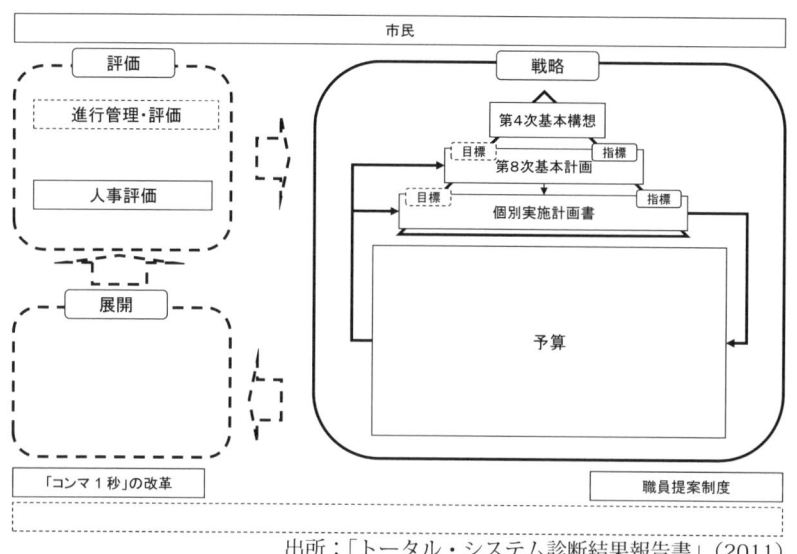

第7章 トータル・システムへの挑戦―小諸市における総合計画―

図表Ⅶ-5 当時の小諸市の状態のモデル図

出所:「トータル・システム診断結果報告書」(2011)

　当市では、それ以前に破線部分に該当するようなシステムを、一旦は導入したものの、いずれも数年で取りやめていた(**図表6**)。

　恐らく、一般的な自治体であれば、トータル・システム診断の結果として、モデル図にこれほど破線の部分が描かれることはなく、課題や改善策の議論の対象も、それぞれのシステム間の連携や、システムの重複といったことが中心になるはずである。しかしながら、当市は上記のように、各システムをある意

図表Ⅶ-6　以前に導入し取りやめていたシステム

ISO14001	平成12年認証取得 →平成18年自己適合宣言→自然消滅
包括予算制度 （枠配分予算）	平成17年度予算より導入 →平成19年度予算より廃止
行政評価システム	平成17年度分より開始 →平成19年度分までで廃止
目標による管理	平成16年度より実施 →平成19年度より廃止

味「捨てて」きた後であったため、特殊な事例になっていたと認識している。

③トータル・システムの構築に向けた改善案

　以上のようなトータル・システムの視点からの評価を踏まえ、最終的にトータル・システムの構築に必要な課題が、提言として5項目にまとめられた。

○基本計画・実施計画への目標設定

　まずは、基本計画と実施計画に目標を設定することである。目標が設定されて初めて、施策や事業のアウトカムが明確になり、そのアウトカムを達成するためにインプットとアウトプットが適切に使われているかをチェックするという「評価」が可能となる。また、計画を職員に展開させるうえでも、目標は不可欠である。基本計画と実施計画に目標設定をするためには、基本計画と実施計画の策定方法を変更する必要があり、次期（第9次）基本計画の策定時に対応すべきとされた。

○評価のシステムの構築

　評価のシステムに関しては、進行管理・評価の評価基準を、単なる事業の進捗状況の評価から、経済性・効率性・有効性の評価に変えるべきだとされた。具体的な手法としては、計画に定性的な目標を設定し、その目標を定量化した指標（目標値）も設定する。そして、この指標（目標値）と実績値の対比に基づき、行政評価や予算編成などの議論を行なおうというものである。また、評価のプロセスにおいて総合計画審議会が外部評価として関与する仕組みは引き続き活かし、その評価結果を公表することと併せて、事業担当者に目標値の設定とその実行に、ある意味プレッシャーを与えることが可能となり、継続的な業務改善が期待できるとの指摘もされている。

　なお、過去に行政評価システムを導入しながら廃止されたのは、行政評価システムが活用できなかったことが原因とされていることから、「実施計画と

行政評価の一体化」や「目標値・実績値に基づいた予算編成の議論」といったことにより、評価を活用する仕組みにつながるということが提言された。

○**展開のシステムの構築**
　展開のシステムとしては、実施計画で設定された目標の展開による、「目標による管理」を実施すべきとされた。目標による管理では個人の目標を設定するが、この目標を基本計画や実施計画からブレイクダウンしたものにすることで、目標による管理が、すなわち職員が総合計画を意識して仕事に取り組む仕組みとなるとしている。
　なお、目標による管理も、以前に取り組んで廃止した経緯があり、これは目標による管理の結果が処遇に結びついていなかったことが原因とされていることから、徐々に目標による管理が定着した後は人事評価制度と一体的に運用し、目標の達成度を処遇や昇格に反映することも考えられるとまとめられた。

○実施計画の鮮度を高める
　実施計画の鮮度を高めるべきであるとは、実施計画の策定・予算編成プロセスを見直し、毎年度、個別事業実施計画を予算編成の前に策定すべきであるということである。評価の説明で紹介したとおり、第8次基本計画・実施計画が形骸化している要因として、「計画とは特段関係無く、予算編成の前にダイアローグを実施していたこと」や、「実施計画をローリングせず固定化していたこと」等があげられた。この改善策として、実施計画をローリングすることとし、所管課でダイアローグに基づき実施計画（案）を策定、それを予算の概算要求とすることで、実施計画を常にフレッシュな状態にするとともに、ダイアローグの内容も、予算ではなく事業の目標、手段、効果を中心に議論されることになるというものである。

○マネジメントの基盤の構築

　基本計画や実施計画に目標を設定し、これに基づいた成果（アウトカム）を重視してトータル・システムを運用するためには、運用を担う各職員が経営的な視点で考えることが必要となる。しかし、それまでの当市では、全国的に多くの自治体職員がそうであったように、予算を使い切ることが職務の中心であるという認識の職員が多く、経営的な視点で考える機会があまり無かったと考えられる。職員のマネジメント能力を高めるような取り組みもされていなかったため、まずは小諸市の職員に共通したマネジメントの基盤を構築する取り組みが必要だと指摘された。

　以上のように、第9次基本計画の策定に向けた準備段階の取り組みとして、2010年度後半に「新たな総合計画策定モデルに関する研究会」への参加と、「トータル・システム診断」の実施を進め、翌2011年度より、いよいよ第9次基本計画の策定作業に着手することとなる。

7-3　どんな総合計画が必要なのか？　－運用目的を考える－

　2011年度に入ると、まずは策定体制の立ち上げに向け、総合計画を所管する企画課内部で協議を始めた。そして、基本計画策定の進め方について、徐々に当市の最終意思決定機関であり、理事者と部長職で構成する「政策会議」へ企画課の考え方を説明していった。

7-3-1　企画課内での協議

　企画課内の協議としては、改めて準備段階で実施した研究会とトータル・

第7章　トータル・システムへの挑戦－小諸市における総合計画－

システム診断の結果を踏まえて、その後の進め方について検討した。研究会やトータル・システム診断の結果から得られた知見としては、ガイドラインの基本的な考え方でもある「策定前が重要であり、特に運用まで考えて策定することが重要である」ということである。ガイドラインでは、それまでの試行錯誤をふまえ、「何のために策定するのか、どのように使うのか、どのような情報を含めるのか」を策定前に検討することが必要であるとしている。そして、「どのように使うのか」の中では、総合計画を核としてトータルの仕組み（システム）を構築するため、総合計画だけでなく他のシステムも変革し、全体として「どのように運用していくのか」を考えることが、最も重要となる。また、システムが構築されても、職員の意識や能力が従来のままであればシステムは動かないため、システムの構築と同時に、職員の意識改革や能力向上といった基盤の整備が極めて重要であるとしている。「システム構築」と「基盤整備」を両輪として考えねばならないのである。

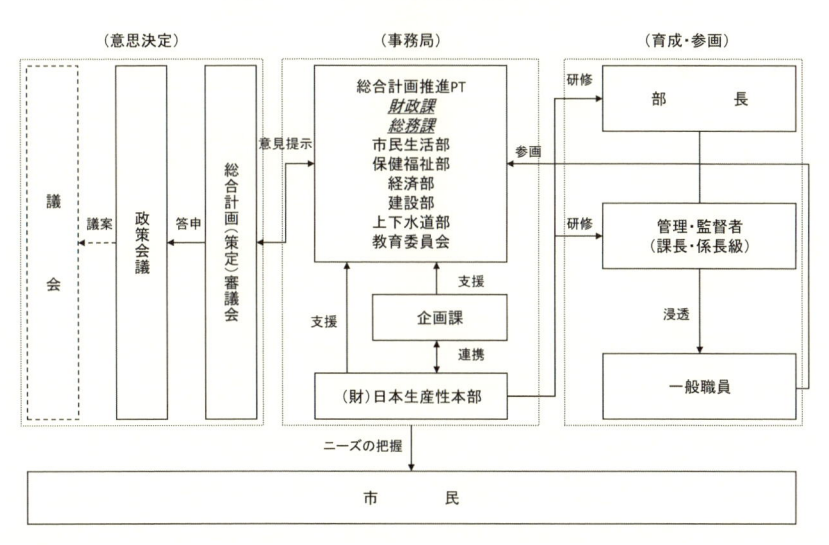

図表Ⅶ-7　第9次基本計画策定スキーム

このような考え方を受け、企画課としては、大枠として「トータル・システム」の構築という方向性を示しつつ、ガイドラインで示す「何のために策定するのか、どのように使うのか、どのような情報を含めるのか」ということから、企画課だけで考えるのではなく、組織横断的な策定体制を構築し、その中で考えていくこととした。

　こうして、2011年8月に図表7のようなスキームにより、第9次基本計画の策定体制を発足させた。体制の中心に位置付けたのが「総合計画推進プロジェクトチーム」であるが、これについてはこの後で詳しく触れる。また、策定スキームの中では、組織体制だけでなく、職員の意識改革や能力向上といった基盤の整備として、部長職を始め、管理・監督者を対象とした継続的なマネジメント研修を実施していく概念も明示した。

7-3-2　総合計画推進プロジェクトチーム

①メンバーと位置づけ

　計画策定の中心組織とした「総合計画推進プロジェクトチーム」については、基本計画策定作業が全庁的な取り組みとなるように、様々な仕掛けを調査・検討していく組織として新たに設置した。プロジェクトチームは、企画課長をリーダーとし、その他のメンバーとしては、まず、トータル・システムに不可欠となる、人事や予算の担当課である総務課と財政課について、企画課と合わせた3課が有機的に連携し、進める必要があることから、両課の課長をメンバーとした。その他には、全庁的な取り組みへとつなげる観点から、各部から代表者を1名ずつ加えることとし、各部等の長からの推薦により代表者を選考した。

　プロジェクトチームの任務に関しては、何度も触れている、「何のために策定するのか、どのように使うのか、どのような情報を含めるのか」ということについてもプロジェクトチームで考え、その中で、まずは2011年12月までに、「策定方針」「運用目的」「策定プロセス」の3点を示していくこととした。

②策定方針の決定

　プロジェクトチームでまず検討したのが、第9次基本計画の「策定方針」である。これは、今後の策定作業に当たって、プロジェクトチームのメンバーが考え方を共有し、さらには職員間で同一の目線となるためのものとして、決定していくこととしたものであり、その内容としては、抽象度が高く、分かりやすいものとすることとした。

図表Ⅶ-8 第9次基本計画策定方針

○地域の特性や強みを活用した将来世代につながる誇りある計画
・高齢化や人口減少、産業構造の転換といった目まぐるしい社会情勢の変化により、先行き不透明な時代において、歴史風土の中で培われた地域資源を最大限に活かすことで、小諸らしさを感じるとともに、将来に夢や希望を持つことができる計画を目指します。

○わかりやすい計画
・評価の方法や進捗管理がわかりやすく着実に運用できる計画とします。
・策定過程が市民にも見え、明解な計画とすることで、市民と行政で共有できる計画を目指します。

○戦略性の高い行政経営のための計画
・場当たり的な行政運営ではなく、重点的な施策や取組を選別した戦略的行政経営という視点から、選択と集中によるメリハリのある計画の策定を行います。

○職員の意欲が高まる計画
・職員のやる気を引き出すため、策定段階から全職員が参加し主体性、当事者意識を醸成します。
・総合計画の策定から運用までを全庁的な運動として位置づけ、組織全体で取り組みます。

○職員に活用される計画
・目標目的を明確にし、実現可能なものとすることで実行性を高めます。
・予算や人事、行政評価など行政の他のシステムとの連動性を強めることで、職員が常に計画を意識するシステムを構築します。

具体的な検討内容としては、まず、メンバーそれぞれが「次期基本計画の策定において大切にしたいこと」を出し合い、これを整理・集約し、分かりやすくなるように表現を修正していった。
　そして、最終的にまとめられたものが**図表8**であり、大きく5項目となっている。内容を見ると、比較的行政組織内部に向けた項目が多くなっているが、これは、この後に触れる「運用目的」と密接な関係があって、このようになったものである。この策定方針については、2011年10月に政策会議において承認され、庁内へ提示した。

③運用目的の決定
　続いてプロジェクトチームで検討したものが、運用目的である。既に何度となく触れてきたとおり、これまでの研究会や内部での議論をふまえて、総合計画の策定前の段階より「どのように運用していくのか」を考えることが非常に重要であることは、この段階で共通の認識となりつつあり、ある意味この運用目的の検討経過が、この一連の取り組みにおいて、最も重要な部分であった

図表Ⅶ-9　運用目的の進化モデル

第7章　トータル・システムへの挑戦－小諸市における総合計画－

とも言える。

　まず、運用目的の議論は、当市の現状を再認識し、現行の総合計画が形骸化しているとの共通認識のもと、「そもそも総合計画は必要なのか」、必要であるならば「どのような総合計画が必要なのか」といった議論からスタートした。この議論は、先の研究会やガイドラインで示された「総合計画のタイプの進化」のモデル図の考え方を参考に進められた。そして、小諸市の現状は左下にあり、今後の総合計画策定において「住民参画」と「行政組織の変革」のどちらを優先させるかという選択の中で、まずは後期（第9次）基本計画において「行政組織の変革」を優先させ、次期（第5次）基本構想の策定において「住民の参画」に取り組もうとの結論に至った。ガイドラインで示す5つのタイプで説明すると、まずは後期基本計画において「戦略計画型」を目指し、さらに4年後の次期基本構想策定時に「地域経営計画型」を目指すとなる。これは、一点目として市民を巻き込んだ取り組みの前に、市職員自らの意識改革がなされていないと、いたずらに市民を振り回すだけになりかねないという点と、二点目として今回が後期基本計画の策定であることから、基本計画は行政計画とし、次期で改定となる基本構想を地域の計画とすべきという点の、2つの考えからこのような結論となったものである。

　このようにして、第9次基本計画の運用目的は「行政マネジメント」つまり、行政をマネジメントするための計画としたが、さらに「総合計画をどのように使うのか」を分かりやすくするためには、運用体系のモデル図を示すことが必要であると考え、引き続いて運用体系の検討を行なった。これは、当時の小諸市としては、ほとんど姿形の無いものをイメージし構築していくという、非常に困難な作業であったことから、プロジェクトチームの議論も白熱したものとなった。なかなか議論がまとまらない中、一つの転機となったものは、10月に実施したメンバー全員での先進地視察である。今後目指していきたいと考える行政経営の仕組みを既に実践している自治体として、岩手県滝沢村（当時）を訪問し、過去の経緯や現状を直接聞くことで、プロジェクトチームメンバー

間の意識の共有が一歩進み、運用体系のイメージについてもある程度の共有が可能になったと考えている。個人的には、この視察が非常に重要な転換点となった。

その後、視察結果も踏まえて協議を重ね、最終的には**図表11**のような運用体系図をまとめた。さらに、運用目的から計画に掲載する情報の範囲、さらに

図表Ⅶ-10　運用目的

運用目的	行政マネジメント	→	行政のマネジメントのための計画
↓ 基本計画には何を掲載するか？			
情報の範囲	行政の情報	→	行政の情報を掲載する
↓ 基本計画では何を作るか？			
策定目的	行政の情報体系	→	行政の情報を作る
↓ 基本計画をどう作るか？			
職員の参画	職員の意識改革		他システムの変革
オーナーシップ	マインド・セット		トータル・システム

は策定において求められる事項を導き出し、**図表10**のとおりまとめ、2011年12月には庁内へ提示をした。

ここで、当時は、先述のとおり行政マネジメントに関する様々なシステムを「捨ててきた」後の状態だったため、運用体系のモデル図をなかなか描けず、この段階で示した図は、非常にシンプルなものになってしまった。その時点で、既にいくつものシステムを運用している自治体であれば、それらの関連を整理し、策定当初の段階、さらには策定前から、もっと詳細なモデル図を示していくことが可能であり、そうすべきであると考えている。いずれにしても、当市

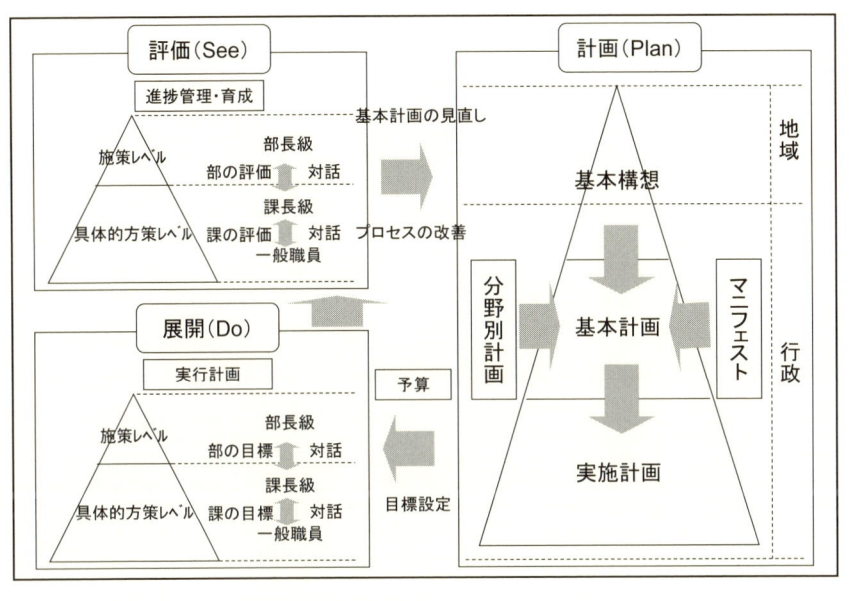

第7章　トータル・システムへの挑戦－小諸市における総合計画－

図表Ⅶ-11　運用体系

[図：運用体系モデル図（評価(See)、計画(Plan)、展開(Do)の三要素からなる）]

の当時の状況では、運用体系のモデル図として、この程度のものしか描けなかったというのが実状である。

④策定プロセスの決定

　この時期にプロジェクトチームで議論したものの最後は、その後の策定プロセスである。策定プロセスの検討に当たっては、「基本計画をどう作るか」という、策定方法として取り組むべきことをまず考えることから議論を進めた。**図表10**のように、「行政マネジメント」という基本計画の運用目的から、計画に掲載する情報の範囲については、市役所がマネジメントサイクルを回すために必要な「行政の情報」を掲載するとした。さらに、何を作るのかという策定目的については、施策・事務事業・目標・予算・投入人員といった市役所が実施する事項とそれに必要な資源の情報、すなわち「行政の情報体系」を作ることとした。そして、これらから「基本計画をどう作るか？」を考え、導き出

図表VII-12　策定プロセス

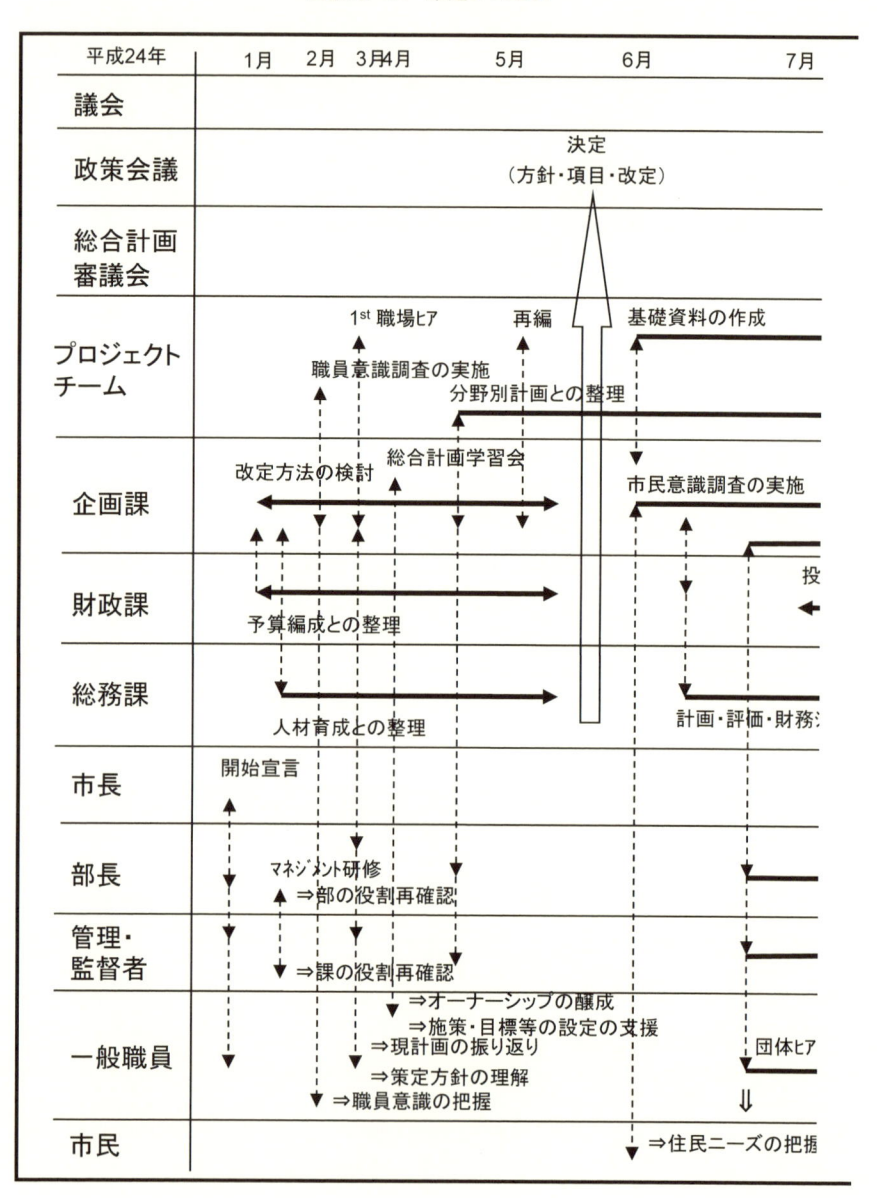

平成24年	1月	2月	3月	4月	5月	6月	7月
議会							
政策会議						決定（方針・項目・改定）	
総合計画審議会							
プロジェクトチーム		職員意識調査の実施	1st 職場ヒア		再編　分野別計画との整理	基礎資料の作成	
企画課		改定方法の検討		総合計画学習会		市民意識調査の実施	
財政課		予算編成との整理					投
総務課		人材育成との整理				計画・評価・財務	
市長	開始宣言						
部長		マネジメント研修 ⇒部の役割再確認					
管理・監督者		⇒課の役割再確認					
一般職員		⇒策定方針の理解 ⇒職員意識の把握	⇒現計画の振り返り	⇒オーナーシップの醸成 ⇒施策・目標等の設定の支援		団体ヒア	
市民						⇒住民ニーズの把握	

238

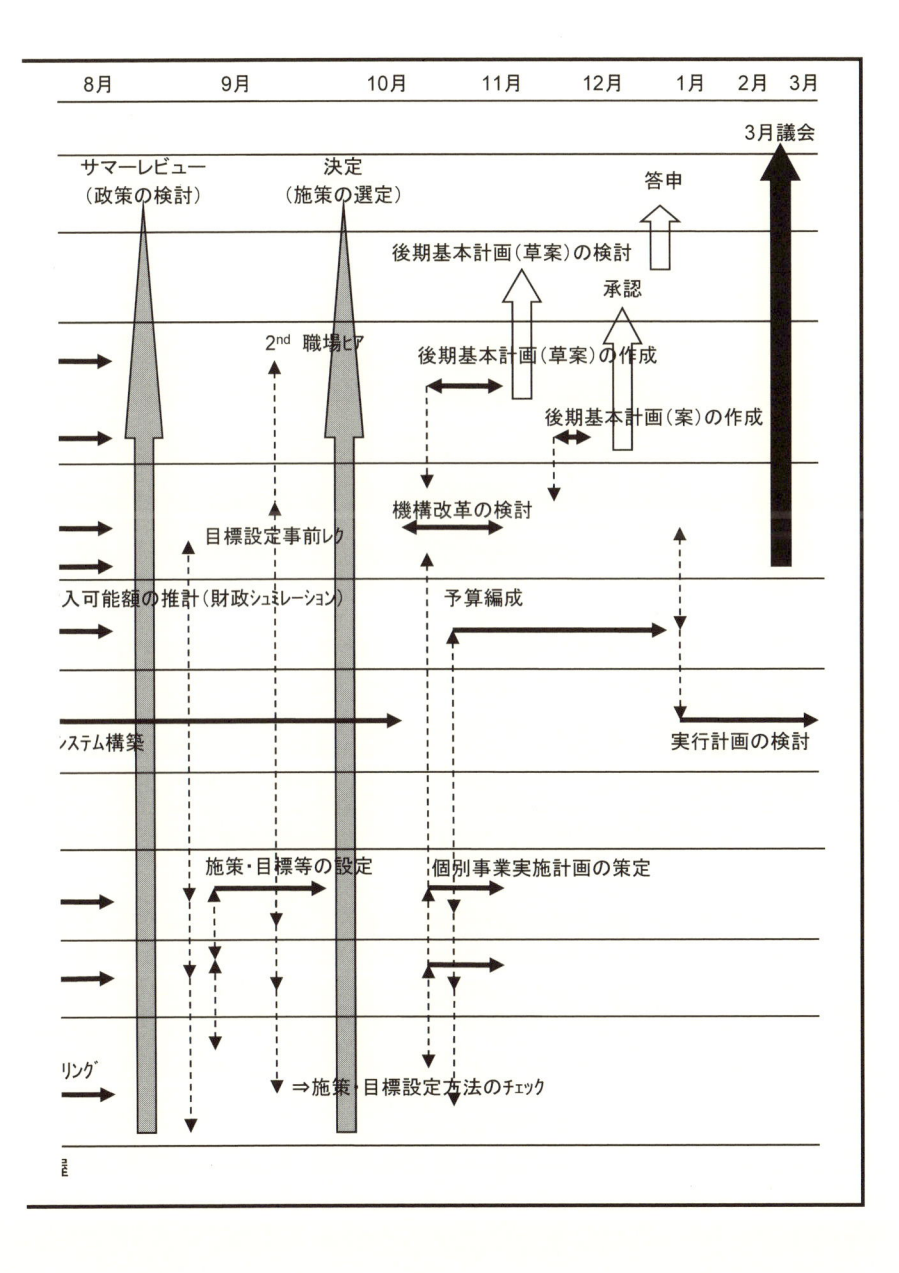

第7章 トータル・システムへの挑戦－小諸市における総合計画－

239

されたものが「職員の参画（オーナーシップ）」「職員の意識改革（マインド・セット）」「他システムの変革（トータル・システム）」の3項目である。これらは、「3-1 企画課内で協議」で触れた「システム構築」と「基盤整備」という両輪のうち、「職員の参画」と「職員の意識改革」が「基盤整備」に該当し、「他システムの変革」が「システム構築」に該当するといえる。

まず、「職員の参画」については、それまでの総合計画は、企画課が作り企画課が管理するものであった。これを、行政マネジメントのための計画として、戦略的行政経営という視点から組織に活用される計画とするためには、策定方針にあるとおり、策定段階から全職員が参加し主体性や当事者意識を醸成する必要があるということである。

次に、「職員の意識改革」に関しては、繰り返しになるが、第9次基本計画の策定では、総合計画が形骸化している現状から、まずは行政マネジメントを目的として、ガイドラインの中の「戦略計画型」の計画を目指すというものである。そのためには、これも既に述べてきたとおり、計画や仕組みを変えるだけでは不十分であり、策定から運用までを実際に担う職員の意識改革が「基盤整備」として極めて重要であるという内容である。

最後に、「他システムの変革」であるが、これはそれまでも一貫して意識し、取り組んできているとおり、トータル・システムの構築のためには、総合計画だけではなく、当然ながら他のシステムも一体的に変革する必要があるということである。

プロセスの策定については、以上の3項目を目的とした場合の手段として「何を」「誰が」「いつ」やるのかを考え、プロセス表にまとめていった。そして、2012年1月を全庁的な策定作業の開始時点として、**図表12**の策定プロセスを作成し、運用体系や運用方針と併せて2011年11月の政策会議において承認され、12月に庁内へ提示した。

7-3-3 その他の取り組み

　第9次基本計画策定作業の初期段階となる 2011 年8月から 12 月にかけては、プロジェクトチームによる調査・検討が中心であり、これまで紹介したように「策定方針」「運用目的」「策定プロセス」について、検討結果を政策会議に報告し、組織決定していった。
　プロジェクトチーム以外での取り組みとしては、管理職、市議会議員、総合計画審議会委員が一堂に会し、今後の総合計画のあり方や進め方について理解を深めるための、合同研修会を 10 月に開催した程度である。しかし、各職場では、プロジェクトチームのメンバーが、それぞれ自身の職場の職員に会議内容の報告や、問題点に対する意見徴収等を行い、少しずつ各職員への浸透を図っていた。

7-4　行政マネジメントの変革　－運用目的を踏まえた策定作業－

　プロジェクトチームにおける議論、「策定方針」「運用目的」「策定プロセス」の決定を受け、2012 年1月の仕事始めの式での市長あいさつを開始宣言として、策定作業は全庁的な取り組みへと移行した。前節で説明したとおり、策定作業は「行政のマネジメントのための計画」という今回の運用目的から導き出された、策定方法として取り組むべきことの3項目を重視してプロセスが策定され、進められたものである。以下にその3項目、「職員の参画（オーナーシップ）」「職員の意識改革（マインド・セット）」「他システムの変革（トータル・システム）」の各項目別に、具体的な取り組み内容を紹介する。

7-4-1 職員の参画（オーナーシップ）

①総合計画学習会の開催

　策定プロセス内で、各職場で実施する作業（住民ニーズの把握・施策目標の設定・事業計画の策定等）の進捗を促進するためには、各職場の職員が積極的に推進をしていくことが必要となるが、当時は、若手職員の中に「総合計画」という言葉すら知らない職員がいるなど、そもそも、それまで総合計画に接点すらなかった職員が大勢いるという状況であった。そこで、まずは若手職員を中心とした総合計画学習会を開催し、実際に作業を担当する職員の中から、積極的な推進者として取り組んでくれそうな職員の発掘、育成を図ることとした。学習会は、2012年3月と4月の2回に分けて、演習方式により業務時間後にそれぞれ2時間程度で開催した。内容については、1回目は、「参加職員が総合計画に理解を深め、基本構想のイメージを具体化することによって、その実現のための後期基本計画策定に積極的に携わり、職員参画による計画づくりにつなげる。」ことをねらいとして、基本構想の振り返りを演習内容とした。続いて、2回目は「参加職員が経営品質の考え方に触れることで、後期基本計画策定プロセスにおける、住民ニーズの把握、施策・目標等の設定に主体的に関わり、職員参画による計画づくりにつなげる。また、その計画を確実に運用できる行政経営型組織の基盤づくりにつなげる。」ことをねらいとして、「経営品質向上活動」のセルフアセスメントで利用される「組織プロフィール」の作成を演習内容とした。参加者は一般職員の中から希望した者として募集したところ、最終的に30名ほどの職員が参加し、この内の多くは、この後の取り組みにも、引き続いて参加をしていくことになった。

②公募職員による市の現状分析

　第9次基本計画策定プロセスにおける「基礎資料の作成」の中で、市の現

状把握のため、各種統計資料などから分析を行ない、資料としてまとめることとしていた。これまでは、このような作業をコンサル等へ委託することが多かったが、これを、職員参画の一つとして、公募職員が自分たちで実施することとした。上記「総合計画学習会」の参加者を中心とした公募職員30名ほどが参加し、基本構想の分野別に6班に分かれ、職員研修を兼ねて、県のホームページで公表されている「長野県地域別・市町村別100の指標」を始めとした各種統計資料などについて小諸市を中心に分析し、分かりやすく要約する作業を行なった。また、これらの取り組みについては、時間外を中心に2012年の7月から8月の約1カ月をかけて進められた。

　最終的な成果物については、予定どおり基本計画策定基礎資料として活用するとともに、後段で紹介する「夏季政策戦略立案会議（サマーレビュー）」において、政策会議メンバーのほか、市議会議員及び総合計画審議会委員に向けた、参加職員自身のプレゼンテーションによる報告会を開催した。当市ではこれまでに全く例のない取り組みであり、報告会の参加者からは非常に前向きな評価をいただいた。

③職場ヒアリングの実施
　計画策定への職員の参画を促進し、策定のみならず、その後の運用までを全庁的な運動としていくための中心的な取り組みとして位置付け実施したのが、職場ヒアリングの実施である。これはまた、プロジェクトチームのメンバーにとっても、本格的な策定作業段階における中心的な役割として位置付け、各メンバーが2名ずつ班を組み、作業期間中に大きく分けて2つの時期（1回目は2012年の3月、2回目は同年10月）に、半月程度をかけて全職場を対象として実施した。

　1回目は全職員を対象とし、「①基本計画策定への職員の参画に向けて、策定方針と策定プロセスを説明し共有を図る」、「②総合計画を活用する仕組みの構築に向けての現状把握と、課題・改善策の整理、意見集約」という、2つの

図表Ⅶ-13　小諸市総合計画の構造

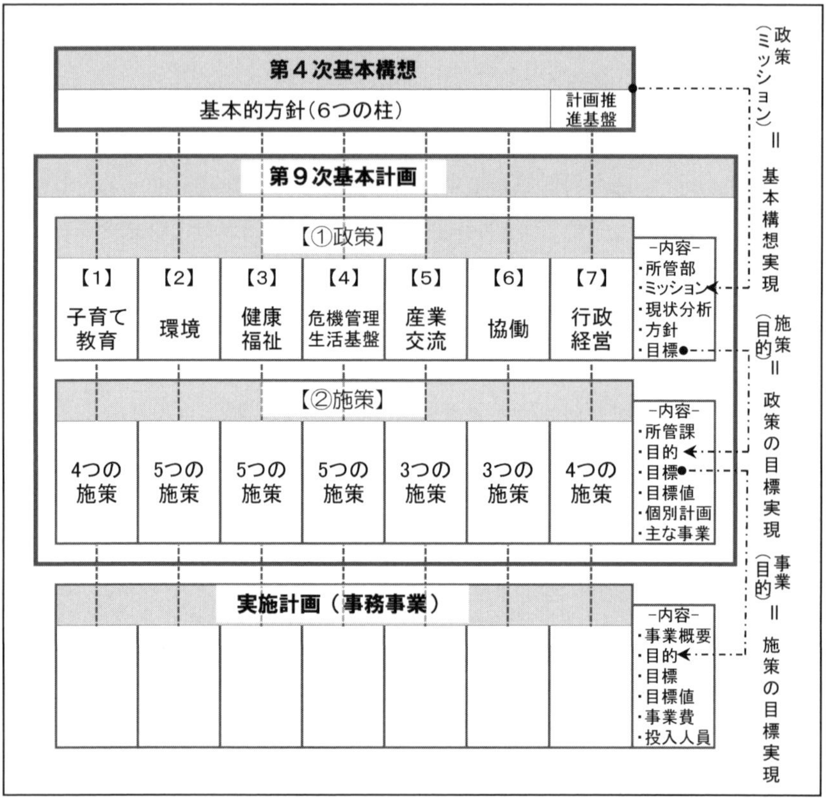

```
┌─────────────────────────────────────────────┐
│              第4次基本構想                    │      政策
│        基本的方針（6つの柱）      │計画推進基盤│     （ミッション）
├─────────────────────────────────────────────┤       ＝
│              第9次基本計画                    │    基本構想実現
│  ┌─────────────────────────────────────┐    │
│  │              【①政策】               │    │   －内容－
│  │ 【1】【2】【3】【4】【5】【6】【7】  │    │   ・所管部
│  │ 子育 環境 健康 危機 産業 協働 行政    │    │   ・ミッション
│  │ て      福祉 管理 交流      経営    │    │   ・現状分析    施策
│  │ 教育         生活                    │    │   ・方針       （目的）
│  │              基盤                    │    │   ・目標        ＝
│  ├─────────────────────────────────────┤    │              政策の目標実現
│  │              【②施策】               │    │   －内容－
│  │ 4つの 5つの 5つの 5つの 3つの 3つの 4つの │ │   ・所管課
│  │ 施策  施策  施策  施策  施策  施策  施策  │ │   ・目的
│  │                                      │    │   ・目標
│  │                                      │    │   ・目標値
│  │                                      │    │   ・個別計画
│  │                                      │    │   ・主な事業
│  ├─────────────────────────────────────┤    │              事業
│  │         実施計画（事務事業）          │    │             （目的）
│  │                                      │    │   －内容－    ＝
│  │                                      │    │   ・事業概要  施策の目標実現
│  │                                      │    │   ・目的
│  │                                      │    │   ・目標
│  │                                      │    │   ・目標値
│  │                                      │    │   ・事業費
│  │                                      │    │   ・投入人員
│  └─────────────────────────────────────┘    │
└─────────────────────────────────────────────┘
```

目的を持って実施した。この内、②に関しては「職員の参画」だけでなく、「他システムの変革」にも関することであり、各職場の本音を引き出し、的確な現状把握やシステム改善への反映を目指した。そのために、直前に全職員を対象として実施していた職員意識調査の分析結果や、現状の職場の問題点と改善策などを議論のきっかけとしつつも、なるべくテーマを限定せず、また、ヒアリングを行なう場所についても、時間外にそれぞれの職場で実施するスタイルとして、諸々の件についてざっくばらんに意見交換を行う場となるよう意識した。直前に実施した職員意識調査も含めて、このような取り組みは、それまでほと

んど実施したことが無く、普段はなかなかできない意見が出し合えたなど、職員からは好意的な感想も聞かれた。ただし、総合計画に関して言えば、やはり全体的にあまり意識されていないというのが実状であった。

　続いて2回目については、計画の策定作業も終盤となった2012年10月に、各職場における施策・事業の策定方法のチェックを目的として実施した。プロジェクトチームメンバーが2名ずつ班を組んで各職場を回るのは1回目と同様であったが、対象者の範囲は異なり、原則として各職場の管理監督者（課長・係長）を対象とした。これは、2回目の内容が、基本計画・実施計画の内容や、その策定における職場内ダイアローグの方法についての意見交換としたためである。第9次基本計画では、基本計画を「政策」と「施策」の2段階とし、さらにその下位計画として「実施計画（事務事業）」があり、それぞれを目的と手段という因果関係で結ぶという構造とした。そして、それぞれ政策は部長、施策は課長、事務事業は係長が責任者となって、職員自身が内容を考察し計画を策定することとした。2回目の職場ヒアリングでは、この施策・事務事業の「目的と目標の因果関係を説明できるか」という評価基準で、計画内容をチェックしたことから、管理監督者を対象としたものである。それまでは、このような計画内容を職員自身が考え、策定するというようなことが無く、結果とすれば、計画内容として不十分な内容のものが多いのも事実であるが、計画内容の質を高めることよりも、まずは「自分自身で作る」ということを優先して、このヒアリング、さらには全体的な策定作業を進めた。

7-4-2　職員の意識改革（マインドセット）

①夏季政策戦略立案会議（サマーレビュー）の新設

　繰り返し指摘しているように、「総合計画を活用した行政マネジメント」や「トータル・システムの構築」といった考え方においては、そのシステムの基盤整備としての職員の意識改革が極めて重要となる。では、職員の意識改革と

言ったときに、まずどの階層から取り組むべきかと言えば、言うまでもなく幹部職員からであろう。先述のとおり、第9次基本計画については、職員自身の手で計画そのものを策定することとし、政策－施策－事務事業を因果関係で結ぶ構造としたが、その策定する順番は、政策から事業という「上から下へ」トップダウンの流れになる。それまでの総合計画の策定においては、どちらかと言うと既存や新規の事業ありきでスタートし、それをホッチキス止めの用にして、施策や政策といった一定の枠で束ねていったようなもので、いわばボトムアップの流れであった。第9次基本計画では、それを「何のために」ということを、基本構想から始まって上から下へ考えていく、言いかえると「ミッションオリエンテッド」の考え方で策定することとした。よって、政策の責任者となる部長の考え方や意識が、その下位計画に反映されていくこととなる。

　そこで、幹部職員の意識改革を意図した取り組みの象徴が、夏季政策戦略立案会議（サマーレビュー）の新設である。これは、基本計画の改定にあたり、政策会議メンバーの現状認識を共有したうえで、市の目指す方向性を明確にし、その実現に向けた戦略を構想するために実施したもので、2回に分けて開催した。

　1回目の会議では、「公募職員による市の現状分析」で紹介した報告会を含めた基礎資料の説明と、各部長から所管の部の現状と課題の報告を行ない、それらについての意見交換を行なうことで、出席者間の現状認識の共有を図った。

　2回目の会議では、SWOT分析による現状及び将来の分析に基づき、小諸市が目指す姿（政策）を構想し、その実現のための道筋（戦略）を示した。この2回目の議論の結果をブラッシュアップし、最終的に基本計画の政策としていった。

　このサマーレビューは原則的に公開で実施しており、市議会議員の傍聴もあったが、市の政策決定がどのように行われるかが議員にも伝わる機会につながった点は、非常に良かったと考えている。

②管理職研修（マネジメント研修）の実施

　前節のサマーレビューの開催やその後の計画策定の取り組みが、ある意味

幹部職員に対するOJT（On the Job Training）であるとするならば、Off-JT（Off the Job Training）としての取り組みとも言えるのが、管理・監督者を対象としたマネジメント研修である。

　策定スキームを示す段階から、職員の意識改革としての継続的なマネジメント研修を行い、その対象者を、部長職を始め、管理・監督者とした。管理・監督者を対象としたマネジメント研修というと、当市でもそれ以前から類似の研修は幾度となく行ってきており、特に目新しいものではない。それにも関わらず、あえて取り上げるのは、その開催方法や内容について、総合計画に関する一連の取り組みの一つとした点にある。通常行われてきた管理職研修は、具体的な日常業務を意識しての開催ではなく、単発で、内容も抽象的なものとなりがちであった。これを、第9次基本計画に関する取り組みにおいては、トータル・システム構築に向けた計画の策定・運用の基盤整備として、策定前より管理・監督者に対する研修を強く位置づけ、その時期や内容なども、策定プロセスの一環として、他の取り組みと関連付けて開催をした。単純にOJTやOff-JTと考えるよりは、全体として両者を相互補完的に連動させ、基盤整備としての人材育成に取り組むというイメージである。実際に行った内容は、「経営品質向上活動」のセルフアセスメントで利用される「組織プロフィール」の作成による組織の振り返りの他、計画策定の説明会に近いものなどである。職員の意識改革や人材育成は、一朝一夕に成るものではなく、この策定時の取り組みも、全て当初の狙い通りの成果が得られたとは言い難いが、当初より策定以降も継続して取り組んでいくことが重要なものと考えていたものである。

7-4-3　他のシステムの変革（トータル・システム）

①総務・企画・財政課会議の開催
　トータル・システムの構築においては、関連するシステムとなる、計画、予算、行政評価、人事のそれぞれの所管課が、有機的に連携した取り組みが不可欠で

あり、当市でのそれぞれの所管課長である総務課長、企画課長、財政課長をプロジェクトチームのメンバーとしたことは、既に紹介したとおりである。

具体的な策定作業の段階からは、プロジェクトチームとは別に、総務・企画・財政課会議として、課長の他に各課の係長等も加わった会議を定期的に開催し、より具体的な事項について検討した。主な検討事項は以下のとおりである。

○予算編成と総合計画の関係

予算編成と総合計画は、トータル・システムを考える上でその関係性が最も分かりやすく、最初にその連携方法を検討すべき事項と言えるかもしれない。当市のトータル・システム診断の結果もそうであったように、総合計画が形骸化し予算の比重が大きなものとなることは、多くの自治体で共通の傾向だと考えられる。それまでに開催されたプロジェクトチームの会議でも、盛んに議論となったテーマであり、この総務・企画・財政課会議でも、主要なテーマとして最も時間を掛けて検討された事項である。

具体的に検討された内容としては、総合計画の体系、目標・指標、財政フレームといった「総合計画のデザイン」と、プロセス、ドキュメント、スケジュールといった「予算編成のデザイン」という2つのデザインについて、先進事例を参考にしながら、実際の運用プロセスを想定しつつ決定していった。

○人材育成と総合計画の関係

この事項は「職員の意識改革（マインドセット）」と深く関連し、トータル・システムの構築において、その基盤整備として極めて重要な事項である。①の予算編成と総合計画の関係が比較的理解しやすく、実際問題として、計画のデザインは策定前に確定せざるを得ないのに比べ、こちらは、長期スパンで考え運用開始以降も継続して取り組んでいかねばならない事項であり、あらかじめそのことを共通認識としたうえで検討を進めた。

具体的内容としては、まず計画策定に関する短期的な問題として、政策・

施策・事業各レベルの設定方法、特に目標設定等の責任者を協議し、最終的に政策は部長、施策は課長、事業は係長というように責任者を決定した。次に、第9次基本計画運用体系における展開（Do）の部分に関して、目標の展開方法を検討し、「①組織機構を計画に合せる」「②事務事業のプロセス（工程）を示す推進プランを、実行計画として毎年策定し評価することで人材育成につなげる」という2点を決定した。

○運用フロー（マネジメント・フロー）
　「運用目的の決定」の項で述べたとおり、2011年12月の段階では、非常にシンプルな運用体系モデル図しか「描けない」状況であった。これを、「①予算編成と総合計画の関係」と「②人材育成と総合計画の関係」の検討結果をふまえて、最終的により具体的な運用のフロー図としていった。この中で、大きな流れとしては、前年度評価を受けて、サマーレビューで「資源配分調整、主要事業、次年度政策の方向性」を決定し、これに基づき実施計画のローリングを行ない、実施計画内に予算の概算要求を含めることで確実に予算編成につなげるといったものとした。また、議会や監査の関与も検討し、さらには前記の「実行計画」による組織の評価と人材育成というプロセス改善の流れも検討して、一つのフロー図とした。

②**財務会計システムの更新**
　総務・企画・財政課会議の議論においても、トータル・システムの運用を着実なものとするためには、何らかの仕組みで統制を担保する必要があるという結論となった。そして、統制を担保する仕組みの一つとして実施したものが、財務会計システムの更新である。
　それまでの財務会計システムは「予算編成・予算執行・決算統計」で完結するものであり、実施計画のヒアリングや、進捗管理・評価などは、別途、エクセルなど単独で単純なコンピュータ・システム上で運用していた。このこと

が、たとえば実施計画ヒアリングの議論が、予算編成（予算査定）での議論に結びつかない原因の一つであることが、企画課や財政課では共通認識となっていたところ、他自治体で、計画・予算・評価などを財務会計システム上で連動させている事例があることが分かった。そこで、ちょうど、同時期に当市の財務会計システムが更新時期を迎えていたことから、各システムのトータル・システムとしての一体化を、コンピュータ・システム上においても実現するため、そのような要求に対応可能なことをシステム選定の条件とし、財務会計システムの更新を行なったものである。そして、「総合計画〜予算編成〜予算執行〜決算統計〜行政評価」という一連のシステムの仕様を検討・決定していく中で、総務・企画・財政課会議で決定した「総合計画や予算編成のデザイン」、さらには「運用のプロセス」などを可能な限り反映させることで、統制の担保を図るものとした。

　また、この「トータル・システムのコンピュータ・システム上での一体化」では、重複事務の削減という職員にとってのメリットも意図していた。具体的には、それまで「実施計画の策定と予算提案書の作成」や「進捗管理・評価と決算資料としての事務事業成果説明書の作成」といった類似の事務を、それぞれ企画課と財政課で個別に依頼し、各担当課で別々に作成していたが、これらを一つのシステム上で自動的に連動させ、資料などを作成することで、整合性や連動性を高めるとともに、各担当課における重複事務の低減も図ったものである。

③**条例・規則の制定**
　もう一つ、トータル・システムの統制を担保する仕組みの整備として取り組んだものが、条例や規則の制定である。第9次基本計画策定にあたっては、2011年4月の地方自治法改正により、基本構想策定の法的な義務付けが廃止となる一方で、当市では2010年4月施行の「小諸市自治基本条例」において、基本構想と基本計画で構成される総合計画の策定が義務付けられたことは、既

に述べたとおりである。ここで、「小諸市自治基本条例」で義務付けているのは総合計画の「策定」のみであり、議決事項に関する規定はない。よって、そもそも条例に関する問題としては、2011年の改正まで地方自治法で義務付けられていた「基本構想の議会における議決」の廃止に伴い、「総合計画を議決事項とするか」「議決事項とするならば、基本構想と基本計画のどこまでを議決事項とするか」が検討事項となっていた。

そこで、これまで紹介したように、各研修会やサマーレビューなどに市議会議員にも参加いただいた他、議会独自での研修会も継続して開催され検討が重ねられた結果、最終的に2012年12月小諸市議会における「小諸市議会の議決すべき事件を定める条例」の改正により、基本構想と基本計画を合わせた総合計画の「策定、変更又は廃止すること」が議決すべき事件として定められた。これにより、第9次基本計画は2013年3月議会に議案として提出、議決されることとなった。

この他では、財務会計システムの更新においても意識された「総合計画や予算編成のデザイン」や「運用のプロセス」などについて、規則として規定していくことが、総務・企画・財政課会議の中で合意された。しかし、これらについては、策定段階や運用開始当初では流動的な部分が多く、運用を進める中で制度改善を図る必要があることから、当初はそれぞれのプロセスごとに内規としての「ガイドライン」を作成・提示する程度にとどめ、運用を進める中で規則化についても進めていくこととした。

7-5 継続した取り組みへ －運用を開始して－

前節までのような経過で、第9次基本計画は2013年4月に運用開始となり、これまで（2014年4月）1年が経過した。第9次基本計画については、その策

定前より「運用」を重要視して進めてきており、運用開始以降が本番であるとも言えるが、実際に運用を開始しての状況と今後の課題をまとめる。

7-5-1　運用開始後の取り組み

①夏季政策戦略立案会議（サマーレビュー）の常設化

　策定段階である2012年に、市の目指す方向性を明確にし、その実現に向けた戦略を構想するために初めて実施したサマーレビューについては、運用開始以降も毎年開始することとしており、運用段階では翌年度の「資源配分調整・主要事業・次年度の政策の方向性」を決定する場としている。

　計画策定時に設定していたフローにおけるサマーレビューの位置づけでは、まず前年度評価と今後の取り組み方針について協議・決定し、これをふまえ翌年度重点方針と主要事業の考え方について協議・決定するものとしている。

　しかしながら、2013年度は運用開始初年度であり、第9次基本計画とその実施計画についての前年度「評価」は2014年度からとなるため、暫定的な取り組みとして、前年度評価の代わりに、個別事務事業の現状と課題の整理による「第8次基本計画の振り返り」と、組織プロフィールによる「各職場の振り返り」を8月に第1回サマーレビューとして実施した。続いて1カ月後に開催した第2回では、事前の設定どおり、2014年度重点方針と主要事業の考え方について協議し、重点方針は「資源配分方針・組織運営方針・政策別重点方針」として、主要事業は政策別に「優先すべき事業と見直すべき（廃止/縮小/改善）事業」として、それぞれまとめ、総合計画審議会での審議を経て、庁内へ提示した。

　なお、2014年度以降は、第1回会議を前に、政策は部長、施策は課長、事務事業は係長が責任者となり、それぞれ前年度評価と今後の取り組み方針についてまとめ、それをもとに市としての前年度評価と今後の取り組み方針について第1回会議で協議・決定していくものとしている。

②実施計画の策定から予算編成

　サマーレビュー以降の流れは、サマーレビューの協議結果として示された「重点方針と主要事業の考え方」にもとづき、課長が施策の重点方針を設定、これを受け実施計画の策定（ローリング）を実施した。実施計画の策定では、まず事務事業単位での翌年度目標の設定や計画期間の目標、さらには目標値（アウトプット指標）の見直しを行ない、この実現のために必要なものという考え方で、投入指標（インプット）となる事業費や財源、人員について計画をしていった。ここで、担当課の作業としてこれまでとの最大の変更点があり、この実施計画の策定の段階で、翌年度事業費を算出するにあたり、これまで予算要求の段階で積算していたものと同レベルの詳細な事業費見積を行なうこととした。その後、策定した実施計画については、政策会議メンバーによる実施計画ヒアリングでの協議・修正、さらには総合計画審議会での審議を経て確定し、予算編成へと移行した。

　これらの一連の作業が、更新した財務会計システム上で行われており、実施計画で入力した翌年度事業費の見積が自動的に予算編成へ引き継がれたり、実施計画の策定で入力された内容をもとに予算提案説明資料となる「実施計画書兼事業説明書」が作成されたりといったように、それぞれのシステムやプロセスが連動する仕組みとなっている。

③実行計画

　総務・企画・財政課会議の中で、人材育成につなげるものと位置付けた「実行計画」の策定と評価についても、運用開始に伴い新たに取り組んでいる。初年度となる2013年度については、試行的運用として取り組んだところであるが、実際に策定や評価を行った中では、各職場の年間業務が整理でき、人事異動における引継書としても利用すべきという意見も出された。また、当初は施策単位でも実行計画を作成する予定であったが、実際に運用をしてみると、工

程表といった性格の実行計画を、施策というある意味大きな枠組みで作成するのは困難であったことから、実行計画は事務事業単位のみでの作成と変更した。

7-5-2 残された課題

以上のように、運用開始後1年間取り組んできたところで、今後の課題と考えている事項についてまとめる。
①トータル・システムの進化

図表Ⅶ-14 現在の総合計画運用フロー

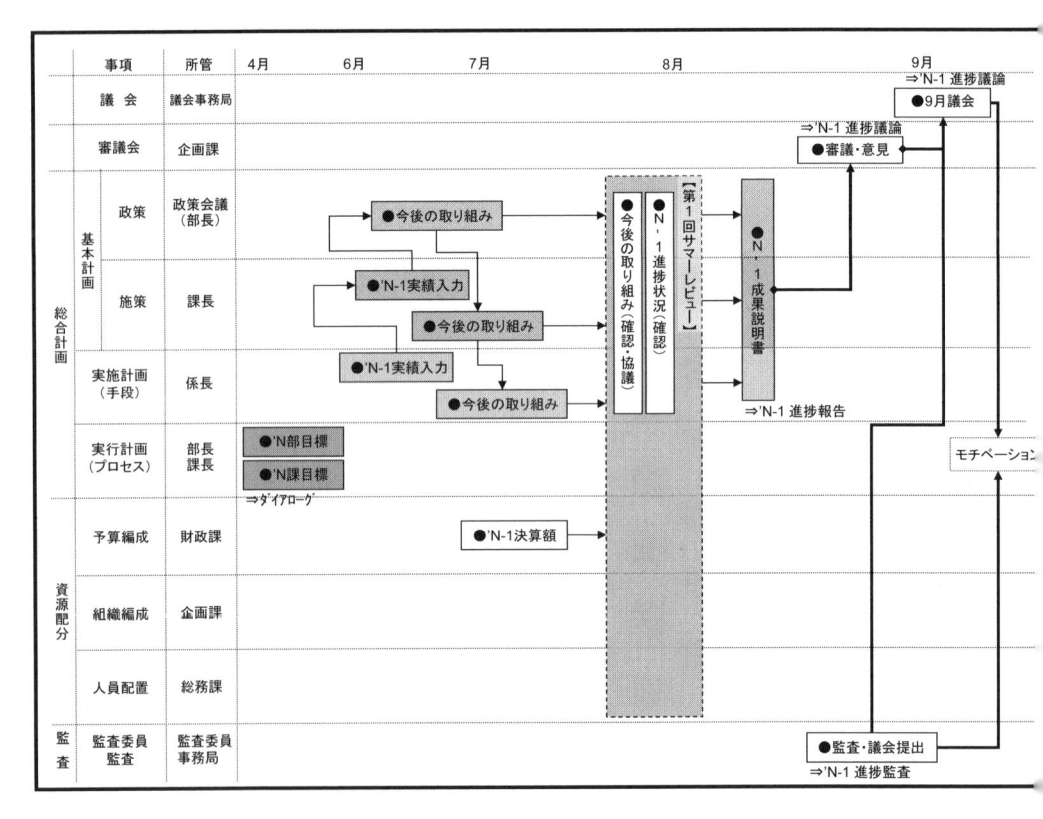

第 7 章 トータル・システムへの挑戦－小諸市における総合計画－

　先述のとおり、策定作業初期の 2011 年 12 月の段階では、運用体系として非常にシンプルなモデル図しか示せず、運用開始の 2013 年 4 月の段階でマネジメント・フローとして少し詳細な運用の概念を示した。その後、運用を進める中で、現在では**図表 14** のようなさらに詳細なフロー図にまとめている。このようなフロー図の変遷は、トータル・システムの各システムやプロセスが熟成され、ある意味システムが「進化」するのに伴い、フロー図も詳細なものが描けるようになったと言える。当市は、トータル・システム構築に取り組み始めたばかりの段階であり、引き続き個別プロセスの内容や進め方について、

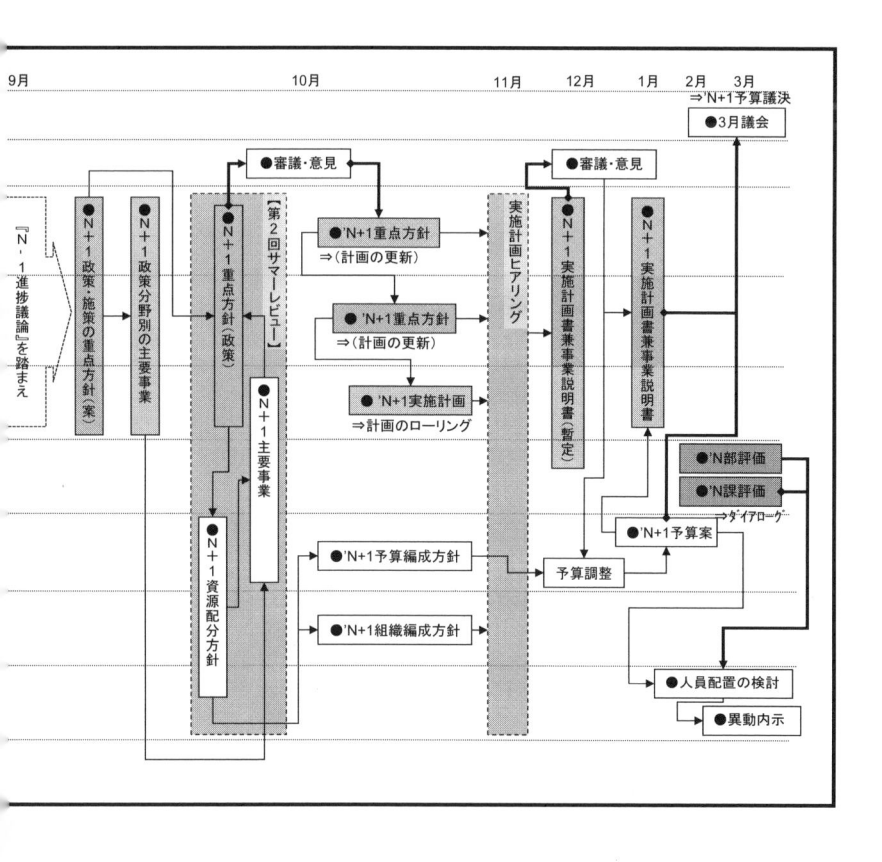

具体化・見直し・改善が必要である。今後も、取り組みを進めながら、随時内容や進め方について見直し、必要に応じて改善、条例・規則の制定・改正を行っていきたい。

②戦略的人材マネジメント
　これまで繰り返し触れてきた、「システム構築」と「基盤整備」という両輪のうち、システム構築については、前節のように課題はありつつも、一定の成果や進捗が見られたと考えている。一方、基盤整備の面については、運用開始後の職員との意見交換の場でも、「今回の取り組みでは、まだやらされ感が強かった」「興味のある職員でさえ、基本計画の内容を理解していないし、策定に参加したという実感も無い」といった意見が出されており、なかなか狙いどおりの状況とは言い難いのが実状である。職員の意識改革や人材育成は、一朝一夕に成るものではなく、当初より息の長い取り組みが重要であると考えていたところであり、引き続き総務課と企画課の連携による「戦略的人材マネジメント」の強化が必要であると考えているが、さしあたっては以下のような事項に取り組んでいく予定である。

○**実行計画の本格運用**
　2013年度の試行的運用から本格運用へと移行し、「基本計画・実施計画」を「人材育成・人事評価」という人材マネジメントへ展開していく仕組みを構築していく。

○**総務課と企画課で連携した各種職員研修の実施**
　基盤整備の一環として、基本計画を運用するうえでの各階層の役割・責任を職員が自ら考え、それを定義することで『人材育成基本方針』の再構築にもつなげる。
　基盤の整備は、総合計画を核としたトータル・システムの構築・運用にお

ける最大のテーマであり、これらに限らず様々な取り組みを常に検討し続け、実施していくことが重要であると考えている。

7-5-3　本源は基本構想

　これまで第9次基本計画における取り組みを紹介してきたが、最後に基本構想について述べたい。第9次基本計画については「行政の計画」として、ある意味「割り切って」進めてきたところであるが、計画とは「使命を達成するために到達したい目標とそのための方法を定義すること」であり、行政組織としての使命並びに基本計画の目標は、最終的には基本構想で示す「まちの将来像の実現」であるから、これまで紹介した取り組みにおいても、基本構想に対する問題意識は常に付いて回ったところである。具体的な問題点については省略するが、当市では現在、複数の大型プロジェクトが事業化されつつあり、また、自治基本条例の見直しも進める中で、現行基本構想の抱える問題点・矛盾点への対応については、次期改定時まで先送りすべきではないと判断し、前倒しでの改定作業に既に2013年度より着手した。その際の考え方の基本は、第9次基本計画の運用目的を「行政マネジメント」とした際に、基本計画は「行政計画」とし、次期基本構想を「地域の計画」とすべきとしたことである。市内の各主体が役割や責任を認識しながら、協働してまちづくりを推進するため、「地域のみんなを対象とし、地域のみんなでつくり、地域のみんなで推進する計画」として、地域のビジョンを示すとともに、地域の各主体の役割も示す「地域の計画」として、第5次基本構想を策定していきたいと考えている。

コラム

　第9次基本計画策定の中心組織となった「総合計画推進プロジェクトチーム（PT）」は、総務課長、企画課長、財政課長に各部からの代表者1名（課長または係長）ずつを加え、合計9名がメンバーとなりましたが、このPTの活動は本当に大変でした。

　2011年8月にPTを設置し、「策定方針」「運用目的」「策定プロセス」の3点をまとめていった同年12月までの間は、月に2回のペースで会議が開かれ、1回の会議の時間は半日丸々と長時間なものでした。さらに、毎回毎回事前課題が出され、これが非常に難解な内容で、通常業務と並行して会議への出席や事前課題の作成をすることは大変な負担となり、事務局としても非常に恐縮しながら進めた記憶があります。

　2012年1月以降の全庁的な策定作業に移行後も、会議の開催頻度は月に1回程度と若干減りましたが、2回実施した職場ヒアリングでは、実施主体の側として各職場を巡回するなど、引き続き重要な役割を担うため、メンバーには多くの負担をいただきました。

　最終的に23回を数えた会議を始めとしたPTの取り組みの中でも、特に印象に残っているのが、滝沢村への視察です。本編のとおり、全PTメンバーでの視察は、当初新幹線での移動を予定していましたが、予算上の理由などから、片道600kmの行程を、自分たちで運転するワゴン車により日帰りで往復することとなりました。未明に出発し深夜に帰宅する本当に強行日程でしたが、それに見合う成果が得られたとの思いは、私だけでなくメンバー共通のものでした（…と思います）。

　このようなPTの取り組みは、名実ともに第9次基本計画策定作業の中心となり、そのこと自体が従前の「企画課だけの業務」として策定する総合計画からの進化の象徴であったと思います。また、そのようなそれまでにない試みにあたり、趣旨を理解し前向きに取り組んでいただいたPTメンバーの皆さんには、心から感謝する次第です。

第8章　これからの総合計画

―総合計画 ver.2.0 に向けて―

8-1　自治体経営の生産性を上げる総合計画

8-1-1　自治体経営と総合計画

　NPM（New Public Management＝新しい公共経営）が日本の自治体経営でもキーワードとなってから10年以上が経過し、公共の領域は「管理（アドミニストレーション）」の対象から、「経営（マネジメント＆マーケティング）」をするものとして定着してきた。「公」と「共」の領域、「行政」と「地域」の領域において、業績評価、ファイナンス、組織運営、人材管理、資産管理、情報環境、コミュニケーション手法、戦略経営…など、様々な経営手法が活用される時代となり、行政や地域が高い成果を生産性高く実現するための「経営」の仕組みづくり（システム構築）が行われている。

　「経営」というものは様々な捉え方が出来るが、持続的なサイクル（PDCA(Plan-Do-Check-Action)サイクル）を通じて、試行錯誤を生み出しながら高い成果を実現していくものと考えるのであれば、「計画（Plan）」は「経営」の主要な基盤となるものである。「計画（Plan）」を効果的に構築することで、「実施（Do）」や「評価（Check）」「改善（Action）」において、試行錯誤、進捗管理、資源配分、協働促進、実態確認、意志決定…などを促すことになり、生み出す成果や生産性は大きく変わることとなる。

　さて、日本の自治体はすでに様々な「計画」のもとで活動をしているが、各種の計画群や様々な行政システム（予算編成や評価、組織管理、人材支援など）を支える、最上位の役割を担うのが総合計画である。いま求められている転換は、総合計画を「自治体経営の生産性」を高めるためのものとして位置づけていくことである。

第 8 章　これからの総合計画－総合計画 ver.2.0 に向けて－

　これまでの総合計画は総花的であり、硬直化したものとなりやすかった。
　1969 年に地方自治法で基本構想の議決の義務づけがなされて以来、時代趨勢から、社会動向にあわせて行政の事務・事業が肥大化していく中で、その実施を裏支えする必要性から、総合計画の内容は総花的になりがちであり、また、行政の諸施策をやめるのは困難であったため、総合計画を作り直したとしても、その構成は硬直化もしやすかった。
　だが、現在は、自治体が何をするかで地域の豊かさに差がつく時代であり、自治体は矛盾した課題に挑戦する時代である。
　生産年齢人口の減少や経済低迷から、税収は減少している。また、人口や社会構造の変化から扶助費の増加や、社会インフラの劣化に伴う再投資の必要性など、自治体財政は慢性的に逼迫化している。その一方で、住民ニーズは多様化・複雑化しており、これまでのやり方では支出の増加を招く状況となっている。また、すでに低成長・成熟化の時代に入っており、経済成長を前提としない問題解決も必要となっている。こういった状況下で、限られた税金を効果的に使う必要があり、税金を使った活動をせずとも「豊かさ」や「幸福感」を生活実感として得られる地域づくりや、様々な主体による効果的な連携や協働・役割分担で、社会全体の生産性をあげることも求められている。
　こういった時代において、自治体経営のあり方を考える 1 つの重要な鍵が総合計画である。これまでは、総花的となることや、硬直化をすることが起こりやすかった総合計画であるが、自治体のあり方を規定する最上位の計画としての役割を担っており、改めて経営の根幹を担う計画として再設計することが求められている。本書でこれまで解説をしてきた事例のように、すでに、行政や地域の経営を支える基盤として総合計画を位置づけて、様々なシステムを構築し、機能させている自治体も現れている。自治体のあり方が問われている現状において、総合計画を再設計することは重要な要素となっている。自治体の様々なシステムや計画群がバラバラに動くのではなく、総合的にトータルなものとして機能し、試行錯誤を通じて、より高い成果を生み出すための仕組みと

して、総合計画が求められているのである。

　見方を変えると、総合計画とは、自治体経営の"生産性"を向上させる役割を担っている。生産性とは、「資源（インプット）」に対する「産出（アウトプット or アウトカム）」をみるものである。生産性を上げるには、限られた資源を有効に活用することで、生み出す産出を増やすといった、多様な試行錯誤の実施（Do）や、その評価（Check）や改善（Action）が不可欠である。そういった試行錯誤の実施・評価・改善を促しやすい計画（Plan）であることが、生産性を上げる上での必要条件である。

　自治体において、この生産性をどの範囲でみるかによって、総合計画に期待される役割は異なることになる。

　「○○市役所の生産性」という「行政組織としての生産性」をみるのであれば、総合計画は「行政経営での活用」に力点が置かれることになる。

　一方、「○○市の生産性」という「地域全体としての生産性」をみるのであれば、「地域経営での活用」に力点が置かれることになる。

　実際、各地での実践でも、この両方のスタイルが見られる。

8-1-2　行政経営を機能させるための総合計画

　行政組織とは、市民や社会に価値を提供することを目指す組織体であり、行政経営とは、行政組織の活動を通じて、できるだけ生産性高く（＝資源は少なく・生み出すものは多く）、成果（アウトカム）を実現することを目指す、実行の仕組みづくりである。

　そこでの総合計画は、目指す成果や成果の達成状況をわかりやすくする情報体系として、様々な行政システムとトータルな仕組みを形成し、機能させることとなる。総合計画において、成果の達成状況や資源の活用状況、生産性の現状を評価可能にし、また、生産性の発想から、財政や組織、活動などのメリハリづけをしやすくした上で、総合計画を根幹に据えた、行政経営のトータル・

システムとして、各種の行政システムを位置づけることとなる。

こういった行政経営を念頭に据えたときの総合計画として、本書では、第3章で多治見市、第7章で小諸市の事例を解説した。

8-1-3　地域経営を機能させるための総合計画

地域全体で達成する成果の生産性を追求すると、行政組織などによる単独の主体の活動のみでは限界がある。効果的な役割分担が重要であり、多様な主体による地域づくりが推進される、協働・共創を実現する地域経営が求められる。

そこでの総合計画は、目指す成果や成果の達成状況をわかりやすくする情報体系として、効果的な役割分担や協働・共創を生み出していく仕組みとともに、機能させることとなる。地域として目指す成果やその達成状況、様々な主体の活動状況などを把握できるようにし、多様な主体間で、共通の目標や方向性を目指して、役割分担や協働をしながら、試行錯誤を繰り返す仕組みづくりも組み合わせるといった、総合計画を根幹に据えた地域経営のトータル・システムとして、各種の仕組みを位置づけることとなる。

こういった地域経営を念頭に据えたときの総合計画として、本書では、第4章で東海市の事例を解説した。

8-1-4　行政経営と地域経営の相乗効果を促す総合計画

こういった「行政経営」と「地域経営」の2つの生産性の発想は、相乗効果を生み出すものでもある。行政組織の生産性が高いからこそ、地域の生産性は高まるのであり、逆に、地域の多様な主体による地域全体の生産性を上げる活動があることで、行政組織の活動もより有効なものとなりやすい。また、行政改革で行政が小さくなるとすると、行政以外の多様な主体の役割が大きくな

ることとなり、多様な主体による公共サービス供給が行われるようになる。多様な主体による活動の「全体」として高い成果を出すといった協働の"生産性"の向上も重要となる。

地域と行政の相乗効果や、市民参画や協働による地域経営などに示唆となる総合計画として、本書では、第5章で滝沢市、第6章で三鷹市の事例を解説した。

8-2　これからの総合計画の条件

8-2-1　システムの総合化（トータル・システム化）

さて、各種の先導事例も踏まえて、これからの総合計画がより有効に機能する際に意識すべき条件を確認する。

まず1つ目は「トータル・システム化」である。行政経営でも地域経営でもトータル・システム化は求められるが、ここでは特に行政経営でのトータル・システム化の観点から解説する。

自治体には、総合計画以外にも、予算編成や評価の仕組み、組織管理、人材支援など様々なシステム（仕組み）がある。また、マニュフェストなどの政治プロセスに関わるシステムもある。

多くの自治体で、必要に応じて様々なシステムが構築・導入された結果として、個々のシステムは機能していても、システム間の連携がとれていないことや、似た役割を持つシステムが重複していることから、システム全体としては機能していない状態に陥っていることがみられる。

例えば、行政評価として行う評価とは別に、予算査定においても全事業の評価を行っており、その結果、予算査定での評価が優先され、行政評価の情報

第8章　これからの総合計画－総合計画ver.2.0に向けて－

は使われないケースがみられる。行政評価の制度は機能しているように見えても、システムが全体としては効果的に機能しているとはいえない。この状態では、行政評価制度を充実させても職員の負担が重くなるだけである。

　また、総合計画に関しても、例えば、総合計画の実施計画と予算編成が別々のプロセスとして行われている場合、予算編成での自由度を高めるために、実施計画では総花的となっていることや、実施計画に記載されている内容よりも予算編成を優先することなどが行われ、結局、何のために計画を編成しているのか分からないこともおきている。実施計画は機能しているように見えても、システムが全体としては機能していないのである。

　現在、自治体経営に求められているのは、システムを全体として機能させることであり、現状を整理し、全てのシステムを同期させて機能するように再構築すること（＝トータル・システム化）が必要である。各々のシステムが効果的に機能することで、全体の生産性を向上させることが求められている。

　トータル・システム化には、様々なアプローチがあり得るが、1つのアプローチとして、現状のシステムの状況を総点検した上で、総合計画の仕組みにあわせて、（廃止するものは廃止をして）各種システムを機能させ直すことがあり得る。最上位の計画である総合計画が、実効的に機能するようにシステムを構築し直すというアプローチである。

　本来、総合計画とは、行政の活動の根拠となるものであり、そこに記載されていることを予算化し、実施するものである。だが、現実は、そのままシンプルに進むとは限らない。総合計画は中長期的な観点を見据えて立案をするものではあるが、予算が足りないこともあり得るし、事前に予測したこととは異なることも起こりえる。

　そういった状況に直面をしたとき、もともとの総合計画の修正を行い、より現実的なものとしていけば良いはずであるが、総合計画には手をつけないということが起こる。ここに本質的な課題がある。結果として、実務面・制度面から求められる、毎年の予算編成が重視されることとなり、総合計画は（矛盾

265

がないように）総花的・網羅的なものとされることや軽視されることが起きる。また、総合計画の記載内容の修正を想定しないのであれば、毎年、総合計画に関わる評価を行う必然性はなくなる。一方、行政評価を行っている場合、行政評価を運用することを目的とした、何らかの評価が行われることとなり、ときには、手段と目的の関係が曖昧になった「評価のための評価」が行われることにもなる。

　こういった状況を変えるために必要なことは、総合計画を中核に据えたトータル・システムの設計であり、運用状況に合わせてトータル・システムをチューニングし続ける仕組みである。

　社会状況や政治状況などの変化は発生するものである。その変化に合わせて、総合計画は修正を行う前提としておくことや、不確実な状況に対応できる仕組みを構築しておくことが、その設計上、求められる。例えば、多治見市や滝沢市、三鷹市、小諸市などで採用されているように、首長選挙の周期（4年）と計画の周期（4・8・12年など）をあわせ、首長選挙の翌年には基本構想ないし基本計画を改定するように設計しておくこと、総合計画の変更や修正の判断や検討を合理的に行いやすくするよう、財政や政策推進、社会動向等の実態を可視化すること、また、その情報提供の仕組みを整え、制度化しておくこと、予算編成と実施計画は同一のプロセスとして、毎年の検討時には、数年先を毎年見越して計画を立案し続けることなどが想定される。

　また、東海市や滝沢市で行われているように、総合計画で掲げる成果指標を住民価値（幸福度や生活価値、生活課題）から設定することで、総合計画以外の計画も含めた計画群全体の実態を評価可能にしておくことなども想定される。

　他にも、「計画と組織のトータル・システム化」の観点から、部門別計画との総合化を検討することや、計画体系は、政策・施策・事務事業とすると、政策レベルは部長、施策レベルは課長、事務・事業レベルは係長など、担当や責任体制を明確にすることなども検討課題である。さらに「計画と評価のトータ

ル・システム化」「計画と改革のトータル・システム化」「計画と人材支援のトータル・システム化」「行政経営と地域経営のトータル・システム化」などの観点からの検討課題も想定されるであろう。

様々なシステムは形骸化をしやすいものであり、形骸化を防ぐために、常にチューニングすることが求められる。そのための仕組みづくりにおいて、総合計画を中核に据えたトータル・システム化やその運用システムのあり方が重要となるのである。

8-2-2 計画群の総合化

自治体は様々な計画のもとで活動をしている。

慶應義塾大学玉村雅敏研究室が、2013年度に各地の自治体の調査をしたところ、人口75,000人未満の自治体（＝全自治体の約84％。全国一律の基礎的行政機能を担っていることが想定される）では、地域性や過去の経緯などに応じて若干の違いはあるものの、約20-30程度の基盤となる計画群（部門別計画・分野別計画）を有していた。これよりも規模が大きい自治体では、計画の数が多くなる傾向（例えば、人口40万の自治体では約60の計画群）が見られたが、その内容は、計画が細分化されたものや、政策的な投資余地が大きいことから設定された計画などが加わっているものであり、根幹となる計画群にはそれほど違いはなかった。

だが、それぞれの計画の年限や周期はばらついており、計画の相互関係や位置づけなどが曖昧であることも見られた。また、法令上義務づけられている計画など、「計画」と名付けられていたとしても、実施要綱レベルのものや、本来は報告書として位置づけてもよいものなどもあった。

その結果として、総合計画と各種の計画の年限や周期があっておらず、それぞれが独自に改訂されていることが行われ、最上位の計画としての総合計画の理念や内容は踏襲したとしても、それぞれの計画は個別に管理がされること

となっていた。

これからの総合計画に求められる2つ目の条件は「計画群の総合化」である。期限や目標等の整合性を追求し、総合計画以外の計画も含めた計画群全体としての効果を出すこと、ならびに、類似の計画管理の業務を整理し、より効率的かつ効果的に活動が出来るようにすることが求められる。

より具体的には、「計画群の棚卸し」をした上で、総合計画の基本計画レベルで各種の基盤となる計画群（部門別計画・分野別計画）を位置づけることや、総合計画の実施計画と分野別計画において実施段階を担う計画群を統合することなどが想定される。

例えば、三鷹市では、基本計画の改正に合わせ、24の分野別計画を同時に改訂し、総合化・整合化を推進している。また、滝沢市では、次期総合計画に向けて、基本構想で掲げた幸福度等の目標を実現するために、基本計画レベルで、部門別計画・分野別計画を位置づけることや、実施計画レベルでも各種計画群を位置づけることなどを推進している。

自治体が持つ計画群全体として、役割分担を図り、また同期して機能するように設計をすることで、総合計画としての総合性・遂行力を担保することが求められている。その結果として、行政実務の現場では、業務の重複が削減されることで負担感を軽減できることや、戦略的な政策推進の検討がしやすくなることなどが実現できる可能性がある。

8-2-3　価値前提の経営システムの構築

試行錯誤を前提とした自治体経営を行うには、「予算から考える経営」ではなく、どういう価値を提供することを重視するのかという「価値から考える経営」のサイクルを構築することが求められる。

米国の自治体ではじめて、卓越した経営を行っている組織を認定する「マルコムボルドリッジ賞（MB賞）」を受賞した、米国フロリダ州コーラルスプリ

第 8 章　これからの総合計画－総合計画 ver.2.0 に向けて－

ングス市は、主要格付け会社から最高ランク（AAA）の評価を得る自治体であり、犯罪発生率が低い自治体、平均年齢が 36 歳（人口の 1/3 が 18 歳以下）と子育て世代に選ばれる自治体、市政に対する満足度が高い自治体（住民 94%・企業 97%・職員 97%）となっている（2009 年時点）。

　これらは、1994 年の選挙によるコミッショナーの交替に伴い、シティマネージャーにマイケル・レビンソン氏が就任して以来、自治体経営を通じて意図的に実現したものである。同市は、開発の急増や、学校の生徒数の増加など、長期ビジョンを推進していくための問題点や課題に適切に対応することができず、固定資産税を 25 〜 35% 程度増額する必要性が生じていたという。そこで、レビンソン氏は、行政に企業経営の視点を取り入れ、10 年後に優良な民間企業レベルの経営品質に到達することを約束し、実際に達成をしていった。

　そこでは、市のチャーター（自治体の設置趣旨や仕組みを示す憲章）で、同市が"ビジネスモデル"と呼ぶサイクルが持続的に機能する工夫を施し、「予算から考える経営」ではなく、市民の声やデータ等の実情を示す情報をもとに、組織が提供する価値を検討し、戦略的な計画をつくり、その実施のためのビジネスプランをつくった上で、予算化を検討し、推進するといった「価値から考える経営」のサイクルを構築している（図Ⅷ-1）。

　同市では、こういったシステムを構築するにあたり、まず、TQM（Total Quality Management）プログラム導入からスタートし、MB 賞のフレームワークを活用し、顧客重視や経営品質向上に主眼をおいた仕組みづくりを推進した。そして、各種データの分析等を起点に「戦略計画」を策定し、「ビジネスプラン」「予算化」を検討し、価値を提供する仕組みとしたのである。また、トータル・システムとして機能するよう、組織をフラットにし、従業員へ権限を持たせることにより、責任感や生産性を上げることなどにも取り組んだという。

　それらの結果が、MB 賞を自治体で初めて受賞するなど、各種の外部機関より高い評価を得ているのである。

これからの総合計画に求められる３つ目の条件は、「価値前提の経営」の構築・推進を支援できるシステムとして機能することである。行政組織や地域社会はどういう価値を特に重視するのかを明らかにし、また、その実態を把握できるデータや情報体系等のエビデンスに基づき、総合計画を運用・評価・検証できる仕組みを構築し、情報の変化による改善を行うことにより、自治体経営の質を高めていくシステムとして、総合計画を機能させることである。

　価値前提の経営を行うために用いることが出来るデータや情報体系として、東海市のまちづくり指標のように、政策マーケティングの手法を用いて、市民の生活実感や生活課題を調査し指標化するものや、滝沢市の次期総合計画で検討している住民の幸福度指標など、地域社会のアウトカムを指標化したものが想定される。こういった、地域社会のアウトカムに関わるデータや情報体系は、地域社会の実情を示すものとして、事業の実施とは別に把握することで、事業実施について客観的に評価ができ、改善を促しやすくなる。加えて、複数年度にわたり、その変動をモニタリングし続けることで、そもそもの事業や施策のあり方や、政策や仮説の構築や検証などにも活用出来ることとなる。

8-2-4　予測データの活用

　総合計画は中長期的な観点から立案されるものであり、様々な予測をしながら推進されるものである。

　自治体の将来を予測するために使われる主要なデータとして、人口変動の予測（人口や年齢構成、世帯構成など）が活用されるが、それ以外にも、統計調査をもとにした所得や産業構造、交通などの予測、行政コストや財政予測などもあり得る。また、予測や実態把握に活用出来るデータも、徐々に増えている。様々なオープンデータの活用なども見据えていくことが必要となる。こういったデータは、様々な計画ですでに活用されているものもあるが、今後は、より統合的に活用をしていくことが求められる。

第 8 章　これからの総合計画－総合計画 ver.2.0 に向けて－

　また、様々なデータ活用の可能性も広がってきている。データはあくまで可能性を示すまでのものであり、1 つの検討素材にすぎないが、例えば、気候変動データを用いた将来予測を参考に、猛暑日の熱中症のリスクの仮説をたて、健康・福祉計画のあり方を検討することや、温暖化の進展と地域に適した農作物の変化や栽培時期の仮説をたて、農業等の産業振興計画のあり方を検討することなどがあり得る。他にも、地域社会構造の変化による、ソーシャルキャピタル（社会関係資本）の現状や生活幸福度などの予測の可能性もあり得る。

　これらは、あくまで可能性を説明したまでであるが、自治体経営において、様々なデータや情報体系群を活用することはさらに重要になってきており、今後、自治体経営の根幹を支える総合計画（基本構想・基本計画・実施計画）の各レベルにおいて、どのようにデータや情報体系を活用するのかを設計することが、これからの総合計画には求められる。

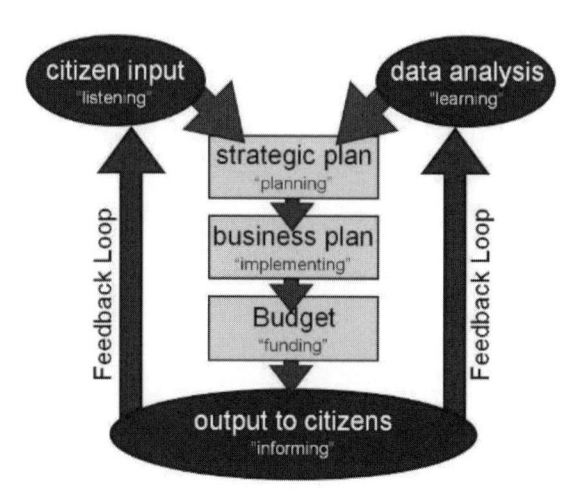

図表Ⅷ-1　コーラルスプリングス市のビジネスモデル

8-2-5　進化プロセスの設計

　本書で解説した各自治体では、総合計画は不可欠なものになっている。しかし、当初から現在の状態であったわけではない。何らかのきっかけ（契機）があり、そこから進めた実践プロセスから学び、総合計画に新たな役割を担わせることを志向した結果として、総花的な計画から脱却し、新たな総合計画を活用する試行錯誤が進んできたのである。

　例えば、多治見市では1996年の財政緊急事態宣言を契機に進めた試行錯誤から、市政運営のトータル・システムを描き、総合計画を情報基盤としたマネジメント・システムを機能させていった。また、東海市では協働・共創のまちづくりを目指した市民参画推進委員会によるまちづくり指標づくりの活動が契機である。総合計画を行政と住民とのコミュニケーション・ツールとして機能させていった。滝沢市には3つの契機があった。最初の契機は2000年から取り組んだ行政経営品質向上活動である。そのことで、職員は戦略的な行政マネジメントの必要性への気づきが生まれ、2005年に総合計画（基本計画）をマネジメント・システムとして機能させていった。次の契機は2003年の地域ビジョンの策定である。地域ごとの計画が生まれたことによって、各地域で独自の活動が展開される原動力となった。住民意識が高まり、2005年に総合計画（基本構想）を行政と市民とのコミュニケーション・ツールとして機能させていったのである。そして、2014年1月に市制を施行し、滝沢村から滝沢市になったことも踏まえて、住民自治日本一の自治体経営の根幹を支えるプラン体系として、総合計画や計画群の構築を推進していることが3つ目の契機である。

　それぞれの自治体では、改革や協働活動の経験を通じて学習したことを踏まえて、目的を持って、総合計画の機能や役割を変化させている。その自治体の新たな姿を支える意図で総合計画を活用しているのである。

　現在、自治体は試行錯誤し続けながら、様々な仕組みを整え、学習を繰り

返し、結果として、地域社会の成果を生産性高く実現していくことに挑戦をする時代である。その際には総合計画が重要な役割を果たしうる。総合計画の策定・運用プロセス、総合計画の情報体系を活用するプロセス、環境の変化に応じて総合計画の内容を直し続けるプロセス…等を通じて、その自治体なりの経営システムに魂を入れていく。こういった総合計画を起点とした進化プロセスもあり得るのであり、そのための仕組みを構築していくことも、これからの総合計画に求められることの1つである。

[参考文献・出典]

玉村雅敏・日本生産性本部『地方自治体における総合計画ガイドライン－新たな総合計画の策定と運用－』日本生産性本部,No.135,2011/7

玉村雅敏「「新しい公共経営」をめざす総合計画の進化プロセス」『ガバナンス』ぎょうせい,No.142,2013/2

あとがき

　当本部が総合計画の研究を始めたのは2010年である。それまでは行政経営品質向上活動など組織風土改革の支援をしていた。そこで良く耳にしたのが、行政評価などの仕組みを導入したが、成果を実感できないという声である。そこで、2008年からマネジメントの仕組みを全体最適の視点から点検する、本書にも登場した「トータル・システム診断」を始めた。複数の団体で行うと、共通する課題が見えてきた。それが、総合計画の形骸化であった。総合計画がなくても予算があれば仕事ができる、個別計画があれば仕事ができるという状態になっていたのである。

　これまでは、流行の仕組みを新たに導入することが「先進」団体であるかのような風潮があった。いくら進んだ仕組みを入れても、地域や行政の方向を示す総合計画が形骸化していては、単に書類が増えただけである。重要なのは新しい仕組みを導入することではなく、今ある総合計画を機能させることである。

　地方自治体を取りまく環境は今後、一層厳しくなることが予想される。限りある財源、職員を有効にいかすために、政策横断的で中長期的な計画である、総合計画がきちんと運用されることを切に願う。

　最後に本書の出版を快くお引受け頂いた（株）公人の友社の武内英晴社長、これまで研究会にご参画頂き貴重な議論を重ねた団体の方々、そして研究会の開始当初から座長としてご指導頂いている、慶應義塾大学の玉村雅敏准教授に感謝申し上げたい。

　　　　　　　　　　　公益財団法人日本生産性本部　経営開発部長　野沢　清

【執筆者略歴】

西寺　雅也（にしでら・まさや）（第1章担当）

名古屋学院大学経済学部総合政策学科教授・前多治見市長

1944年大阪市生まれ。1968年名古屋大学理学部卒。1971年多治見市議会議員に初当選（以後通算5期）。1995年多治見市長に当選（以後3期）。2007年名古屋学院大客員教授、2009年山梨学院大法学部政治行政学科教授。現在、名古屋学院大学経済学部総合政策学科教授（2012年から）、山梨学院大学大学院非常勤講師、名古屋大学法学部非常勤講師（2009年、2011年、2013年）。主な著書：『多治見市の総合計画に基づく政策実行―首長の政策の進め方』（公人の友社）、『自律自治体の形成―すべては財政危機との闘いからはじまった』（公人の友社）など。

佐藤　亨（さとう・とおる）（第2章担当）

公益財団法人日本生産性本部　自治体マネジメントセンター主任研究員

2001年横浜国立大学経営学部卒業。2003年横浜国立大学大学院国際社会科学研究科博士課程前期修了（経営学修士）。同年、財団法人社会経済生産性本部（現・公益財団法人日本生産性本部）入職。以降、国及び地方自治体の行政改革、予算・決算制度、官民パートナーシップ、総合計画策定等のコンサルティング及び調査・研究を担当。専門は公的部門のマネジメント及び公会計制度。

福田　康仁（ふくだ・やすひと）（第3章担当）

多治見市　都市計画部都市政策課課長代理

1994年多治見市役所入庁。総務部総務課、派遣研修（旧自治省）、健康福祉部介護保険課、企画部政策開発室等を経て、現在、都市計画部都市政策課課長代理。これまで市政基本条例、健全な財政に関する条例、是正請求手続条例等の制定を担当。

仙敷　元（せんしき・はじめ）（第4章担当）
　東海市　企画部企画政策課主任
　2001年東海市役所入庁。教育委員会体育課、教育委員会青少年センター、企画政策課付（内閣府）を経て、現在、企画部企画政策課主任。

熊谷　和久（くまがい・かずひさ）（第5章担当）
　滝沢市　企画総務部企画総務課総括主査
　1993年千葉大学卒業後、自治省入省。1994年滝沢村役場入庁。総務課、都市計画課、総務課、財務課、経営企画課を経て、現在、企画総務部企画総務課総括主査。

齊藤　大輔（さいとう・だいすけ）（第6章担当）
　三鷹市　企画部企画経営課主任
　2002年室蘭工業大学大学院工学研究科建設システム工学専攻博士課程前期修了（工学修士）後、建設会社に入社。2009年三鷹市入庁。第4次三鷹市基本計画、広報特集号、行財政改革アクションプラン、三鷹を考える論点データ集を担当。現在、第4次三鷹市基本計画第1次改定に向け、庁内若手職員を中心とするプロジェクト・チーム「三鷹を考える論点データ集作成チーム」を設置し、プロジェクトリーダーを担当。企画部企画経営課主任。

吉澤　一男（よしざわ・かずお）（第7章担当）
　小諸市　総務部企画課技術主任
　1998年国立福井大学卒業後、小諸市役所入庁。一部事務組合浅麓環境施設組合派遣、早稲田大学大学院派遣（都市計画を専攻）を経て、現在、総務部企画課技術主任。これまで都市計画マスタープラン、総合計画・行政評価を担当。2011年早稲田大学大学院創造理工学研究科修士課程修了。

【監修・著者紹介】

玉村　雅敏（たまむら・まさとし）（監修・第8章担当）
慶應義塾大学総合政策学部准教授
慶應義塾大学総合政策学部卒業。大学院政策・メディア研究科博士課程、千葉商科大学政策情報学部助教授を経て現職。博士（政策・メディア）。新潟市政策改革本部アドバイザー、文部科学省科学技術・学術政策研究所客員研究官、横須賀市政策研究専門委員、内閣官房地域活性化伝道師などを兼務。専門分野は公共経営、ソーシャルマーケティング、評価システム設計など。主な著書：『住民幸福度に基づく都市の実力評価』（時事通信社・共著）『社会イノベータへの招待』（慶應義塾大学出版会・共著）『コミュニティ科学』(勁草書房・編著)『地域を変えるミュージアム』(英治出版・編著)『行政マーケティングの時代』(第一法規) など。

公益財団法人日本生産性本部　自治体マネジメントセンター
自治体マネジメントセンターは、総合計画をはじめとした計画策定、財政計画や公会計制度などの予算・決算制度、経営品質向上活動基づく組織風土改革や人材開発など公的部門のマネジメントに関するコンサルティング及び調査・研究を展開している。このような経営の質を高める支援を通じて、地方発の新しい日本の創造を目指しています。
2010年より先進団体のご協力を得て「今後の総合計画のあり方に関する研究会」（座長：玉村雅敏慶應義塾大学准教授）を開催しています。研究会は毎年メンバーを公募していますので、ご参加を希望される方は下記までご連絡ください。
TEL 03-3409-1118　FAX 03-5485-7750　public@jpc-net.jp
http://consul.jpc-net.jp/jichitai/

総合計画の新潮流
－自治体経営を支えるトータル・システムの構築－

2014年7月25日　初版第1刷発行

監修・著者	玉村　雅敏
編　　集	公益財団法人日本生産性本部 自治体マネジメントセンター
発 行 者	武内　英晴
発 行 所	公人の友社
	ＴＥＬ 03-3811-5701
	ＦＡＸ 03-3811-5795
	Ｅメール info@koujinnotomo.com
	http://koujinnotomo.com/

ISBN 978-4-87555-649-7